"十四五"国家重点出版物出版规划项目

转型时代的中国财经战略论丛

行为经济学视角下上市公司信息披露的实验研究

Experimental Study on
Information Disclosure of Listed Companies from
the Perspective of Behavioral Economics

张志红 著

中国财经出版传媒集团

经济科学出版社
Economic Science Press

图书在版编目（CIP）数据

行为经济学视角下上市公司信息披露的实验研究/
张志红著 . —北京：经济科学出版社，2021. 11
（转型时代的中国财经战略论丛）
ISBN 978 - 7 - 5218 - 3015 - 6

Ⅰ. ①行… Ⅱ. ①张… Ⅲ. ①上市公司 – 会计分析 –
研究 – 中国 Ⅳ. ①F279. 246

中国版本图书馆 CIP 数据核字（2021）第 221960 号

责任编辑：于 源 郑诗南
责任校对：郑淑艳
责任印制：范 艳

行为经济学视角下上市公司信息披露的实验研究

张志红 著

经济科学出版社出版、发行 新华书店经销
社址：北京市海淀区阜成路甲 28 号 邮编：100142
总编部电话：010 - 88191217 发行部电话：010 - 88191522
网址：www. esp. com. cn
电子邮箱：esp@ esp. com. cn
天猫网店：经济科学出版社旗舰店
网址：http：//jjkxcbs. tmall. com
北京季蜂印刷有限公司印装
710 × 1000 16 开 17. 5 印张 280000 字
2021 年 12 月第 1 版 2021 年 12 月第 1 次印刷
ISBN 978 - 7 - 5218 - 3015 - 6 定价：70. 00 元
（图书出现印装问题，本社负责调换。电话：010 - 88191510）
（版权所有 侵权必究 打击盗版 举报热线：010 - 88191661
QQ：2242791300 营销中心电话：010 - 88191537
电子邮箱：dbts@ esp. com. cn）

总　序

　　《转型时代的中国财经战略论丛》是山东财经大学与经济科学出版社合作推出的"十三五"系列学术著作,现继续合作推出"十四五"系列学术专著,是"'十四五'国家重点出版物出版规划项目"。

　　山东财经大学自2016年开始资助该系列学术专著的出版,至今已有5年的时间。"十三五"期间共资助出版了99部学术著作。这些专著的选题绝大部分是经济学、管理学范畴内的,推动了我校应用经济学和理论经济学等经济学学科门类和工商管理、管理科学与工程、公共管理等管理学学科门类的发展,提升了我校经管学科的竞争力。同时,也有法学、艺术学、文学、教育学、理学等的选题,推动了我校科学研究事业进一步繁荣发展。

　　山东财经大学是财政部、教育部、山东省共建高校,2011年由原山东经济学院和原山东财政学院合并筹建,2012年正式揭牌成立。学校现有专任教师1688人,其中教授260人、副教授638人。专任教师中具有博士学位的962人。入选青年长江学者1人、国家"万人计划"等国家级人才11人、全国五一劳动奖章获得者1人,"泰山学者"工程等省级人才28人,入选教育部教学指导委员会委员8人、全国优秀教师16人、省级教学名师20人。学校围绕建设全国一流财经特色名校的战略目标,以稳规模、优结构、提质量、强特色为主线,不断深化改革创新,整体学科实力跻身全国财经高校前列,经管学科竞争力居省属高校领先地位。学校拥有一级学科博士点4个,一级学科硕士点11个,硕士专业学位类别20个,博士后科研流动站1个。在全国第四轮学科评估中,应用经济学、工商管理获B+,管理科学与工程、公共管理获B-,B+以上学科数位居省属高校前三甲,学科实力进入全国财经高校前十。工程学进入 ESI 学科排名前 1%。"十三五"期间，我校聚焦内涵式发展，全面实施了科研强校战略，取得了一定成绩。获批国家级课题项目 172 项，教育部及其他省部级课题项目 361 项，承担各级各类横向课题 282 项；教师共发表高水平学术论文 2800 余篇，出版著作 242 部。同时，新增了山东省重点实验室、省重点新型智库和研究基地等科研平台。学校的发展为教师从事科学研究提供了广阔的平台，创造了更加良好的学术生态。

"十四五"时期是我国由全面建成小康社会向基本实现社会主义现代化迈进的关键时期，也是我校进入合校以来第二个十年的跃升发展期。2022 年也将迎来建校 70 周年暨合并建校 10 周年。作为"十四五"国家重点出版物出版规划项目，《转型时代的中国财经战略论丛》将继续坚持以马克思列宁主义、毛泽东思想、邓小平理论、"三个代表"重要思想、科学发展观、习近平新时代中国特色社会主义思想为指导，结合《中共中央关于制定国民经济和社会发展第十四个五年规划和二〇三五年远景目标的建议》以及党的十九届六中全会精神，将国家"十四五"期间重大财经战略作为重点选题，积极开展基础研究和应用研究。

与"十三五"时期相比，"十四五"时期的《转型时代的中国财经战略论丛》将进一步体现鲜明的时代特征、问题导向和创新意识，着力推出反映我校学术前沿水平、体现相关领域高水准的创新性成果，更好地服务我校一流学科和高水平大学建设，展现我校财经特色名校工程建设成效。通过对广大教师进一步的出版资助，鼓励我校广大教师潜心治学，扎实研究，在基础研究上密切跟踪国内外学术发展和学科建设的前沿与动态，着力推进学科体系、学术体系和话语体系建设与创新；在应用研究上立足党和国家事业发展需要，聚焦经济社会发展中的全局性、战略性和前瞻性的重大理论与实践问题，力求提出一些具有现实性、针对性和较强参考价值的思路和对策。

山东财经大学校长

2021 年 11 月 30 日

前　言

　　上市公司所披露的信息是投资者决策的重要依据，为提高信息有用性，监管部门一直致力于提高上市公司信息披露质量，力求实现资本市场健康发展。自党的十八届三中全会明确提出推进股票发行注册制改革以来，如何进一步提高上市公司质量以推进注册制全面落地成为市场各方日益关注的热点问题。2019 年 4 月，中央财经工作会议明确指出我国资本市场的改革目标是建立"以信息披露为核心的注册发行制"。2019 年 6 月，科创板正式开板并试点注册制。2020 年 4 月，《创业板改革并试点注册制总体实施方案》审议通过。同年 8 月，创业板注册制首批企业上市。2020 年 3 月，新修订的《中华人民共和国证券法》开始施行，其对信息披露设置专章规定，突出强调了信息披露的作用。2020 年 10 月，国务院发布的《关于进一步提高上市公司质量的意见》明确提出提升上市公司信息披露质量的要求。信息披露是股票发行注册制改革的核心，信息披露监管是上市公司监管工作的重心，证监会高度重视上市公司信息披露制度建设。2021 年 5 月，新修订的《上市公司信息披露管理办法》开始施行，以进一步完善信息披露基本要求，完善定期报告制度，细化临时报告要求，完善信息披露事务管理制度，进一步提升监管执法效能。从政策的密集出台可知，上市公司高质量的信息披露对保障股票发行注册制顺利实施及提高资本市场运行效率的重要性不言而喻。

　　上市公司信息披露质量的提升关乎信息的高效传递，从信息接收方来看，解读质量的提升更是实现投资者高效决策、资本市场平稳发展的关键。当投资者专业知识丰富、个人能力较强时能对信息进行高效解读，进而实现理性决策。而专业知识较为匮乏的非专业投资者对信息的解读能力较差，更易做出非理性决策。我国作为新兴市场的典型代表，与国外资本市场相比拥有更高比例的非专业投资者，其对 A 股市场交易量起主导作用，进而导致我国资本市场易呈现较不理性、短线资金来回跑的特征。为适应我国经济高质量发展的要求，习近平总书记曾多次强调要解决证券市场不适应经济高质量发展的问题，可见当下我国非专业投资者正处在提升决策能力、促进证券市场平稳发展的关键时期。

目前，关于上市公司信息披露的相关研究异常丰富。一方面，探究会计准则、财务报告、信息透明度的研究层出不穷；另一方面，随着信息披露内容的多样化，上市公司招股说明书、业绩预告、企业社会责任报告等信息也成为学者们的研究热点。但是，关于上市公司信息披露对投资者决策影响的经验研究中，大多学者立足于整个资本市场视角，探究信息披露在资本市场的反应，此类研究的缺点在于无法分门别类地观察不同层次投资者所受信息披露的影响程度。伴随着行为经济学的发展，实验研究为探究信息披露对不同投资者的影响提供了可行方法。

因此，本书立足于我国上市公司信息披露的现实情境，基于行为经济学视角，借助实验研究方法，系统探究上市公司信息披露对非专业投资者决策判断的影响。一是多层次剖析信息披露对非专业投资者决策的影响机理；二是深化实验研究在会计领域的应用价值，解析实验研究的重点、难点，明晰实验研究优势，进一步拓展其在会计领域的应用范围。

首先，本书在第 1 章梳理了相关背景及相关国内外文献后，对基础概念予以定义、对理论基础予以分析、对实验研究方法予以介绍，在此基础上提出了本书的研究框架，即沿着"会计准则导向—会计报告列示—具体信息披露模式"这一逻辑线条构建上市公司信息披露与非专业投资者决策判断的因果关系。其次，针对本书的研究框架，展开具体的研究内容。本书第 2 章探究了会计准则导向、信任程度对非专业投资者判断和决策的影响；第 3 章探究了综合收益信息披露模式对非专业投资者决策判断的影响；第 4 章探究了信息披露频率对非专业投资者盈利预测的影响；第 5 章探究了信息呈现方式对非专业投资者信念修正的影响；第 6 章探究了图形形式的会计信息对投资者判断和决策的影响；第 7 章探究了可视化财务信息披露对非专业投资者决策校准的影响；第 8 章探究了管理层讨论与分析中风险提示信息可读性对非专业投资者决策影响。最后，第 9 章是研究结论和建议部分，对实验研究结论予以归纳，同时为规范上市公司信息披露、提高非专业投资者理性程度提供对策建议。

　　本书梳理了上市公司信息披露对非专业投资者决策判断的影响机理，为提高上市公司信息披露质量和非专业投资者的理性程度提供建议。此外，本书也为行为经济学研究人员开展会计领域相关研究提供基本思路，也可为对心理学、管理学和经济学感兴趣的研究生开展实验研究提供参考。尽管作者在写作过程中希望将内容尽善尽美，但书中一定还存在诸多不完善之处，欢迎各位读者批评指正！

张志红

2021 年 6 月

目　录

第1章 导　论

1.1 背　景

为适应我国经济高质量发展的要求，习近平总书记曾多次强调要解决证券市场不适应经济高质量发展的问题。我国作为新兴市场的典型代表，无论从监管者监管力度，还是从参与者素质而言，资本市场存在诸多不成熟之处。一方面，欣泰电气、辅仁药业、凯迪生态、雅本化学等诸多信息披露违法违规案例的出现，表明我国对上市公司信息披露的监管力度仍需加强；另一方面，与国外资本市场相比，我国拥有更高比例的非专业投资者，其对 A 股市场交易量起主导作用，容易导致我国资本市场易呈现较不理性、短线资金来回跑的特征。

完善的信息披露制度有利于建立高效的资本市场，缓解投资者与企业管理层间的信息不对称，促进资源的有效配置。2020 年 3 月 1 日，新修订的《中华人民共和国证券法》开始施行，其对信息披露设置专章规定，突出强调了信息披露的作用。2019 年 6 月，科创板正式开板并试点注册制，2020 年 4 月，《创业板改革并试点注册制总体实施方案》审议通过。同年 8 月，创业板注册制首批企业上市，这将把更多的选择权交给投资者，倒逼投资者必须提高理性程度，防范非理性行为。信息披露是股票发行注册制改革的核心，信息披露监管是上市公司监管工作的重心，证监会高度重视上市公司信息披露制度建设。2021 年 5 月 1 日，新修订的《上市公司信息披露管理办法》开始施行，以进一步完善信息披露基本要求，完善定期报告制度，细化临时报告要求，完善信息披露事务管理制度，进一步提升监管执法效能。

　　自我国资本市场创立以来，为规范上市公司信息披露，我国监管部门不断对信息披露制度予以完善。会计准则层面，2006 年，我国财政部颁布了由 1 项基本准则和 38 项具体准则组成的会计准则体系，[①] 并表现出很强的原则导向特征。考虑到我国的经济体制和会计人员的整体素质，在颁布新会计准则的同时还颁布了具体准则的指南。可见，我国目前的会计准则兼具了原则导向和规则导向特征。2009 年，《企业会计准则解释第 3 号》的颁布意味着我国的会计准则体系正式引入综合收益。2014 年，正式发布《企业会计准则第 30 号——财务报表列报》，这表明我国在综合收益列报逐步地实现国际趋同。

　　与此同时，我国上市公司信息披露的内容和格式也不断完善。2002年，证监会发布了《公开发行证券的公司信息披露内容与格式准则》，并分别于同年 2 月和 6 月发布了《年度报告的内容与格式》和《半年度报告的内容与格式》。2006 年，中国证监会颁布了《上市公司信息披露管理办法》，规定了上市公司必须披露的定期报告和临时报告所需披露的具体内容。2007 年，上海证券交易所颁布的《上市公司信息披露事务管理制度指引》规定了上市公司所必须披露的相关信息。迄今为止，针对招股说明书、年度报告、半年度报告、公司股份变动报告和公开发行公司债券申请文件等，证监会出台了一系列《公开发行证券的公司信息披露内容与格式准则》，对其披露的内容要求进行了详细规定，同时从信息的可理解性角度提出了相关要求，例如，"应便于投资者阅读、浅白易懂、简明扼要、逻辑清晰，尽量使用图表、图片或其他较为直观的披露方式"。

　　此外，为保证我国上市公司信息披露内容的持续性和完整性，避免管理层的选择性披露，2003 年，《深圳证券交易所上市公司投资者关系管理指引》对"自愿性信息披露"给予明确定义，指出上市公司应当对披露的信息进行及时更新，避免进行选择性披露。此后，上海证券交易所和深圳证券交易所均对自愿性信息披露作了进一步规范。2018 年，我国证监会又对《上市公司治理准则》进行了修订，要求上市公司除依照强制性规定披露信息外，鼓励其自愿披露可能对股东和其他利益相关者决策产生影响的信息；要求上市公司不得进行选择性披露，不得存

　　[①]　2006 年 2 月 15 日，财政部发布修订后的《企业会计准则——基本准则》（财政部令第 33 号），规定企业会计准则包括基本准则和具体准则。

在利用自愿性信息披露操纵市场等违法行为。2020 年，上海证券交易所为对披露形式更加多样化的自愿信息予以规范，率先针对科创板上市公司制定了《上海证券交易所科创板上市公司自律监管规则适用指引第 2 号——自愿信息披露》，规定科创公司不能"报喜不报忧"，要避免使用大量的专业术语、过于晦涩的表达方式和外文及其缩写，建议科创公司建立自愿信息披露管理制度，统一管理对外信息发布，该指引还针对实践中较为常见的自愿信息披露事项，列举了相应公告要点，丰富了自愿信息披露的内容与格式参考。可见，在鼓励自愿性信息披露的同时，准则也要求对信息披露的及时性和内容的完整性有所保障，防止管理层进行选择性披露，避免管理层因策略性披露造成信息披露的违规。

资本市场信息披露问题的研究发轫于 20 世纪 70 年代末到 80 年代中期，到 21 世纪初已渐趋成熟。上市公司信息披露能够增加其股票流动性，降低交易成本，进而降低资本成本（Verrecchia，2001）。而信息表达方式不同会影响信息使用者的判断（Havard，2001；杨明增，2009），上市公司信息质量直接影响着投资者的判断和认知成本（张继勋、张丽霞，2012；Hunton et al.，2006；Krische，2005），从而影响投资者对股票估值的判断、对管理层盈余管理的识别以及对长期投资的决策行为（Christensen，2007；Hirs et al.，2004；Liu & Qi，2010；Guo & Jiang，2011；Alastair，2013）。

随着新技术的出现和应用、披露内容的不断增加以及披露渠道的多样化，给上市公司信息披露研究提出了新的机遇与挑战。一方面，管理者操纵数字信息披露的机会主义行为普遍存在（Healy & Palepu，2001），但鉴于数字信息反映的主要是上市公司过去的经营业绩，无法满足利益相关者分析公司未来发展情况的需求，文本信息也越来越受到重视（Li，2010）且逐步成为管理者自利的工具（Schipper，1989）。如管理层讨论与分析及社会责任报告等非财务信息相继出现，使上市公司披露的信息总量不断增多。与此同时，管理层对信息披露的自由裁量权也随之增强，并可以通过对信息的策略性披露实现自身目的。另一方面，大数据时代，通信、计算机网络等技术不但提高了信息传播的速度和效率，也拓宽了信息披露的渠道。信息可视化为用户在 Web、移动端、互联网和物联网等环境中分析数据提供了更为便捷的途径（崔迪、郭小燕和陈为，2017）。互联网下的信息披露形式逐渐替代了传统的静态文本和图形形式，使信息能够通过动态交互的可视化形式呈现（Kelton & Yang，2008）。可视化信息可以有效弥补传统信息的不足，降低决策者理解信息的复杂度，提高决策者信息辨析的效率和精度，有助于决策者准确地分析决策（霍亮和朝乐门，2017）。

上市公司信息披露的根本目的在于提供决策有用信息并全面反映受托责任，无论是从需求内容还是需求强度来看，投资者都是其主要需求主体（Lipe，2018）。2017年，我国证监会发布的《证券期货投资者适当性管理办法》将投资者分为普通投资者和专业投资者，并从执业能力、资产规模、职业认定等方面对专业投资者进行了严格界定。而专业投资者之外，可以合规进行基金交易的投资者称为普通投资者，也即学术研究中的非专业投资者。研究表明，投资者尤其是非专业投资者在信息处理过程中容易受到心理/认知偏见的影响，从而做出与经济模型预测相背离的决策（Tan & Tan，2009），而且其信息加工成本能显著影响公司的信息披露决策（Blankespoor，2019）。投资者的有限理性和异质性导致其对信息进行解码时会受到个体能力的干扰（孙文章，2019）。当下我国经济高质量发展的目标要求证券市场应实现平稳发展，我国投资者正处在提升决策能力、促进市场持续健康发展的关键时期。"去散户化"是证券市场发展的趋势，但"去散户化"并不意味着要驱逐散户投资者，而是让其认识到自身的非理性行为，进而优化其投资决策，使其自愿投资机构产品，最终实现散户投资者与机构投资者的双赢。

鉴于此，本书基于行为经济学视角，利用实验研究方法，依次剖析会计准则导向、财务报表列报、信息披露频率、信息呈现方式、图形形式会计信息、可视化财务信息及管理层讨论与分析中风险提示信息可读性对非专业投资者决策判断的影响机理，系统探究资本市场信息披露对非专业投资者决策产生的影响。

1.2　研究目的和意义

1.2.1　研究目的

本书基于行为会计高校重点实验室，笔者为该实验室四个研究方向之一"财务会计行为研究方向"的负责人,立足于我国会计准则逐渐完善的制度背景及上市公司信息披露的现实情境,基于行为经济学视角,探究信息披露对非专业投资者决策判断的影响,研究目的主要有以下五点:

第一,从会计准则导向到财务报表列示再到具体信息披露模式,系统梳理信息披露对非专业投资者决策判断的影响。

第二,基于行为经济学视角,立足心理学相关理论,多层次剖析信息披露对非专业投资者决策的影响机理。

第三,为我国信息披露制度的完善提供建议,为优化信息披露环境,进一步规范上市公司信息披露提供依据。

第四,明晰非专业投资者在投资决策方面的不足,为进一步提升非专业投资者理性程度和决策能力提供建议。

第五,深化实验研究在会计领域的应用价值,解析实验研究的重点、难点,明晰实验研究优势,进一步拓展其在会计领域的应用范围。

1.2.2　研究意义

信息披露是缓解资本市场信息不对称的重要手段,而非专业投资者自身固有劣势放大了信息披露对其投资决策的影响。因此,基于我国资本市场现实情境,明晰信息披露对非专业投资者决策的影响机理,既有利于信息披露相关理论的完善,也有利于资本市场的健康发展。本书的研究意义可以从理论层面和现实层面予以概括。

1. 理论意义

第一,为提高信息披露质量提供新的视角和理论依据。系统运用行为经济学的实验研究方法,全面审视信息披露行为与非专业投资者决策的关系,有助于进一步拓展和丰富公司信息披露及其效应相关的理论。从认知心理学角度研究了信息披露对非专业投资者决策的影响,这不仅是对认知心理学应用的拓展,也是对会计理论的有益补充。最终,实现财务会计理论与认知决策理论的有效嫁接。

第二,构建了信息披露对非专业投资者决策影响的分析框架。全方位、多层次剖析会计准则导向、财务报表列示、信息披露频率、信息呈现方式、图形形式会计信息、可视化财务信息及管理层讨论与分析中风险提示信息可读性对非专业投资者决策的影响机理。

第三，拓展了实验研究方法在会计领域的应用。利用实验研究的优势，通过实验设计、问卷设计获取非专业投资者决策的一手数据，解决档案研究所无法探究的因果关系问题，也为未来开展非专业投资者的相关研究提供新的方法。

2. 现实意义

第一，为会计准则的完善提供建议。首先，会计信息的不同披露形式对非专业投资者的决策判断有重要影响，研究结论有助于政策制定者选择适合的披露形式，减少信息使用者的搜寻成本和时间，以保证非专业投资者做出正确判断。其次，本书还有助于提供更进一步规范信息披露频率的政策性建议，通过设置合理的信息披露频率，建立完善的信息披露规范机制，引导企业按最佳的时期间隔披露信息，促进企业资源的合理流动与配置。最后，更深层次地挖掘投资者的信息需求，建立一个及时、公开、透明的制度规范，与时俱进并不断优化信息披露制度，健全市场准入机制、完善退出机制。

第二，有助于监管机构识别上市公司的策略性信息披露行为。帮助监管机构意识到可视化财务信息披露形式对非专业投资者决策校准的影响机理，以加强对上市公司财务信息披露形式的监管，避免上市公司利用财务信息披露形式蒙蔽非专业投资者。同时，研究结论有助于提示监管机构重视风险提示信息的文本特征，从文本特征角度对风险提示信息进行有针对性的监管，减少风险提示信息操纵现象，从而规范上市公司风险提示信息披露制度。此外，监管机构还可发挥专业中介机构的作用，对上市公司的自愿性信息披露报告进行独立评估，引导非专业投资者理性对待上市公司对外发布的信息。

第三，有助于提高投资者的决策判断质量。投资者作为财务报告的主要使用者，财务报告的有效使用对其投资决策有重要影响。投资者只有意识到自身决策的非理性，明晰非理性行为产生的原因，才能规避非理性行为，进而促进资本市场的健康发展。因此该研究会使投资者尤其是非专业投资者在解读上市公司披露的信息时，有效识别信息呈报位置、信息披露频率、信息呈现方式、信息可视化水平及文本信息可读性对其认知产生的影响，从而有效地避免认知偏差，提高决策质量。

1.3　文献综述

本书立足于我国上市公司信息披露现状，利用实验研究方法探究信息披露对非专业投资者决策判断的影响。为对现有相关研究进行系统梳理，本小节从上市公司信息披露相关研究、非专业投资者相关研究和上市公司信息披露影响非专业投资者决策判断相关研究三个层面展开文献综述。

1.3.1　上市公司信息披露相关研究

第一，从信息披露动机来看。高质量的信息披露是维护资本市场健康发展、保护投资者利益、降低委托代理成本的重要保障（鲁清仿和杨雪晴，2020）。从代理理论和不完全契约理论出发，上市公司信息披露的动机归结为两类，即增量信息动机和模糊动机。一方面，基于信息增量的目的，上市公司为了降低融资成本、提高公司股价、提高公司声誉等，有动力去披露高质量的信息以实现同其他公司相分离（Milgrom，1981；蒋艳辉和冯建楚，2014；Muslu et al.，2015；罗进辉等，2020）；另一方面，基于模糊动机，上市公司会利用信息优势，通过对信息的策略性披露以实现公司的自利目的（Clarkson et al.，1994；Baginski et al.，2018；马宏和刘心怡，2020）。鉴于制度环境、市场化程度和经济文化发展的区域差异等外部环境因素的不同（王小鲁等，2017），信息中介（Gu et al.，2013）、信息发布和沟通者特征（毛新述等，2013）等因素的差异，以及上市公司自身规模、盈余水平、股权结构、企业性质、内部治理特征等内部因素的不同（Wong，2016；程小可和孙乾，2020），上市公司信息披露质量良莠不齐（杨志强等，2020）。

第二，财务报告是上市公司向信息使用者传递信息的主要方式，诸多学者对其披露内容和形式展开丰富的研究。财务报告的披露内容层面，上市公司常常利用信息披露策略进行市值管理，其倾向于在交易日披露更多好消息，在非交易日披露更多坏消息（马宏和刘心怡，

2020），大股东股权质押期间，上市公司更可能披露好消息而隐藏坏消息（钱爱民和张晨宇，2018），在股权质押后，上市公司年报文本中将披露更多前瞻性信息用以描述未来前景，而年报文本信息描述的"将来化"是股权质押后上市公司美化文本信息披露，降低股权质押风险，稳定股价的重要手段（王秀丽等，2020），盈余公告前后我国股票市场的盈余漂移异象具有明显的非对称性，股价倾向于在盈余公告前（后）对"好（坏）消息"反应过度、对"坏（好）消息"反应不足（李小胜，2021）。就财务报告内容含量而言，研究发现上市公司"管理层讨论与分析"（MD&A）与上一期相比相似度越高，其当期因违规行为被监管机构处罚的概率越高，即监管机构更关注 MD&A 部分的信息含量，对非 MD&A 部分更关注其披露内容的稳定性和合规性（钱爱民和朱大鹏，2020）。此外，年报中核心竞争力信息披露有利于提高分析师盈余预测准确度（何雨晴，2021），或有事项信息越多，融入股票定价机制中的公司层面信息越多，股价同步性越低（张婷和张敦力，2020），企业的违约风险越低（董小红等，2020），而年报中"互联网＋"信息越多，股价崩盘风险越高，进而支持了"互联网＋"信息披露的策略性炒作假说（赵璨等，2020）。

在财务报告的披露形式层面，研究发现财务报表披露格式调整会对会计信息质量起改善作用（陈宁等，2021），延期披露年报显著改善了审计意见（傅绍正等，2021），季度经营信息披露显著遏制了盈余管理，减少了第四季度盈余反转，提高了会计信息质量（刘珍瑜和刘浩，2021），而年报可读性越强，股票流动性越好（王运陈等，2020），但存在控股股东股权质押的公司发布的年报文本信息可读性更低（逯东等，2020），而财务报告问询函能够对年报可读性发挥显著的监管效果，不仅提高收函公司年报可读性，而且促使与收函公司具有董事联结关系的上市公司改善年报披露行为（翟淑萍等 2020）。此外，也有学者发现年报中过于积极的语调可能是管理层进行印象管理的结果，并非是对公司前景的看好（周波等，2019）。

第三，随着上市公司业务规模的扩大，非财务报告层面的信息披露逐渐增加。除上市公司财务报告外（张程等，2021；李姝等，2021），业绩预告（文雯等，2020；李小朔等，2021；李洋等，2021）、企业社会责任报告（齐岳等，2020；许罡，2020）、招股说明书（卞世博等，

2020）及网络媒体信息（黄宏斌等，2021）的披露也逐渐引起业界及学界的关注。

　　基于业绩说明会的文本分析发现，管理层净正面语调与同业公司股票超额回报显著正相关，即管理层情感语调信息具有同业溢出效应（钟凯等，2021），且业绩说明会净积极语调能够显著降低分析师预测偏差，对于进一步降低分析师乐观偏差更加明显（钟凯等，2020）。在控股股东股权质押期间上市公司会披露更多的业绩预告，且控股股东股权质押可以提高管理层发布业绩预告的精确度（田高良等，2021），但也有学者发现，控股股东股权质押反而会显著降低管理层业绩预告披露的意愿和质量（文雯等，2020），而业绩预告的准确性与披露时间呈倒 U 形关系，表明披露时间越晚的业绩预告，准确性可能越低（李洋等，2021）。年报问询函对管理层业绩预告具有一定的治理作用，被问询公司收到年报问询函后业绩预告积极性提高，预测精确度增加，且预告文本信息质量改善（李晓溪等，2019）。

　　企业社会责任报告作为展现企业形象的手段，近年来得到学者的广泛关注。研究发现降低融资成本是企业自愿披露社会责任信息的动机之一（钱明等 2017），积极披露社会责任信息有利于进一步降低企业的融资成本，进而形成良性循环（肖翔等，2019）。当经济政策不确定性上升时，公司自愿发布社会责任报告的积极性显著增加，社会责任信息披露质量也显著提高（刘惠好和冯永佳，2020），媒体关注度高的上市公司，发布社会责任报告更能得到资本市场的认可，且首次披露的报告更倾向于引起投资者关注（齐岳等，2020）。企业承担社会责任不仅能抑制高管内幕交易的规模，更能显著降低高管内幕交易获利性（曾爱民等，2020），但也有研究发现，社会责任信息披露可以被企业用来掩盖粉饰企业运营中的问题（田利辉和王可第，2017）。企业社会责任报告强制披露通过降低信息不对称、增强会计信息质量的信息传导效应以缓解资产误定价程度（许罡，2020），同时，通过强制企业社会责任报告披露加强企业规制合法性和规范合法性动机，还可驱动企业绿色转型（王晓祺和宁金辉，2020）。

　　对于招股说明书的效用而言，研究发现招股说明书的负面语调对首次公开募股（Initial Public Offering，IPO）首日回报及 IPO 长期表现有一定的解释能力（卞世博等，2020），并且招股说明书文本可读性越低，IPO抑价程度越高（周佰成和周阔，2020）。随着信息披露渠道的多样化，诸多学者也对媒体信息披露展开相关研究。杨凡和张玉明（2020）利用上交所"上证 e 互动"网络媒介平台的特有数据，发现上市公司通过网络媒介进行互动式信息披露的频次越高、内容越多，越能吸引分析师的注意，但互动式信息披露反而降低了分析师的盈余预测质量。企业在微博进行新产品信息披露，有利于未来一至四个现金循环周期的缩短以及存货周转率的提升（黄宏斌等，2021）。自媒体营销信息披露能够显著提升了企业绩效，且这一提升作用在微博粉丝数量较多时更为显著（黄宏斌等，2021）。

可见，鉴于上市公司信息披露对资本市场良性发展的重要性及信息披露方式的不断丰富，学者对上市公司信息披露展开了深入的研究。

1.3.2 非专业投资者相关研究

本书主要采用实验研究方法探究上市公司信息披露对非专业投资者决策判断的影响，为深入理解非专业投资者的决策特性，从交易特征、个人特征以及非专业投资者与机构投资者的决策差异三方面对非专业投资者的相关研究进行梳理。

第一，从非专业投资者交易特征视角来看。非专业投资者作为信息劣势方，由于在交易过程中获取的信息含量不足，往往会导致投资决策失误（陈志娟等，2011）。刘亚琴和李开秀（2017）指出，投资者是有限理性的主体，经常在启发式偏差的作用下对信息可信度产生主观看法，最终影响投资者对股价信息的运用。徐浩峰（2009）研究发现非专业投资者交易行为有投机交易和注意力集中等特征，之所以会产生上述交易特征，是因为证券市场中的非专业投资者在投资分析过程中会将复杂的信息简化、压缩和重构，并融入自己的专业知识、个人经验和情绪情感等主观因素，这一信息分析和整合的过程会导致非专业投资者投资行为的非理性化（陈庭强和王冀宁，2011）。

第二，非专业投资者的个人特征会对其决策行为产生影响，是其非理性行为的重要影响因素。典型的个人特征如：性别、学历背景、受教育程度及情绪特征等。首先，研究发现男性投资者要比女性投资者更加过度自信，且男性投资者过度交易的程度（谭松涛和王亚平，2006）

及换手率（朱小斌和江晓东，2006）要高于女性投资者，表明男性表现出更强的风险偏好且收益要低于女性，但是也有学者指出男性在投资成功率和投资收益率上占优，女性在违约风险识别上占优（丁杰等，2019）。其次，一般而言学历水平可以体现能力水平，学历越高，金融知识越丰富，能力越强，则投资参与度也越高（尹志超等，2014），并且学历反映的背景不同，对投资者风险承担能力的影响也有差异。再次，从受教育程度来看，更高的教育水平会推动潜在投资者学习和理解股票投资知识（Vissing-Jorgensen，2003；Campbell，2006），教育背景可能影响投资者的风险行为，教育程度高的投资者能构建更有效的投资组合，教育溢价效应可以提高投资成功率、降低违约风险和提高投资收益率（丁杰等，2019）。最后，投资者情绪会直接影响到投资者的判断和决策（尹海员，2017）。根据有限理性理论，投资者决策的信息处理过程每个阶段都可能存在一定的认知偏差，这使其无法充分吸收相关的会计信息（谢香兵，2015）。刘晓星等（2016）研究发现证券市场投资者情绪变化导致的信息认知偏差会影响投资者决策，张继德等（2014）发现个体投资者具有从众心理、情绪控制差等认知局限，因此利用自行收集的信息做出的盈余预测会与实际情况产生一定的偏差。

第三，与机构投资者相比，非专业投资者具有不同的判断决策模式。非专业投资者不具备机构投资者的信息优势，理解并掌握公开信息的能力较弱，也不具备一定的财力搜索非公开信息，往往根据股价走势和股市传闻做出投资决策（余佩琨等，2009），并且非专业投资者的过度自信程度也高于机构投资者（史永东等，2015）。由于非专业投资者没有机构投资者所具备的固定投资理念和选股方式，外部环境变化易改变他们的判断与决策（常江，2008）。吴悠悠（2017）研究发现非专业投资者的投资决策不受机构投资者情绪的影响，主要归因于非专业投资者无法及时了解机构投资者的具体操作和情绪等相关信息。

可见，非专业投资者的固有特征导致其容易产生非理性行为，对其决策判断产生负面影响。

1.3.3　上市公司信息披露影响非专业投资者决策判断的相关研究

上市公司信息披露有助于投资者准确预测其未来收益（Verrecchia，

1983）。美国证券交易委员会（United States Securities and Exchange Commission，SEC）2007 年特许成立的咨询委员会发布的《改善财务报告的进展报告》中，建议美国证券交易委员会从投资者的角度，创新更多的方式来披露不同的会计信息，使不同类型的投资者获得更有利的信息。信息表达方式不同会影响信息使用者的判断（Havard，2001；杨明增，2009），影响投资者对股票估值的判断。鉴于信息质量可以从内容和形式两个层面度量，所以以下从信息披露内容和信息披露形式两个层面探究其对非专业投资者决策判断的影响。

1. 信息披露内容对非专业投资者决策判断的影响研究

信息披露内容层面主要体现为好消息和坏消息对非专业投资者的影响。伊格雷和柴肯（Eagly & Chaiken，1993）研究发现，投资者对好消息的披露往往会持怀疑态度，而对坏消息却立即接受，这是由于好消息与投资者的诱因方向一致，而坏消息与投资者的诱因方向不一致，这使得投资者认为坏消息比好消息更可信。贝纳齐和泰勒（Benartzi & Thaler，1995）也指出投资者对损失的恐惧程度远超利得对其的吸引程度。基于以上原因，部分上市公司在进行信息披露时，会出现好消息及时披露，坏消息延迟披露的现象。对上市公司而言，不管披露的消息性质是好是坏，他们总是希望向投资者传递更多积极的信号，减少消极反应，因此上市公司希望利用年报信息尤其是文本信息的披露达到对投资者知觉管理的意图，这有可能误导投资者对公司价值的判断，形成经济后果的"柠檬观"（Huang et al.，2014）。一方面，投资者对年报披露业绩的反应已体现出信息不对称性（Cheynel & Levine，2020）；另一方面，上市公司可以通过语言管理譬如可读性以减少坏消息的影响和/或放大好消息的影响，利用语调使投资者产生框架效应（阎达五和孙蔓丽，2002）。

2. 信息披露形式对非专业投资者决策判断的影响研究

通过文献梳理发现，信息披露形式层面主要体现为财务报表列示、信息披露频率、信息披露顺序、信息呈现方式、信息可读性和语调对非专业投资者决策的影响。财务报表列表形式会对非专业投资者决策产生影响（Maines & McDaniel，2000；Scott，2006）。赫斯特等

（Hirst et al.，2004）分析发现在不同的综合收益披露模式下，投资者对银行风险水平的判断是不同的。亨顿等（Hunton et al.，2006）的实验发现，透明度越高越容易识别盈余管理，透明度越低越容易使财务报表使用者识别不出盈余管理从而高估估价。也就是说综合收益披露形式不同会导致报表使用者的判断不同；当对决策和管理的必要信息需求发生冲突时，综合收益包含的永久性收益和暂时性收益所包含的项目间的差异对这两个目标的实现就显得尤为重要（Dee，1999）。

一是目前关于信息披露频率对非专业投资者影响的研究还未得出一致的结论。一部分学者认为，信息披露频率的加快有利于非专业投资者的决策行为。信息披露频率的提高不仅可以缓解信息不对称现象（肖浩和王明辉，2014；佘晓燕和毕建琴，2018；易志高等，2018），减少内幕交易（张程睿，2016），还可以提升信息的决策有用性（王雄元等，2017）。另一部分学者却认为，信息披露频率加快不利于非专业投资者的决策行为。虽然高频率披露可能使机构投资者从中获利，但对于掌握专业知识较少的非专业投资者而言会增加其认知负担（Hunton et al.，2007；王春峰等，2018），使其决策行为产生不确定性（Benartzi & Thaler，1999）。

二是研究发现信息披露顺序会对投资者的信念修正产生影响。基于系列位置效应，信息位置的差异会对投资者的信念修正产生不同影响，随着信息量的增大，相较于中间信息，投资者可能会对两端的信息反应更强烈（张志红等，2018）。企业会择时进行信息披露，往往存在"先披露好消息再披露坏消息"的现象（Givoly & Palmon，1982；周嘉南和黄登仕，2009），其目的便在于隐藏坏消息。此外，投资者对好消息和坏消息的反应程度并不一致，导致资本市场存在"非对称效应"（Engle & Ng，1993；Ng，2011），而非对称效应与所处的资本市场态势（陆蓉和徐龙炳，2004；权小锋等，2012）及投资者的情绪相关（Bird et al.，2014）。

三是互联网下的信息披露形式逐渐替代了传统的静态文本和图形形式，使信息能够通过动态交互的可视化形式呈现（Kelton & Yang，2008）。动态交互的可视化形式既能使信息通过各种可视化表达来呈现，又能够使可视化信息实现交互性。可视化财务信息披露形式包括可视化和交互性两种重要形式。利用可视化分析信息可以有效弥补传统信息分

13

析方法的不足，降低决策者理解信息的复杂度，提高决策者信息辨析的效率和精度，有助于决策者准确地分析决策（霍亮和朝乐门，2017）。杜尔和泰格蒂恩（Dull & Tegarden，1999）研究被试在实验室环境下做出预测判断的结果表明，交互性会影响经验不足的决策者决策的准确性。安德里亚和罗宾（Andrea & Robin，2012）通过实验设计方法研究互联网财务报告信息呈现格式对投资者决策的影响，发现采用超链接交互形式呈现的财务报告能够提高投资者决策的有效性。聂萍和周戴（2011）评价可扩展商业报告语言（Extensible Bussiness Reporting Language，XBRL）网页呈现质量时发现，网页呈现方式的改进有助于投资者决策准确性的提高，原因在于 XBRL 形式实现了信息的交互性，改善了投资者的信息获取和整合能力，从而降低了投资者搜寻和处理信息的成本（郑济孝，2015）。

四是心理学研究表明，如果披露可读性较高的信息，信息使用者加工起来更加流畅，从而会增加他们的信心。例如处理流畅的感受被个人认为是一种启发式的暗示，是可以被用来做出相关的判断（Shah & Oppenheimer，2007；Hafner & Stapel，2010）。如果上市公司发布的信息可读性较强，非专业投资者会增加对信息的信任程度，那么就会导致对这些披露所包含的信息有更强烈的反应。语调对非专业投资者投资判断的影响可以用心理学中的框架效应（Framing effects）来解释说明。黄（Huang，2014）发现管理人员会使用语调的自由裁量权，夸大企业业绩或者掩盖未来发展的不良前景，如果投资者对管理人员战略动机认识不清，则会有积极的市场反应。林乐和谢德仁（2016）利用文本分析的方法证明了投资者对管理层的净正面语调做出了显著的正向反应，说明文本语调会对投资者决策产生影响。

综上所述，对于上市公司信息披露对非专业投资者决策判断的影响，诸多学者从不同层面展开探究，而财务报表列式、信息披露频率、信息呈现方式及可读性和语调等均会对非专业投资者决策产生影响。

1.3.4 文献述评

通过文献梳理发现，单一的会计数据信息已经无法满足信息使用者的要求，随着信息披露形式的多样化，上市公司的自由裁量权也逐渐增大，其通过策略性披露手段实现自我服务的目的也越加明显。与此同时，学者针对各类信息披露的影响因素和后果也展开丰富的研究。信息表达方式不同会影响信息使用者的判断，会计信息质量直接影响着投资者的判断和认知成本。投资者使用上市公司信息的最终目的是做出判断和决策，即使是面对相同的信息，投资者也会因为各种认知偏差影响决策，例如启发式偏差、框架效应、过度自信等，会使投资者做出非理性行为。从信息披露对非专业投资者决策判断影响的相关文献综述可以看出，国内外学者已经广泛地把心理学同经济学、会计学相结合，研究心理认知对投资者行为和决策的影响。

虽然已有大量研究探讨综合收益的价值相关性问题，但尚未取得一致结论；虽然诸多学者对信息披露的质量、时间以及盈余预测的可靠性等方面进行了研究，但在信息披露频率对投资者盈余预测影响的研究则相对较少；并且国内对于信息呈报格式的研究起步较晚，相关研究主要集中在对 XBRL 的探究上，针对其呈报格式的专门研究很少；而风险提示信息作为文本信息的一部分，鲜有文献以非专业投资者为主体，研究不同的风险提示信息对非专业投资者决策的影响。从国内外的研究来看，从实验设计角度研究信息披露对非专业投资者决策判断影响的文献还是相对匮乏的。

对于个体投资者而言，判断与决策属于心理学分支"行为决策理论"的一部分，判断是会计确认和审计意见形成的前提，从认知心理学角度来看，个体投资者的这一判断是有限理性的。可以说研究上市公司信息披露对决策的影响应该属于行为经济学的范畴。因此，立足我国上市公司信息披露现状，多层次分析上市公司信息披露对非专业投资者决策判断的影响，从准则导向到财务报告列示再到具体信息披露模式分别予以探究，以形成较为严密的理论体系，具有一定的研究价值。

1.4 基础性概念和理论

"信息披露"和"非专业投资者"是本书最基础的两个概念，本小节对此予以重点介绍，随着后续章节的展开，在第 2 章至第 8 章的具体实验研究中本书还会陆续介绍其他相关概念。同时，行为经济学理论、

15

信息不对称理论和信号传递理论是本书研究得以开展的基础，鉴于其重要性，以下单独对其予以介绍。

1.4.1 概念界定

1. 信息披露

信息披露制度并非与公司一同诞生，而是随着股份制公司的建立逐步发展起来的。信息披露是制度现代企业所有权与经营权分离的必然产物，是缓解委托人与代理人之间信息不对称的有效途径（朱大鹏，2019）。16 世纪中期，第一家股份制公司 MUSCOV 实行"报告责任"制度，其所有权与经营权分离的特点催生了信息披露的萌芽。1673 年，法国《商业大典》以文字形式确立法定编制财产目录和定期提供盘存报告的"报告责任"。1884 年，英国《合股公司法》首次制定了"招股说明书"的强制信息披露原则，即现代意义的信息披露制度。进入20 世纪，信息披露制度在美国得到了完善的发展，20 世纪 30 年代在经济危机的伴随下颁布的《1933 年证券法》和《1934 年证券交易法》以法律的形式要求上市公司必须披露定期和不定期报告。近年来，美国的信息披露制度在实践中不断地修订与优化，进而对上市公司的信息披露行为进行规范[①]。

我国信息披露制度伴随着证券市场的发展而发展。我国的上市公司信息披露制度形成于 20 世纪 90 年代，始于 1993 年国务院发布的《股票发行与交易管理暂行条例》，该条例的第十三至十八条规定了我国拟上市公司申请公开发行股票的信息披露要求，该条例的第六章则直接针对上市公司的信息披露做出了具体的规定。《股票发行与交易管理暂行条例》确立了我国拟上市公司首次公开募股信息披露制度和上市公司定期报告以及临时报告制度的基础，为我国上市公司信息披露制度的发展和完善奠定了基石。此后，我国的上市公司信息披露制度逐渐成熟，体系日益完善，数量众多的规范性文件构成了《中华人民共和国证券法》信息披露制度的重要配套，如《股票发行与交易管理暂行条例》《证券

---

① 曹树新：《上市公司重要变更信息披露的市场反应的实证研究》，西南交通大学博士学位论文，2015 年。

公司监督管理条例》《上市公司信息披露管理办法》《证券公司股权管理规定》《企业会计准则》《公开发行证券的公司信息披露内容与格式准则》《公开发行证券的公司信息披露编报规则》等①。

信息披露主要是指上市公司以招股说明书、上市公告书以及定期报告和临时报告等形式，把公司及与公司相关的信息，向投资者和社会公众公开披露的行为（袁东任，2015）。与上述定义类似，王冰（2017）认为上市公司信息披露通常是指公司在证券市场上发行证券、上市和交易等一系列过程中，按照法律法规、部门规章、监管机构和交易所的有关规定或管理者认为必要时，以一定方式向投资者和社会公众等信息使用者公告与公司证券有关的财务和其他对投资决策有影响的信息。从披露规则划分，上市公司信息披露可以分为强制性信息披露和自愿性信息披露；从披露内容上划分，上市公司信息披露可以分为财务信息披露和非财务信息披露。随着上市公司业务的复杂性的增加，标准化财务数据的局限性凸显，其市场价值相关性有所下降（张娟和黄志忠，2020），非财务信息披露逐渐引起信息使用者的重视。

本书探究上市公司信息披露对非专业投资者决策判断的影响，主要侧重考量上市公司财务报告信息披露形式的影响，具体而言，本书从信息披露形式层面分别探究会计准则导向、综合收益列报、信息披露频率、信息呈现方式、图形形式会计信息、可视化财务信息及管理层讨论与分析中风险提示信息可读性对非专业投资者决策判断的影响。

2. 非专业投资者

财务会计准则委员会（Financial Accounting Standards Board，FASB）于 2010 年将拥有一定合理的商业和经济活动知识的个体称为个体投资者。我国证券业协会在《证券公司投资者适当性制度指引》（2012）中将包括商业银行、信托投资公司等在内的专业投资机构及其分支机构、资产和相关市场投资交易经历的其他机构以及金融类资产不低于500万元人民币并具有2年及以上专业投资机构工作经历的自然人定义为专业投资者，其余资金或经验不足的投资者定义为非专业投资者。2017年，我国证监会实施的《证券期货投资者适当性管理办法》中明确对投资

---

① 孟铂林：《我国上市公司信息披露制度失灵问题及解决路径研究》，中国政法大学博士学位论文，2020 年。

者进行分类，根据规定专业投资者包括机构投资者以及在资产、投资经历等方面达到要求的"散户"。非专业投资者则是"散户"的剩余部分，他们持有的资金相对较少，专业能力和投资经验相对不足，所以在决策判断时容易受到管理层发布信息的干扰。本书中提及的非专业投资者与证监会规定的分类一致。

国内外对专业投资者和非专业投资者虽无一个统一明确的定义，但众多学者给出的定义并没有本质的差异。例如布兰卡托（Brancato，1999）将隶属于某一投资机构，代表机构从事专业投资工作，并从中获得报酬的人称之为专业投资者。巴尔托夫（Bartov，2000）在研究公告后股价波动问题时，将机构投资者作为专业投资者的代表，不属于机构投资者的投资者即非专业投资者。玛格丽（Margery，2006）认为专业投资者通常隶属于某个投资机构，而非专业投资者不隶属于某一投资者机构，并且自己进行投资活动。罗斯科和霍华斯（Roscoe & Howorth，2009）认为专业投资者为某一投资机构效力并获得报酬的投资者，而非专业投资者是在资本市场利用自有资金进行投资活动的个体。布莱恩（Brian，2010）、兰伯特（Lambert，2011）在实证研究中使用证券交易量大小作为非专业投资者的判断指标，但是，赛耶等（Sayegh et al.，2004）认为以证券交易量的大小来作为非专业投资者的代理并不准确。因为专业投资者大多是理性的，他们倾向于投资中等规模的交易量。如果以证券交易量的大小作为替代变量，那么就容易将其混淆为非专业投资者。在接收信息时，非专业投资者是一个缺乏投资经验的群体，这导致他们浏览信息时，不能发现诸多的财务报表之间的联系，往往会按照信息排列的先后顺序进行检索。在做出判断时，非专业投资者会更多地选择启发法（Heuristics）来解决问题，即依照个人的直觉、经验来完成判断。

鉴于对非专业投资者现实中的对象获取有一定的难度，所以国内外对非专业投资者的研究多用工商管理硕士（Master of Business Administration，MBA）学生或有投资知识的学生为代表。埃利奥特（Elliott，2007）通过实验证明了MBA学生可以成为非专业投资者的合理替代。此后，诸多学者以MBA、金融硕士或者MPAcc作为非专业投资者代表进行实验研究。例如，国际著名行为会计学者谭和谭（Tan & Tan，2009）以MBA作为被试，探究投资者对管理层信息披露更正的反应；

继而韩和谭（Han & Tan，2010）以 MBA 和金融硕士作为被试，探究投资者对管理层盈余指导的反应；谭等（Tan et al.，2014）以 MBA 为非专业投资者的代表，探究可读性、语调和金融素养对非专业投资者收益判断的影响；李（Li，2017）以 MBA 为非专业投资者的代表，探究 MD&A 商业洞察力水平对非专业投资者判断的影响；国内著名学者张继勋也对 MBA 等做了一系列行为会计实验研究，例如，张继勋和韩冬梅（2015）以 MBA 作为被试，探究网络互动平台上公司管理层回复投资者提问的及时性和明确性对投资者投资决策的影响；张继勋等（2019）以 MPAcc 为被试，分析社会责任披露语调、财务信息诚信对投资者感知社会责任的影响；张继勋等（2020）以 MPAcc 为被试，分析社交媒体平台贴吧上发布建议理由的具体性与发帖人的经验对投资者投资判断的影响。因此，本书在研究过程中，主要以具备一定金融、会计和投资知识的硕士研究生和 MBA 作为非专业投资者代表。

1.4.2 基础理论

1. 行为经济学理论

英国经济学家亚当·斯密（Adam Smith）提出"经济人"假说，这种假说认为人具有完全理性，且具有全知全能的本领，他的决策方案能够实现最大化。然而事实上，人并非是"完全理性的经济人"，而是只具有有限的决策能力和选择能力。社会协作系统学派的创始人切斯特·巴纳德（Chester I. Barnard）认为，人们并不像科学管理理论所讲的那样，是"机器的附属物"或"被动的生产工具"，而是具有选择的能力、决定的能力、自由意志的人；但是这种选择能力是有限的，人们只能具有在一个有限的范围内进行自由选择的能力；虽然从某个时刻来看这种选择是极其有限的，但只要保持朝着一个方向进行反复选择，最终可能会使整个社会的要素发生很大的变化。但是以理性经济人假设为基础的期望效用理论不能全面有效地来解释行为人的行为。当市场存在不确定性因素、复杂情况以及问题时，个体或组织通常会采取捷径或依赖最容易得到、最先得到或想到的信息进行决策。投资决策过程是长时间的、持续性的，因此在决策时，投资者的非理性是正常存在的。在此基础上，行为经济学理论认为行为人并非都是无感情的，而是非完全理性的。

20世纪40年代，西蒙提出"有限理性"的概念，认为在实际决策中，完全的"经济人"是不存在的，决策者会受到知识、信息、经验和能力等的限制，从而其决策行为会产生偏差，提出"有限理性决策模式"。西蒙认为，必须达到三个条件才能被认为是完全理性。首先，人们的决策必须建立在了解每一个影响决策因素的基础上。其次，人们在做决策时必须能够完全地推断出所有可能出现的结果并计算出这些结果发生的概率。最后，人们有能力对每一种结果的偏好程度进行排序。这三种条件十分严苛，因而西蒙认为，没有人能够达到完全理性的条件，"完全理性"的人并不存在，人的行为动机是"愿意理性，但只能有限地做到"。人们难以获得所有与决策相关的信息，人脑的思维能力也并非超然和无限的，因此在通常条件下，任何个人所具有的理性只能是"有限理性"。人们在决策时追求的仅仅是"满意"的效果，难以达到"最优"的水平。

西蒙的"有限理性"提出以后，有的学者将认知心理学融入进来，斯洛维克（Slovic，1971）首次在论文中论证了心理因素对投资决策的影响，开始探索认知偏差对于决策行为的影响。卡尼曼和特沃斯基（Kanhneman & Tversky，1974）提出了三种典型的启发式偏差：代表性偏差、可得性偏差和锚定效应，理解这些启发式偏差能够帮助个体在不确定条件下做出更好的判断和决策。启发式是指，在不确定条件下，投资者进行判断和决策时，往往会走一些捷径，即根据某些原理、过去的经验或有限的信息进行分析处理，这种解决问题的策略叫作启发式。此后，人们又陆续提出了再认启发（Goldstein & Gigerenzer，1999）、情感启发（Slovic et al.，2007）等。卡尼曼和特沃斯基（Kanhneman & Tversky，1981）通过"亚洲疾病问题"提出了"框架效应"概念，认为同一个问题的等价描述导致了不同的决策行为。谢夫林和斯塔特曼（Shefrin & Statman，1985）提出了"处置效应"的概念，认为投资者过早地出售盈利的股票，过久地持有亏损的股票。

心理学与经济学的有机结合形成了行为经济学，它是主要研究进行投资和决策的个体或组织在不完全理性的市场中的经济行为规律的学科。卡尼曼和特沃斯基提出的前景理论对传统的风险决策理论进行了修正，明确不确定条件下的判断和决策，成功解释了许多看来不理性的现象。前景理论对分析在不确定情况下的人为判断和决策方面做出了突出贡献，是行为经济学领域的重大成果之一，卡尼曼也因此获得了 2002 年的诺贝尔经济学奖。

行为经济学认为当个体或组织在不确定性的条件下进行投资决策时，由于是非理性的，因此往往会受到心理因素的影响，从而产生认知偏差，这些认知偏差主要包括过度自信、从众心理等。就如投资者对企业进行投资决策时，会参考其他人如管理层披露的财务报告、审计师出具的审计意见以及内部监督者出具的证明文件，若管理层、审计师、内部监管者披露的财务信息不能赢得投资者的信任，那么投资者可能会对自己即将要做出的投资决策缺乏信心，所以他们的决策便会在很大程度上受财务信息可信度的影响。

2. 信息不对称理论和信号传递理论

信息不对称理论的相关研究始于 20 世纪六七十年代，到 20 世纪 90 年代后期已成为经济学研究中的一个极其活跃的话题。最早提出信息不对称理论的是美国的经济学家乔治·阿克尔洛夫（George A. Akerlof）。信息不对称理论指不同人员在市场经济活动中对相关信息的了解和掌握程度是有差异的；掌握充分信息的一类人往往在交易中处于比较有利的地位，相比之下信息贫乏的一类则经常处于不利地位。对于信息不对称存在的原因分析，哈耶克（Hayek，1948）及其后人将其概括为：第一，人的知识和认知能力是有限的，再加上社会分工就造成不同市场参与者获取信息和认知信息的能力不对称；第二，搜寻信息需要成本，只要市场参与者认为信息搜寻成本高于预期收益，就不会发生信息搜寻行为；第三，存在信息优势方对信息的垄断。

对于企业和投资者来说，企业肯定是了解信息比较充分的一方，占据有利地位，而投资者作为信息缺乏的一方处于相对不利地位。约瑟夫·斯蒂格利茨（Joseph Eugene Stiglitz）曾经说过信息是金融市场运行的基础，是投资者进行决策必须考虑的重要因素，但是资本市场上存在着严重的信息不对称。对于上市公司而言，所有权与经营权一般都是高度分离的，投资者很少参与到公司的管理中，主要由管理者进行实际管理，因此投资者相比于管理者可获知的信息就较少，无法充分了解企业将来面临的是机遇抑或是挑战。一方面，投资者因为信息不对称无法做出合理准确的决策；另一方面，投资者是理性的，他们很清楚经营者掌握更多的信息，为了将投资决策失误的风险降到最低，他们可能会采取降低购买股票的价格或者提高投资必要报酬率的行为，但这种行为会给企业带来融资困难和资本成本上升的难题。

信号传递（Ross，1977）是解决信息不对称问题（Akerlof，1970）的有效办法。在交易双方存在信息不对称问题时，掌握较多信息的一方，会采取一定的行动向信息弱势方传递相关的信号，来帮助交易对方做出判断，促成交易的成功。优质的企业更倾向于向市场传递信号，从而在市场竞争中处于优势地位，获得区别于劣质企业的机会，降低契约成本，以实现长远的发展（张微微，2016）。即信号传递理论可以通过缓解信息不对称问题，减少出现逆向选择的可能。因此，为了缓解上市公司与投资者之间的信息不对称问题，上市公司应披露和列报更多更真实可靠的信息。也就是说，通过提高信息的披露水平，从而降低交易双方之间存在的信息不对称程度，企业主动地向利益相关者披露公司的核心竞争力、经营状况和财务状况，让投资者更深入地了解公司，使他们能够通过披露的信息区分不同股票的投资价值。

1.5 实验研究简介

本书通过实验研究的方法探究上市公司信息披露对非专业投资者决策判断的影响，因此需对实验研究这一方法进行简要介绍。本小节从实验研究起源、实验研究变量、实验设计及实验设计的效度和信度四个方面对实验研究予以介绍。

1.5.1 实验研究起源

1879 年，以冯特在莱比锡大学创建第一个心理学实验室为标志，现代意义上的科学心理学由此诞生[①]。20 世纪初，行为主义引入了心理

---

① 郭秀艳：《实验心理学》，人民教育出版社 2004 年版。

学，意味着经济学开始引入心理学。20 世纪 30 年代，霍桑实验的开展标志着心理学在管理学中的应用。20 世纪 60 年代，出现了基于信息加工的认知心理学。1974 年，卡尼曼和史密斯在《科学》发表行为经济学文章，是行为经济学发展的重要里程碑。

会计对认知心理学理论最初的应用反映在 20 世纪 60 年代对投资（透镜模型）和信贷的决策。但是正如罗伯特·H. 阿什顿在《会计和审计中的判断与决策》中指出，会计与审计中判断任务与情景设定往往关注的是财务后果，而目前公司管理层、投资者和投资顾问作为研究对象显然也没有受到应有的重视。因此，未来的研究方向应该主要集中于制度安排、判断与决策主体的异质性以及投资者决策与市场行为关系等。

1.5.2 实验研究的变量

实验通常是要发现关于一个特定过程或系统的某些事情（意义）。一个实验就是试验，它通过对一个过程或系统的输入变量做一些有目的的改变，以便能够观察到和识别出输出响应（因变量）变化的缘由。实验研究是根据一定的研究目的与假设，人为地控制某些因素、突出某些因素，在一种"纯化"的状态下寻求社会现象的因果关系。

实验研究最重要的三类变量为自变量、因变量和控制变量。在实验中，实验者总是首先操纵一个或几个变量的变化，然后才能观察这个操作对被试反应的影响。这个在实验中实验者所操纵的、对被试的反应产生影响的变量就是自变量。因变量是因为自变量的变化而产生的现象变化或结果，因此自变量和因变量是相互依存的，没有自变量就无所谓因变量，没有因变量也无所谓自变量[①]。

实验中并不仅仅只有自变量才是和因变量有关的，在自变量之外往往存在着额外相关变量。在实验设计中，这部分变量也被简称为额外变量，鉴于实验者在实验中必须想办法控制额外变量对因变量的影响，因此额外变量也常被叫作控制变量。一项实验是否成功，与额外变量控制得是否成功密切相关，而控制额外变量的目的在于消除、降低其对因变

---

① 张继勋等：《会计和审计中的实验研究方法》，南开大学出版社 2008 年版。

量的影响，或者将其与自变量的影响分开，使得实验能够明确自变量与因变量的关系。对额外变量的控制方法主要有：排除法、恒定法、匹配法、随机化法和统计控制法等。

1.5.3　实验设计

实验设计就是进行科学实验前做的具体计划。它主要是用来控制实验条件和安排实验程序。实验设计的目的在于尽可能减少额外的或未控制的变量，从而增加实验产生有效的一致结果的可能性。实验设计是实验成功的关键。一个好的实验设计能够用最少的人力、物力获得最多和最有效的实验数据以达到实验的最佳状态。如果实验设计不当、对非实验条件控制不严、实验方法和程序安排不合理，即使实验的规模较大、实验次数较多，所得到的实验数据也仍有可能无法对最初提出的问题给予合理的回答，达不到原来的实验目的。根据分类标准的不同，可以将实验分为不同的类别，一方面，根据实验变量的多少可以分为多变量设计和单变量设计；另一方面，根据被试参与实验水平的不同，可以分为被试间实验、被试内实验和混合实验①。

1. 多变量设计和单变量设计

最简单的实验包括一个自变量，以及一个受其影响的因变量，这种单变量实验设计的典型范例包括经典心理物理法的实验研究。然而，一个自变量和一个因变量的设计毕竟过于简单，难以适用于有着许多影响因素复杂多变的心理现象。这样，多变量设计——在一个实验中包含有两个或两个以上的自变量或因变量的实验设计——便是有效的解决之道。多变量设计包括多自变量和多因变量两种情况：

（1）多自变量实验。

多自变量（multiple independent variable）实验是指在一个实验中包含两个或两个以上自变量的实验设计。这种设计在实际的心理学研究中应用广泛，事实上典型的心理学实验往往同时操纵二到四个自变量。

多自变量实验具有以下几个明显的优点：①效率高。有两个自变量

---

①　张断勋等：《会计和审计中的实验研究方法》，南开大学出版社 2008 年版。

的实验要比分别做两个只有单一自变量的实验效率要高。②实验控制较好。做一个实验时某些控制变量比进行两个实验时更易于控制和保持恒定。这就在很大程度上排除了许多实验误差，减少了实验污染。③可以获得交互作用。多自变量实验能够揭示自变量间的相互作用，提供新的信息。

（2）多因变量实验。

多因变量（multiple dependent variable）实验是指在一个实验中包含有两个或两个以上因变量的实验设计。在心理学实验中，因变量通常以行为指标来表示，因而实验者必须决定行为的哪些方面与实验有关，并从这些方面中挑选因变量。虽然传统上常使用一些因变量指标，但这并不意味着它们是行为的唯一指标或最好指标。另外，正如同时使用多个自变量可以增加实验结果的普遍性一样，同时使用多个因变量也可以增加普遍性。多因变量实验和多自变量实验一样存在变量间的相互关系，也就是多因变量实验的多个因变量指标之间可能是有关联的。借助多元统计分析技术，研究者不但可以对每一个单独的因变量进行分析，还可以对多个相互联系因变量的联合体进行分析，从而得到多个单因变量实验无法提供的信息。

2. 被试间设计和被试内设计

实验设计中，实验者怎样把被试分配到自变量的不同水平中去？存在两种可能性，一种是仅把一些被试分到一种水平（每一种水平接受不同的被试），另一种是将每一个被试分到每一个水平。第一种情况称为被试间设计，是指要求每个被试（组）只接受一个自变量水平的处理，对另一被试（组）进行另一种自变量水平处理的情况。第二种情况称为被试内设计，是指每一个被试都接受自变量的所有水平处理的情况。当然，在有些多自变量的实验中可以既包含被试内设计，又包含被试间设计，这种在一项实验中有些自变量是被试内的而有些自变量是被试间的实验设计称为混合设计。

（1）被试间设计。

被试间设计的特点是每个被试只接受一个自变量水平的处理（即简称一种实验处理或称一个实验条件）。由于每一个人只接受一种处理方式，因此一种处理方式不可能影响或污染另一种处理方式，这是被试间设计的一个优点。但是被试间设计的主要问题在于：由于接受自变量不同水平处理的被试各不相同，我们就很难分辨出因变量的变化是由于被试间的差异所致，还是由于自变量的变化所致。因此在被试间设计中，实验者必须尽量减少两个或多个组别中的被试差异，以保证两组被试在实验开始时各方面都相等，这就是被试间设计的等组问题。被试间设计主要采用等组匹配法和随机化两类技术来解决等组问题。

（2）被试内设计。

被试内设计的特点是所有的被试都会受到每一水平自变量的影响。这样，不但节省了被试人数，而且不同组的被试个体差异也得到了最好的控制。被试内设计比被试间设计更有力，能更好地考察实验组和控制组之间的差异，这个优点使许多研究者更倾向于使用被试内设计。

与被试间设计相反，被试内设计不会受到来自被试个体差异的困扰，但却必须面对实验处理之间相互污染的问题：一方面，被试接受不同的自变量水平的处理之间总会存在时间间隔，因此实验者需要努力防止在此间隔内偶然发生的事件对实验结果的影响；另一方面，由于被试先后接受不同处理，一些和时间顺序有关的误差就可能对实验产生影响，例如练习效应和疲劳效应。此时，需要平衡设计技术以解决上述问题，平衡是指在实验中为了消除或减少实验顺序效应而采用一些系统地改变实验处理顺序呈现技术的设计，常用的平衡方法包括 ABBA 法和拉丁方法。

1.5.4 实验设计的效度和信度

如何评价一个实验？对这个问题的回答总是牵涉两方面的内容。其一，实验是否明确、有效、可操作？其二，实验是否可重复、验证？这其实也就是实验研究的效度和信度问题。效度就是实验结果的准确性和有效性程度，信度就是实验结果的可靠性和前后一致性程度。效度与信度是实验研究成败的关键，也是对任何实验进行评价的指标。

1. 实验设计的效度

实验效度是指实验方法能达到实验目的的程度，也就是实验结果的准确性和有效性程度。实验效度主要包括内部效度和外部效度，不过在这两者之前，首先要提及的是实验的构思效度：构思效度是实验研究初期不可忽视的重要因素，也是研究者形成实验假设和进行实验设计时必须考虑到的因素。它是指实验研究假设和测量指标的理论构思及其操作化问题，即理论构思及其转换的有效性。构思效度直接决定了实验者的设想能不能以实验的形式表现出来。

（1）内部效度。

实验的内部效度是指实验中的自变量与因变量之间因果关系的明确程度①。如果在实验中：当自变量发生变化时因变量随之发生改变，而自变量恒定时因变量则不发生变化，也就是说确实是自变量而不是其他因素引起了因变量的变化，那么这个实验就具有较高的内部效度。由此可知，内部效度与无关变量的控制有关。当实验中未得到控制的无关变量越多时，因变量的变化不是由自变量引起的可能性就越大，实验的内部效度就越低。

（2）外部效度。

实验的外部效度是指实验结果能够普遍推论到样本的总体和其他同类现象中去的程度，即实验结果的普遍代表性和适用性，研究者也将之称为生态效度。普遍性的问题在所有类型的研究中都存在，也是研究者感兴趣的问题。它涉及实验结果的概括力和外推力，也就是实验结果接近现实的程度。

由此可见，实验的内部效度越高，其结果就越能确认是由实验处理所造成的；而实验的外部效度越高，其结果的可推论范围就越大。而且，实验的内部效度和外部效度是相互联系、相互影响的。有时提高实验内部效度的措施可能会降低其外部效度，而提高实验外部效度的措施又可能会降低其内部效度。那么在一项实验研究中，要如何平衡这两种效度的相对重要性呢？这主要取决于实验的目的和要求。一般情况下，实验中发生混淆的因素越少，在实验中控制额外变量的程度越大，也就是实验的内部效度越高，则对因果关系的测量就越有效。因此，研究者通常会在保证实验内部效度的前提下，采取适当措施以提高外部效度。

2. 实验设计的信度

实验信度是指实验结论的可靠性和前后一致性程度。实验结果的可

① 陈晓萍、沈伟：《组织与管理研究的实证方法》（第三版），北京大学出版社2018年版。

靠性可以简单归结为：如果再重复实验，其结果会与第一次相同吗？如果我们没有理由证明所得出的实验结果是可信的，那么研究将毫无价值。实验信度其实就是实验的可验证性问题。要保证实验信度，就应鼓励研究者进行验证性实验，这样即使推断统计显示仍存在犯错误的可能，但实验结果也是可信的。典型的实验验证有：直接验证、系统验证和概念验证。

1.6　研　究　框　架

本书基于行为经济学视角，采用实验研究方法展开上市公司信息披露的相关研究。首先，立足于本书的研究背景基础上，明确研究目的和研究意义，对相关文献进行梳理、对相关概念予以界定，同时明确理论基础，把握实验研究的要义。其次，沿着"准则导向—财务报表列示—具体信息披露模式"这一逻辑线条多层次剖析上市公司信息披露对非专业投资者决策判断的影响，构建因果关系的理论框架。最后，对实验研究结论予以归纳，同时为规范上市公司信息披露、提高非专业投资者理性程度提供对策建议。本书的研究框架如图1–1所示。

第1章为导论，首先对本书研究背景予以介绍，明晰研究目的和研究意义，其次对相关文献进行梳理、对概念予以界定、理论基础予以分析，最后对实验研究进行简单介绍，为后续章节的开展奠定基础。

第2章探究会计准则导向与信任程度对非专业投资者判断和决策的影响。从认知心理学角度研究了会计准则变动导致的信息披露对非专业投资者判断决策的影响，不仅拓展了认知心理学、行为经济学和信息加工理论在咨询领域的运用，也是对会计理论和财务报告制度的有益补充。

第3章探究综合收益披露模式对非专业投资者决策判断的影响。以综合收益表列报模式（130IS）和股东权益表列报模式（115SCOE）两种列报模式，以及未实现利得和损失（UGL）波动性的高低为变量设计2×2（综合收益披露形式×波动性高低）实验，探究其对非专业投资者股价估值的影响。

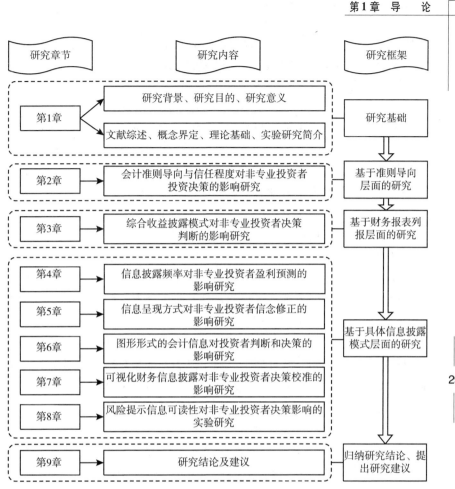

图 1 - 1　研究框架

第 4 章探究信息披露频率对非专业投资者盈利预测的影响。研究发现更频繁的报告会导致更低的准确性和更分散的季度收益预测，信息披露频率的确会对非专业投资者的盈利预测产生影响。较高的信息披露频率会给非专业投资者的认知带来负担，非专业投资者有限的认知能力、记忆能力和信息处理能力也限制着他们的表现。

第 5 章探究信息呈现方式对非专业投资者信念修正的影响。以信念调整模型、认知适配理论和序列位置效应为基础，探究在信息呈现方式和信息披露顺序两种水平下，对非专业投资者信念修正的影响程度。研究发现信息逐步呈现相比综合呈现更符合非专业投资者的认知水平，缓解其认知超载问题；相比好消息，坏消息会引起非专业投资者对于损失的恐惧和风险的反感，因此会产生更多的信念修正。

第6章探究图形形式的会计信息对投资者判断和决策的影响。基于认知心理学的视角，考察了在不同复杂程度的任务场景中，呈报格式和投资者特征对于行为决策者判断和决策的影响。研究发现，在简单任务情况下，图形形式的会计信息呈报格式不影响专业投资者的判断，会对非专业投资者的判断产生影响；在复杂任务情况下，图形形式的会计信息呈报格式对专业投资者和非专业投资者均产生影响。

第7章探究可视化财务信息披露对非专业投资者决策校准的影响。基于行为决策有限理性理论、双重编码理论和DSS用户校准设计理论，提出可视化、交互性和任务难度分别对非专业投资者决策准确性、信心和校准影响的三个假设。通过设计 $2 \times 2 \times 2$ 被试间实验，考察了在不同可视化、交互性和任务难度组合的八种实验条件下，非专业投资者决策的信心、准确性和校准的变化。

第8章探究管理层讨论与分析中风险提示信息可读性对非专业投资者决策的影响。以印象管理理论、加工流畅理论和双系统作用模型为基础，提出风险提示信息的两个关键特征——风险提示信息可读性和风险提示信息消息性质影响非专业投资者决策的假设；设计 2×2 的被试间实验，用来检验风险提示信息在不同消息性质（好消息和坏消息）和可读性水平（可读性高的风险提示信息和可读性低的风险提示信息）下对非专业投资者决策的影响。

第9章是研究结论和建议部分，研究发现上市公司信息披露会对非专业投资者决策判断产生影响，监管部门应致力于提高上市公司信息披露质量，减少非专业投资者的非理性行为。

第 2 章　会计准则导向与信任程度对非专业投资者投资决策的影响研究

美国会计准则经历了长期的发展过程，在会计准则界具有重要影响。但在 2001 年"安然事件"发生之后，以规则为导向的美国会计准则受到了质疑与批评。会计丑闻的爆出，使得美国社会各方开始进行反思：现有的会计准则为什么不能有效地预防此类事件的发生？其审计公司安达信在事件爆发之后第一时间也发表声明，指出美国现有的会计准则太注重规则和形式。当时的"五大会计事务所"也联合发表声明，认为需要改进现有的会计准则导向。[①] 2002 年 10 月美国财务会计准则委员会发布了《以原则为基础的美国会计准则制定方式》建议稿，并通过网络征求社会意见。[②] 2003 年 7 月美国证券交易委员会以工作组的形式开展工作，对原则导向的会计准则制定问题进行了研究，并向国会提交了《以原则为基础的美国财务报告系统》。为了适应会计准则发展的趋势，2006 年 2 月 15 日，我国财政部颁布了由 1 项基本准则和 38 项具体准则组成的会计准则体系，并表现出很强的原则导向特征。[③] 但考虑到我国的经济体制和会计人员的整体素质，在颁布新会计准则的同时还颁布了具体准则的指南。由此可见，我国目前的会计准则兼具了原则导向和规则导向。

以规则为导向的会计准则除了给出某一对象或交易事项的会计处

---

① 平来禄、刘峰、雷科罗：《后安然时代的会计准则：原则导向还是规则导向》，载于《会计研究》2003 年第 5 期。

② 宁宇新：《会计准则制定基础问题研究》，载于《当代财经》2004 年第 2 期。

③ 2006 年 2 月 15 日，财政部发布修订后的《企业会计准则——基本准则》（财政部令第 33 号），规定企业会计准则包括基本准则和具体准则。

理以及财务报告所必须遵循的原则外，还力图考虑到原则适用的所有可能情况，并将这些情况下对原则的运用具体化为可操作的规则，既包括适用准则的情况，也包括不适用准则的有关例外情况。而以原则为导向的会计准则仅针对某一对象或交易事项的会计处理，提出财务报告应遵循的一些基础性原则，但并不力图回答所有问题或对每种可能情况均提供详细规则，并且很少限定适应范围。一般认为，原则导向的会计准则强调财务报告应当如实反映经济活动的实质而非形式，这样可以促使财务报告的编制者更加关注会计主体活动的内在性质，更好地体现财务报告的目标和反映会计原则的意图。而规则导向则强调会计准则的规则化，制定具体的界限，使会计准则更具体、更具有操作性。

财务报告是企业关于财务状况、经营成果以及现金流量信息的披露，对于信息使用者的投资决策行为和结果有着重要的影响。由于美国安然公司等会计丑闻爆出了财务报告信息的可信度问题，国内外学者通过研究表明，财务信息的可信度是影响投资者决策的重要因素，披露高质量的财务信息可以提高投资者的信任程度，有利于投资者做出准确的决策。在资本市场中，投资者做出决策的依据主要是公司披露的财务信息，并且他们都希望获得高质量的财务信息。然而，高质量的财务信息需要有科学合理和高质量的会计准则执行来保证。会计准则导向的选择关系到高质量财务报告的披露。我国学者通过研究也发现，有效的执行会计准则会影响会计信息的质量。

对于投资者，特别是非专业投资者，由于其投资经验匮乏、收集和分析财务信息的能力也有限，同时加上信息不对称的存在，这使他们获得的决策信息并不能真实地反映企业的经济实质。会计丑闻的发生也使投资者对企业披露的财务信息的信任度降低。因此，在不同的会计准则导向下，投资者的信任程度是否会对其判断和决策产生影响，会产生怎样的影响？本章基于以上背景，从信息不对称理论、行为经济学理论和映像理论出发，运用实验设计的研究方法，通过设计调查问卷收集所需的数据，最后通过实验检验来分析会计准则导向、信任程度对非专业投资者判断和决策的影响。

2.1　概念界定与理论基础

2.1.1　相关概念界定

1. 会计准则导向

目前，会计准则导向主要有原则导向和规则导向两种具体的应用。人们对于如何定义这两种会计准则导向，有不同的见解。本章在综合各学者研究的基础上，给予以下定义。

（1）原则导向会计准则。

2003 年，美国 SEC 在其公布的研究报告《对美国财务报告采用以原则为基础的会计准则体系的研究》中指出，以原则为导向的会计准则应该简明扼要地对会计准则进行解释说明。例如，美国在没有颁布《财务会计准则公告第 121 号》以前，关于如何来判断长期资产的减值、如何确认损失以及如何计量，都没有明确的规定。原则导向的会计准则只确立了基本的原则，并没有对会计交易的处理提供具体的应用解释和指南，在这种情况下，就留给了会计人员较大的职业判断空间。因此，原则导向会计准则应是基础性的，相对要通俗易懂、简洁明了，并且在运用过程中更多地依赖会计人员的职业判断。

（2）规则导向会计准则。

与原则导向会计准则相比，规则导向的定义并没有一个明确的界定。虽然关于美国的公认会计准则，各方学者有不同的见解。但是一直以来，大家认为美国的会计准则是以规则为基础的。在其研究报告中也对规则导向进行了说明：第一，大量的关于会计准则的详尽解释和应用指南。这些详尽的解释和应用指南，能够保证准则使用者充分执行会计准则，使得披露的财务信息具有可比性，同时也缩窄了会计人员职业判断的应用。第二，大量的界限检验。在规则导向的会计准则下，区分不同会计方法的标准就是根据这些界限检验，通过用一定明确的数量界限来判断，比如融资租赁和经营租赁的划分标准，然后再根据划分结果选择会计处理方法。第三，大量的例外准则。例外准则是指在某些特殊的情况下，当会计准则不适用时，为了达到理想的财务报告结果而产生的准则。这些准则的存在，使得规则导向会计准则变得更具体、复杂。本章的研究就是基于这个定义。

2. 判断和决策

对于非专业投资者来说，判断和决策是投资活动中不可或缺的行为。判断是思维的基本形式之一，是对思维对象是否存在以及事物之间是否具有某种关系的肯定或否定；决策经常发生在管理活动中，是指主体根据客观的可能性，为了实现特定的目的，对接下来的行动做出决定。在投资活动中，投资者凭借自己的记忆、思维、认知等认知能力对其做出正确的判断和决策。美国专家黑斯蒂（Hastie）对判断和决策进行了概括且全面的定义。他指出，判断与决策是人们根据自己想要达到的目标和结果，利用已有的知识、手段等来选择行动的过程。一个好的决策就是指对给定的情境进行判断和决策时选择有效的手段来达到预期的目的。广义来讲，判断和决策是息息相关、密不可分的。因此，本章认为在整个决策的过程中，判断是进行决策的前提。从两者所属关系讲，判断本身其实就是一种决策行为。

3. 信任程度

闯（Chuang，2006）从经济角度将信任分为三种类型：过程的信任、特征的信任和制度的信任。福山（Fukuyama，1995）分析了信任在社会经济发展中的重要性，并将信任看作一种社会资本。张维迎和柯荣珠（2002）研究发现，信任程度是影响企业发展的重要因素。费尔南德斯（Fernández，2011）认为信任的过程其实是一个认知的过程，并且投资者可以通过获得外部的信息来建立。夏纪军等（2003）通过把个体投资者的偏好结构分成自利性、利他性和互利性三部分，建立了一个信任理论模型。此外，有的学者还从信任与合作的角度上进行分析，布劳（Blau，1965）、莱德玛（Ledyard，1995）指出信任是人们进行合作的基础和重要因素。同时，刘易斯（Lewis，2004）、福山（Fukuyama，1995）也指出信任可以降低社会经济关系中的不确定性和易变性，从而为合作建立基础，当处于高度信任时，人们更愿意与他人进行交易。

　　信任普遍存在于社会活动中，它是一个范围很广的概念，涉及各个领域。经济学家、社会学家、心理学家等认为在社会活动以及人们的行为中，信任是重要的影响因素。经济学家认为信任是人们在进行经济活动时的一种理性选择机制；心理学家将信任视为是一种人格特征；社会学家又从社会角度出发，认为人们之间的信任要通过交往才能建立。在前人的研究总结中也指出，信任是人们进行合作的基础。1958 年美国心理学家多伊奇（Deutsch）著名的囚徒困境实验，认为信任其实是对情境的一种反应，对情境刺激的判断会影响投资者的决策行为。根据以上的研究论述，本章将信任程度定义为非专业投资者对财务信息以及信息传递者的认知程度，认知程度的高低会影响非专业投资者的决策行为。

2.1.2　相关理论基础

　　映像理论是心理学的范畴，是信任形成的理论机制。根据映像理论的观点，投资者会把对被投资者的当前认知与自己已有的价值标准进行比较，从而做出是否信任的决策。因此，利用映像理论能更好地解释投资者信任形成的过程。根据映像理论，投资者在决策过程中要依赖价值映像、轨迹映像和策略映像。价值映像（理想映像）反映投资者的判断原则、价值观以及头脑中已有的判断标准；轨迹映像（当前映像）反映投资者期望达到的决策目标；策略映像反映投资者为了达到决策目标而采取的行动策略。

　　王重鸣和邓靖松（2005）认为在信任决策中，也具有映像理论的这三种映像。信任具有三个方面的特性：第一，风险特性。在投资活动中，风险与收益是相伴存在的，实际上，投资者做出的投资决策就是一种对风险的决策，是一种对价值的判断，所以投资者关于信任中风险的映像是一种价值映像。第二，期望特性。投资者进行投资最主要的期望就是能够获得利益，实现投资目标。映像理论中的轨道映像反映的恰是投资者期望达到的决策目标。因此，这种期望特性可以看成对被信任者的轨道映像。第三，策略特性。为了做出是否信任的决策，投资者往往需要采取一些策略，比如主动合作和信息分享，在和被投资者互动的基础上进行判断和决策，而这些决策策略和映像决策中描述的策略映像一致。信任决策还满足映像理论的映像相容性检验，在产生信任的决策中，信任者先要对被信任者进行映像相容性检验，如果对被信任者当前的认知符合自己价值标准，则在此基础上产生相容知觉，进而做出信任决策，相反，则不会产生相容知觉，同样也做不出信任决策。本章 2.4 节中进行实验分析的依据之一就是映像理论，只要当投资者获得信息与之前的价值标准相符时，投资者才会产生信任，进而做出决策。

2.2 机理分析及假设提出

2.2.1 会计准则导向、信任程度对非专业投资者判断和决策的机理分析

在资本市场中，财务报告信息是企业管理层编制并披露的，他们通常出于一定的动机、为了获得投资者的信赖，利用会计准则漏洞对财务信息进行加工处理，以有利于投资者的决策方向披露信息。沈振宇（2004）的研究也发现，在原则导向会计准则下，管理层可以通过职业判断来操纵财务报告结果；在规则导向会计准则下，管理层可以通过构造交易规避准则中繁杂具体的规定来操纵财务报告结果。根据信息不对称理论，非专业投资者由于缺少投资经验，专业知识水平也不高，相较于专业的投资者，会更难掌握充分、真实的财务信息来进行决策。同时，在行为经济学理论中，投资者是非理性的，在进行投资行为时，往往会受到认知偏差的影响，会根据容易得到、快速得到的信息进行判断和决策。对于非专业投资者来讲，会计准则导向下披露的财务信息则是他们最容易获得的信息来源。由于会计准则导向下披露的财务信息对于投资者决策是有利的，根据映像理论，投资者获得的财务信息是符合判断决策标准的。因此，会计准则导向并不会对非专业投资者的决策产生影响。

根据行为经济学理论，人是非理性的，当投资者进行投资决策时，往往伴随着"从众心理"，这种心理效应会使投资者在对企业进行决策时，参考如管理层披露的财务报告、审计师出具的审计意见等与决策相

关的财务信息，若管理层、审计师、内部监管者披露的财务信息不能赢得投资者的信任，那么投资者可能会对自己即将要做出的投资决策缺乏信心，所以他们的决策便会在很大程度上受信息可信度的影响。詹宁斯（Jennings，1987）指出财务信息的可信度是影响投资者决策的重要因素。劳伦斯（Lawerence，2013）研究说明，清晰、详细的财务信息可以提高投资者的信任度，从而更有利于投资者的长期投资。

此外，社会心理学研究还表明，影响信息可信度的一个重要因素是信息传递者的可信度。张继勋等（2011）指出，信息传递者可信度的高低能够影响投资者投资可能性的判断。投资者对信息传递者的信任度越高，其认为由传递者披露的信息可信度就越高，根据映像理论，投资者获得的信息与其之前的认知标准是相匹配的，这样，就会接受并利用这些信息做出决策。相反，如果投资者对信息传递者的信任度越低，那么由传递者披露的信息的可信度就越低，同样，根据映像理论，投资者获得的外部信息与其已经存在的价值标准是不相匹配的，这就会使投资者产生认知负荷，影响信任度，从而会影响判断和决策。机理分析如图2-1所示。

37

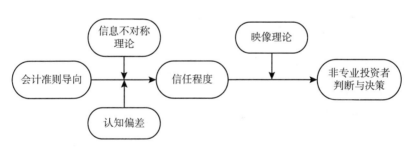

图 2-1　会计准则导向、信任程度对非专业投资者判断和决策的机理分析

2.2.2　H1 的提出

非专业投资者利用财务信息进行判断和决策，而财务信息的有效性依赖于会计准则的正确执行。目前，会计准则有原则导向和规则导向两种应用。以原则为导向的会计准则相对要简单、明了，它主要依据一些基础性的原则，在执行过程中更多地依赖职业判断。但是，如果会计师不能够公正地进行职业判断，那么原则导向会计准则就有可能成为企业进行盈余管理的工具。不论在哪种会计准则导向下，管理层为了企业的利益，都会对财务信息进行操纵，对外部投资者提供有利的财务报告。之前的研究也表明，由于两种导向都有可利用的空间，可以促使交易实现，所以企业管理层会披露有利于投资者决策的财务信息。

肖尔曼等（Schoorman et al.，1995）认为，从投资者保护角度出发，会计准则相当于一种控制系统，可以缓解逆向选择和道德风险问题，保护投资者的利益。信息不对称的存在使得非专业投资者无法掌握全面、真实的信息，因此，投资者对于容易获得的有利财务报告信息信任度较高。此外，劳伦斯（Lawrence，2013）指出，非专业投资者的经验知识、收集和分析财务信息的能力有限，因此，一旦非专业投资者对获得的决策信息产生信任，他们便不会去进一步关注财务信息是如何披露的，也不会去质疑会计准则导向。研究结果也表明，在有弹性的会计准则下，投资者的判断和决策不会受到影响。据此，提出本章的第一个假设：

H1：在原则导向和规则导向下，拥有信任的非专业投资者做出的判断和决策没有显著性差异。

2.2.3　H2 的提出

投资者的投资决策实质上是一种信任决策。在上述总结中也指出，财务信息、信息传递者的可信度是影响投资者判断和决策的重要因素，而且真实详尽的财务信息披露可以提高投资者的信任度。根据映像理论，当投资者产生信任时，其选择进行投资的可能性就会提高。相反，信任的缺失会使投资者的投资可能性降低。

考虑到"安然事件"等一系列会计丑闻的发生，非专业投资者认为管理者可能会利用会计准则的弹性来披露积极的财务报告结果，从而诱导他们进行投资决策。为此，当他们对披露的财务信息产生质疑时，就会去关注财务信息披露的过程以及依据的会计准则。财务信息的最终目的是为了反映经济实质，反映企业的机会和风险，给投资者的决策提供参考依据。然而，这两种会计准则导向是不同的，原则导向会计准则需要会计人员更多的专业判断，注重反映经济实质。而规则导向会计准则注重对规则的遵守，利用大量的界限标准来进行会计实务的判别，过于注重形式，不能有效地反映企业的真实情况。因此，在信任缺失的情况下，投资者会更倾向于选择反映经济实质的原则导向会计准则。据此，提出本章的第二个假设：

H2：在原则导向和规则导向下，缺失信任的非专业投资者做出的判断和决策有显著性差异，并且会更倾向于选择原则导向会计准则。

2.3　实　验　设　计

2.3.1　问卷设计与分析

1. 问卷设计

本章实验设计的调查问卷包括三个部分：

第一部分是会计准则导向的知识简介，要求被试者能够根据提供的资料正确区分不同的会计准则导向并回答相关问题。例如："您认为我国目前是哪种会计准则导向？""您认为原则导向或者规则导向对投资者的影响如何？"等。通过这部分来检验被试者是否能够根据提供的资料对会计准则导向做出正确判断，从而对本次实验进行了很好的控制。

第二部分是根据提供的公司背景简介、财务资料（原则导向下披露的财务信息或规则导向下披露的财务信息）回答相关问题，主要包括被试者对不同会计准则导向的判断、披露的财务信息以及信息传递者的信任程度、是否进行投资等问题。通过这部分来验证两个假设。

第三部分是对被试者（非专业投资者）的相关投资经验、知识水平以及性别比例等的调查。通过这部分来了解被试者的一些基本情况。

本实验总共发放 160 份调查问卷，回收 148 份，回收率为 92.50%。经过统计，有效问卷为 130 份，有效率为 87.84%。其中 65 名被试者所阅读的财务资料是以原则导向披露的，其余 65 名被试者的材料是以规则导向披露的。

2. 问卷操控性检验

对于实验研究，要进行操控检验来验证实验控制是否成功，被试者在实验中能切实感到实验者对自变量的操控，才能对判断产生影响。

本章实验设计研究会计准则导向和信任程度对于非专业投资者判断和决策的影响，并且将情景分为原则导向和规则导向。主要是对会计准则导向的正确判断进行操控检验。在实践中，人们对于会计准则导向的感知会更加明晰，因而本章的研究更具现实意义。

为了进行操控检验，本章在问卷一和问卷二中分别设计了一个问题，"您认为这是在哪个会计准则导向下披露的财务信息"，用 1 表示原则导向，用 0 表示规则导向。本章的操控性检验如表 2 - 1 ~ 表 2 - 4 所示。

问卷一中有 65 名参与者对原则导向进行判断，问卷二中有 65 名参与者对规则导向进行判断。从表 2 - 2 和表 2 - 4 中的单个样本检验中可以看出，$P < 0.01$，说明参与者对于原则导向和规则导向是能够进行明确判断的。因此，对本次实验进行了很好的控制。

表 2 - 1　　　　　　　　　　　　原则导向统计量

项目	N	均值	标准差	均值的标准误
原则导向	65	0.706	0.459	0.056

表 2 - 2　　　　　　　　　　　　原则导向样本检验

项目	检验值 = 0					
	t	df	Sig.（双侧）	均值差值	差分的95%置信区间	
					下限	上限
原则导向	12.681	64	0.000	0.706	0.595	0.817

表 2 - 3　　　　　　　　　　　　规则导向统计量

项目	N	均值	标准差	均值的标准误
规则导向	65	0.661	0.477	0.061

表 2 - 4　　　　　　　　　　规则导向样本检验

项目	检验值 = 0					
	t	df	Sig.（双侧）	均值差值	差分的 95% 置信区间	
					下限	上限
规则导向	10.913	64	0.000	0.661	0.540	0.783

2.3.2　实验对象选取

　　本章的实验对象为非专业投资者。由于个体投资者较为分散，不容易招募。并且在判断和决策行为的实验研究中，通常选取学生作为被试者。因此，本章实验选取了正在攻读会计硕士、财务管理、审计的学生作为非专业投资者的代表。虽然，国外学者通常把 MBA 学生作为非专业投资者的合理替代（Elliott，2007）。但是考虑到，国外与我国教育方式的差别，我国 MBA 大都是在职人员报考，对于专业课程的学习掌握程度较低，而在校硕士研究生能够很好地学习专业课程，掌握较好的专业知识。此外，在校学生的投资经验虽然弱于个体投资者，但是之前的研究表明，投资经验的不足可以通过专业知识来弥补。为了验证实验对象选择的合理性，在调查问卷中，对这些会计、财管、金融专业的学生的课程掌握程度、回答问卷的时间进行了调查统计。如表 2 - 5 所示，统计结果表明，被试者对于相关会计知识的掌握程度为 3.725 分（1 表示很低，5 表示很高）。由此说明，这些学生的专业知识掌握程度较高，具备作为非专业投资者的合理性。

表 2 - 5　　　　　　　　　　描述性统计量

项目	N	回答时间	专业知识
均值	130	10.86	3.725

2.3.3　案例的选取

　　为了进行本章的实验研究，选取了一家在上海交易所上市的公司，该公司主要是以生产电子设备、精密仪器为主。2010 年，公司成功登陆上海证券交易所中小板，成为××省第 103 家上市公司，现拥有 3 家子公司。在本章的实验研究中，给被试者提供了会计准则导向知识简介、该公司的背景介绍以及不同会计准则导向下披露的相关财务资料，被试者根据相关资料要求回答问卷中的一系列问题。相关的财务资料主要包括该公司 2015 年的财务数据和财务指标，数据均是从资产负债表、利润表和现金流量表中提取的主要数据。在调查问卷中，主要是对不同会计准则导向下信息披露的了解程度、信任、判断决策以及被试者的背景资料等相关问题的调查。

2.3.4　实验任务及过程

本章实验设计的目的是探究会计准则导向、信任程度对非专业投资者判断和决策是否产生影响。设计的是 2×2 实验，实验对象为非专业投资者。因变量是非专业投资者对公司当前投资的判断和决策，自变量是会计准则导向和信任程度。

实验分为两组进行，一组是在原则导向下进行的，另一组是在规则导向下进行的。对于两组中的被试者，分别将资料提供给非专业投资者实验对象。在本实验中共有两个步骤：第一步是被试者阅读提供的相关资料来了解实验的内容，包括会计准则导向知识简介、公司背景介绍、相关财务信息。第二步是根据资料回答调查问卷。

2.3.5　变量介绍

实验的自变量是会计准则导向和信任程度。会计准则导向分为原则导向和规则导向，用 1 表示原则导向，用 0 表示规则导向。信任程度分为拥有信任和缺失信任。在以往的研究中，主要是通过信任量表和以社会综合调查（General Social Survey，GSS）为主的问卷调查方法来测度信任水平。本章根据之前的研究，采用问卷调查的方式对信任程度进行测量，依据李克特 7 点量表来评分，数字"1"代表分数很低，"7"代表分数很高。实验的因变量是非专业投资者的判断和决策，做出投资决策为 1，不做出投资决策为 0。

2.4　实　验　结　果

2.4.1　描述性统计

从表2-6的描述性统计结果中可以看出，在两种不同的会计准则导向下，拥有信任的非专业投资者做出的投资决策均值分别为0.93和0.91，没有显著差别。从图2-2信任程度高的非专业投资者所做的决策来看，两者也未显现明显差异。投资决策实质是一种信任决策，非专业投资者由于信息不对称和认知偏差的存在，当决策信息对其有利时，他们并不会对财务信息是在哪种会计准则导向下披露的进行探究。因此，只要非专业投资者存在信任，不论在哪种会计准则导向下，其做出的决策是没有显著不同的，由此验证了本章的H1。

表2-6　　　　　　　　　　　描述性统计结果

项目		N	极小值	极大值	均值	标准差
拥有信任	原则导向	30	4.25	5.25	4.70	0.344
	规则导向	32	4.25	5.25	4.78	0.352
投资决策	原则导向	30	0	1	0.93	0.254
	规则导向	32	0	1	0.91	0.298

从表2-7的描述性统计结果中可以看出，在两种不同的会计准则导向下，缺失信任的非专业投资者做出的投资决策均值分别为0.86和0.52，有显著性差异。同时从图2-2信任程度低的非专业投资者所做的决策来看，在原则导向和规则导向下相差较大，并且更倾向于原则导向。这是因为，当非专业投资者对其获得的财务信息缺失信任时，会影响其投资决策。相较于规则导向，原则导向更注重对经济业务实质的反映。在信任缺失的情况下，非专业投资者会更倾向于选择原则导向。验证了H2。

表 2 - 7 描述性统计结果

项目		N	极小值	极大值	均值	标准差
缺失信任	原则导向	35	2.25	3.75	3.05	0.363
	规则导向	33	1.75	3.75	2.07	0.344
投资决策	原则导向	35	0	1	0.86	0.355
	规则导向	33	0	1	0.52	0.508

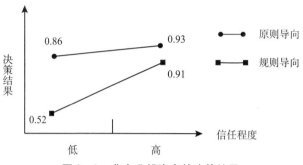

图 2 - 2 非专业投资者的决策结果

2.4.2 拥有信任的非专业投资者决策

H1 为当被给予原则导向和规则导向下披露的财务信息时，拥有信任的非专业投资者做出的投资决策没有显著性差异。实验结果见表 2 - 8。

表 2 - 8 拥有信任对非专业投资者判断决策的独立样本 T 检验

项目		投资决策	
		假设方差齐性	假设方差非齐性
方差方程的 Levene 检验	F	0.092	
	Sig.	0.763	
均值方程的 T 检验	t	0.744	0.697
	Sig.（双侧）	0.459	0.504
	均值差值	0.098	0.098
	标准误差值	0.132	0.141
	95% 置信区间 下限	-0.165	-0.221
	上限	0.362	0.418

　　表 2 - 8 是对拥有信任的非专业投资者，在不同的会计准则导向下做出投资判断决策的独立样本 T 检验。从表 2 - 8 中可以看出，表中方差齐性 Levene 检验的结果显示，Sig. 值大于 0.05，因此认为两组方差没有显著差异。因为方差齐性 Levene 检验结果表明方差有齐性，所以看 T 检验结果中"假设方差齐性"的 t 值和 P 值。如表中所示，t 值为 0.744，P（Sig.）值为 0.459，大于 0.05。这说明对于拥有信任的非专业投资者来说，在不同的会计准则导向下做出的判断和决策并没有显著性差异。进而验证了 H1。

　　原因在于，在行为经济学理论中，人是非理性的，在进行投资决策的时候往往会受到各种因素的影响。财务信息可信度的高低、信息传递者可信度的高低都是影响非专业投资者决策的重要因素，都能够影响非专业投资者进行投资可能性的判断。企业管理层对外披露的财务信息通常是有利于投资者决策的。根据描述性统计，非专业投资者对获得的财务信息以及信息的传递者是拥有信任的。在映像理论的支持下，由于非专业投资者获得的与决策相关的外部信息与在进行决策之前头脑中已有的价值判断标准相符，因此，投资者会产生更多的信任，进而提高做出决策的可能性。同时由于信息不对称和认知偏差的存在，当决策信息对投资者有利时，他们并不会对财务信息是在哪种会计准则导向下披露的进行探究。因此，只要投资者存在信任，不论在哪种会计准则导向下，其做出的决策是没有显著差异的。这与 H1 是相符的。

2.4.3　缺失信任的非专业投资者决策

　　H2 是当被给予原则导向和规则导向下披露的财务信息时，缺失信任的非专业投资者做出的判断和决策有显著性差异。实验结果见表 2 - 9。

表 2 - 9　　缺失信任对非专业投资者判断决策的独立样本 T 检验

项目		投资决策	
		假设方差齐性	假设方差非齐性
方差方程的 Levene 检验	F	8.622	
	Sig.	0.005	

项目		投资决策	
		假设方差齐性	假设方差非齐性
均值方程的 T 检验	t	2.848	3.756
	Sig.（双侧）	0.006	0.001
	均值差值	0.286	0.286
	标准误差值	0.100	0.076
95% 置信区间	下限	0.085	0.131
	上限	0.486	0.440

表 2-9 是对缺失信任的非专业投资者，在不同的会计准则导向下做出投资判断决策的独立样本 T 检验。从表 2-9 中可以看出，表中方差齐性 Levene 检验的结果显示，Sig. 值小于 0.05，因此认为两组方差有显著差异，所以看 T 检验结果中"假设方差非齐性"的 t 值和 P 值。如表中所示，t 值为 3.756，P（Sig.）值为 0.001，小于 0.05。这说明对于缺乏信任的非专业投资者来说，在不同的会计准则导向下做出的判断和决策有显著差异。进而验证了 H2。

根据描述性统计，非专业投资者对获得的财务信息以及信息的传递者是缺乏信任的。依据映像理论，由于非专业投资者获得的与决策相关的外部信息与在进行决策之前头脑中已有的价值判断标准不相符，因此，投资者不会产生更多的信任，这对其是否进行投资决策是有很大影响的。财务信息的最终目的是反映企业的经济实质，反映企业的机会和风险，给投资者的决策提供参考依据。然而，原则导向会计准则需要会计人员更多的专业判断，注重反映经济实质；而规则导向会计准则有大量烦琐的规则，利用界限标准来进行会计实务的判别，注重形式，不能有效地反映企业的真实情况。因此，在信任缺失的情况下，非专业投资者会更倾向于选择反映经济实质的原则导向。这也进一步验证了 H2。

2.4.4　进一步分析

1. 会计准则导向对非专业投资者投资决策的影响

从表 2 - 10 中可以看出，原则导向下，65 名被试者投资决策的均值为 0.88，规则导向下，65 名被试者投资决策的均值为 0.71。相比而言，两种会计准则导向下非专业投资者做出的投资决策没有显著区别。从表 2 - 11 中可以看出，表中方差齐性 Levene 检验的结果显示，Sig. 值大于 0.05，因此认为两组方差没有显著差异。因为方差齐性 Levene 检验结果表明方差有齐性，因此这里取 T 检验结果中"假设方差齐性"的 t 值和 P 值。如表中所示，t 值为 - 1.143，P（Sig.）值为 0.255，大于 0.05。说明会计准则导向对其做出的投资决策没有显著性差异。

表 2 - 10　　　　会计准则导向对投资决策的描述性统计

项目	N	极小值	极大值	均值	标准差
原则导向	65	0	1	0.88	0.312
规则导向	65	0	1	0.71	0.458

表 2 - 11　　　　会计准则导向对非专业投资者判断决策的 T 检验

项目		投资决策	
		假设方差齐性	假设方差非齐性
方差方程的 Levene 检验	F	5.445	
	Sig.	0.061	
均值方程的 T 检验	t	- 1.143	- 1.155
	Sig.（双侧）	0.255	0.250
	均值差值	- 0.092	- 0.092
	标准误差值	0.080	0.080
	95% 置信区间　下限	- 0.251	- 0.250
	95% 置信区间　上限	0.067	0.066

2. 会计准则导向、信任程度对投资分配额的影响研究

从表 2 - 12 中可以看出，在原则导向下，拥有信任的非专业投资者投资额均值为 6013.333，在规则导向下，拥有信任的非专业投资者投资额均值为 6281.250。相比而言，两者差距较小。从表 2 - 13 中可以看出，表中方差齐性 Levene 检验的结果显示，Sig. 值大于 0.05，因此认为两组方差没有显著差异。因为方差齐性 Levene 检验结果表明方差有齐性，因此这里取 T 检验结果中 "假设方差齐性" 的 t 值和 P 值。如表中所示，t 值为 - 1.979，P（Sig.）值为 0.052，大于 0.05。说明拥有信任的非专业投资者，在规则导向和原则导向下做出的投资分配额没有显著差异，这结果进一步支持了 H1。

表 2 - 12　　原则导向和规则导向下拥有信任投资分配额的描述性统计

项目	N	极小值	极大值	均值	标准误	标准差
原则导向	30	5400	7000	6013.333	60.597	331.905
规则导向	32	5600	7000	6281.250	62.145	345.886

表 2 - 13　　　　拥有信任时对投资分配额的独立样本 T 检验

项目		投资分配额	
		假设方差齐性	假设方差非齐性
方差方程的 Levene 检验	F	0.153	
	Sig.	0.697	
均值方程的 T 检验	t	- 1.979	- 1.699
	Sig.（双侧）	0.052	0.133
	均值差值	- 261.290	- 261.290
	标准误差值	132.35	153.77
95% 置信区间	下限	- 525.4	- 624.15
	上限	2.810	101.55

从表 2 - 14 中可以看出，在原则导向下，缺乏信任的非专业投资者投资额均值为 6178.250，在规则导向下，缺乏信任的非专业投资者投

资额均值为 5554.286。相比而言，两者差距较大。从表 2－15 中可以看出，表中方差齐性 Levene 检验的结果显示，Sig. 值小于 0.05，因此认为两组方差有显著差异，所以这里取 T 检验结果中 "假设方差不相等" 的 t 值和 P 值。如表中所示，t 值为 2.253，P（Sig.）值为 0.003，小于 0.05。说明对于缺乏信任的非专业投资者来说，在规则导向和原则导向下做出的投资分配额有显著差异，这结果进一步验证了 H2。

表 2－14　　　　　　规则导向和原则导向下缺乏信任的

投资分配额的描述性统计

项目	N	极小值	极大值	均值	标准差
原则导向	33	5800	7000	6178.250	345.886
规则导向	33	5000	6000	5554.286	211.914

表 2－15　　　　　缺乏信任时对投资分配额的均值 T 检验

项目		投资分配额	
		假设方差齐性	假设方差非齐性
方差方程的 Levene 检验	F	11.197	
	Sig.	0.001	
均值方程的 T 检验	t	3.638	2.253
	Sig.（双侧）	0.001	0.003
	均值差值	440.000	440.000
	标准误差值	120.930	195.260
	95% 置信区间　下限	198.530	－15.340
	上限	681.460	895.340

2.5　小　　结

本章主要是研究会计准则导向、信任程度对非专业投资者判断和决策的影响。此后，对相关概念和理论进行梳理，并提出本书的研究假设。此后利用实验设计进行假设验证。第一，对本章的实验研究进行了操控检验，结果表明，被试者能够正确的区分会计准则导向，对本次实验进行了很好的控制。第二，对不同会计准则导向下，拥有信任的非专业投资者进行描述性统计和均值 T 检验。结果发现在不同的会计准则导向下拥有信任的非专业投资者做出的投资决策没有显著性差异；对不同会计准则导向下，缺失信任的非专业投资者进行描述性统计和均值 T 检验。结果发现在不同的会计准则导向下缺失信任的非专业投资者做出的投资决策有显著性差异，并且更倾向于选择原则导向会计准则。第三，本章对会计准则导向单独对非专业投资者判断和决策的影响以及在不同的会计准则导向下信任程度对非专业投资者判断和决策的影响进分析，实验结果进一步验证了假设。

第3章 综合收益披露模式对非专业投资者决策判断的影响研究

从会计发展的历程看，如何更准确地衡量公司财务业绩，一直都是会计信息提供者和使用者所重点关注的问题。随着市场经济的快速发展，传统的利润表已经不能全面完整地反映收益信息，满足不了财务报告使用者的需求，企业收益的构成不断地突破传统会计收益的内容。

鉴于此，FASB 在 1980 年颁布的《财务会计概念公告第 3 号》中，正式提出综合收益的概念，并且对其他综合收益进行列报和披露。2008年，G20 峰会、金融稳定理事会在金融危机爆发后的会议上也提出，要建立起国际统一的质量高的会计准则体系，一方面，他们旨在通过这一体系提高财务报表的利用率和实用性，另一方面，是想让国际会计准则理事会（International Accounting Standards Board，IASB）与 FASB 共同研究如何在利润表中进行有关其他综合收益项目的列报与披露。2010年，IASB 发布了关于其他综合收益的征求意见稿，与此同时，FASB 发布了关于综合收益列报的征求意见稿。但很多人对意见稿中提到的"一表法"持反对意见。2011 年，FASB 和 IASB 在综合收益的列报上实现趋同，均给企业提供了"一表法"和"二表法"的选择权[1]。但两者就其他综合收益项目应包括哪些具体内容以及其他综合收益从分类调整到损益方面仍存在较大差异。

为了适应经济环境的变化，在国际会计准则的引导下，我国也进行了会计准则体系的改革。尽管 2006 年企业会计准则没有明确定义综合收益，但利润要素中关于"利得"和"损失"的概念体现了这一点，因此之前在权益变动表中披露"直接计入所有者权益的利得和损失"

---

① 王鑫：《综合收益的价值相关性研究——基于新准则实施的经验证据》，载于《会计研究》2013 年第 10 期。

与现在要求披露"其他综合收益"有异曲同工之处，这为之后引入"综合收益"理念打下了基础。2009年，我国财政部考虑到要与国际会计准则持续趋同，深入贯彻和执行新企业会计准则，力争发现和解决在实施中出现的问题。其中《企业会计准则解释第3号》要求企业应当在利润表的每股收益这一项目下增列其他综合收益和综合收益总额这两个项目，并且其他综合收益各项目及其所得税影响等内容应该在附注中被详细披露。至此，"综合收益"正式被引入会计准则中。2014年《企业会计准则第30号》明确了其他综合收益各项目在扣除所得税的影响后要单独列示在利润表中，在此之前，其他综合收益各项目仅在附注中进行披露。此外，准则还提出应根据其他综合收益在以后会计期间是否能重分类进损益将其分成两类来列示。综合收益信息披露模式会对非专业投资者决策判断产生怎样的影响，国内外相关文献较少，而本章拟通过实验研究方法重点探究此问题。

3.1　概念界定与理论基础

3.1.1　相关概念界定

1. 综合收益

（1）美国的定义。

FASB于1980年财务会计概念公告第3号（SFAC3）《商业企业财务报表要素》中正式提出综合收益（Comprehensive Income）的概念，它是建立在资产负债观基础上的一个不同于传统"收益"的概念，定义为"一个会计主体在某一期间与非业主方面进行交易或发生其他事项和情况所引起的权益（净资产）变动。它包括这一期间内除业主投资和派发业主款以外的权益的一切变动"。

（2）中国的定义。

我国在2009年6月发布的《企业会计准则解释第3号》中，首次提出了其他综合收益的概念，是指报告期内满足所有者权益确认和计量条件、能引起所有者权益发生增减变动、由企业与非业主方面进行交易或发生其他事项和情况所产生的、当期不确认为损益，但未来影响损益的利得和损失。虽未明确提出综合收益的概念，但一般认为，在某一会计期间内，除了与所有者有关的权益的变动之外，所有者权益的全部变动都应包含在综合收益中，包括已实现和未实现的权益变动。

通过以上分析可以看出，综合收益与净利润相比，不仅要求确认由净利润反映的已实现的利得和损失，而且要求确认净利润难以反映的由物价变动或其他因素引起的未实现的资产价值变动。所以综合收益范围较净利润更广，更能合理反映企业主体所发生的全部变动。

2. 综合收益披露模式

综合收益报告准则至今经历了多次修订，修订的内容主要是其他综合收益的列报模式。总结来看，主要有以下三种列报模式：第一，单一业绩报表模式，即在一张业绩报表（利润表或综合收益表）中同时列报净利润和其他综合收益的列报模式。第二，两张业绩报表模式，即两张业绩表（一张为利润表，一张为综合收益表或已确认利得和损失表）。第三，所有者权益变动表模式，即在利润表或收益表中列报净利润，在所有者权益变动表中列示其他综合收益项目。

不完全披露假说认为信息的解析是有成本的，因此并不是所有公开的信息都会反映到价格中去。市场价格反映信息披露的程度主要取决于信息的解析成本，解析成本越高的信息，市场价格反映越迟钝，反之则反映猛烈。从这一角度看，单一业绩报表、两张业绩报表和所有者权益变动表因解析成本的依次升高而使得所披露信息的市场价格反映依次降低。

当前美国和国际上更倾向于将综合收益在"综合收益表"或"全面收益表"中列示，并提倡采用一表制，在"本年利润"项下具体列示"其他综合收益"的各组成部分、所得税的影响以及前期列入"其他综合收益"本期转入损益的金额。这样有助于投资者更全面地了解企业利润的构成情况以及对风险的评估。

3.1.2 相关理论基础

1. 信息加工理论

信息加工理论认为不同的人利用信息的方式不同。有些人决策需要大量的信息，有些人只需要少量的信息；有些人喜欢利用定性化的信息，有些人喜欢定量化的信息。在利用备考盈利信息时，由于专业投资者和非专业投资者知识水平的差异，因而盈利披露模式对其股票估值判断会产生不同的影响。另外一种观点认为人的信息加工能力有一定的局限性，其产生的决策也只是有限理性的决策。人类通过后天的学习而获取的知识和信息是一种主观上的认识，正是这种主观认识导致决策是不完全理性的。投资者后天的学习导致知识的差异性，在他们有限的知识水平下产生的股票估值判断也是不同的。

另外，会计学和心理学的研究表明判断和决策发生在多层信息处理的基础上。霍加顿（Hogartn，1987）依据认知心理学中的信息加工理论认为个体在进行判断和决策的过程中，对信息加工处理分为三个步骤：信息的获取，信息的衡量和信息的评价。投资者通过对信息的获取，衡量和评价，进而形成了投资决策。

2. 判断与决策理论

在判断与决策理论中，人类的决策常常以三种典型的启发式作为决策依据。一是代表性启发，人们在进行投资判断时依赖样本信息是否具有代表性或类似性。二是易得性启发，即依据实例容易回忆的程度来判断事件出现的概率。三是锚定和调整。锚定与调整最初会根据过去的判断经验、历史信息进行初步的计算以确定某个初值或参考值（锚定点）来评估信息，然后通过对进一步获得的信息进行详细的分析，将判断结果调整到真实的数值。如果调整过程足够的充分，就不会出现错误，但在实务中，调整过程往往是不充分的，最后的结果往往偏向于初值的估计结果，这种现象就称之为锚定。投资者在进行投资判断过程中，往往会受到这三种启发式的影响，从而对其估值判断产生影响。在投资者获取综合收益信息时，综合收益信息的突出性、易获取性、在报告中的位置等会对投资者产生影响，从而影响其股票估值。

3.2　机理分析及假设提出

3.2.1　综合收益披露对投资者决策判断的影响

从调查和实验角度来分析综合收益披露形式对投资者、财务分析师和管理层的决策影响，赫斯特和霍普金斯（Hirst & Hopkins，1998）利用实验方法从有无盈余管理角度以财务分析师为被试，发现在揭示盈余管理和投资者的股票价格判断上权益变动表中的综合收益及其组成部分的披露不如损益表的披露有效。财务分析师们更倾向于在单独一张综合收益表中去追踪企业盈余管理的痕迹，更容易获得未实现利得和损失的信息数据，而不太注重股东权益变动表中的信息（Olga，2011；Cau-wenberge，De Beelde，2007）。马里斯（Marlys，1998）则对该文的实验结果进行了剖析，指出分析师的知识和激励机制使其没有足够的动力来收集数据，因而导致披露在损益表上和不在损益表上的显著差异，同时还可能由于财务报表使用者对信息加工的困难导致不同披露模式以及有无盈余管理情况下的差异。麦银思和麦克丹尼尔（Maines & McDaniel，2000）以及斯科特（Scott，2006）同样采用实验研究了综合收益披露形式对非专业投资者的影响，研究发现非专业投资者在决策时是依赖于综合收益的，但当综合收益信息是散落在财务报表中列示的，投资者决策时就没有能力去有意收集这些信息，因此披露形式对于财务报告使用者的判断与决策还是很重要的。赫斯特等（Hirst et al.，2004）分析发现在不同的综合收益披露模式下，投资者对银行风险水平的判断是不同的。亨顿等（Hunton et al.，2006）的实验发现，披露度越高越容易识别盈余管理，而透明度越低，越容易使财务报表使用者识别不出盈余管理从而高估股价。也就是说综合收益披露形式不同会导致报表使用者的判断不同；当对决策和管理的必要信息需求发生冲突时，综合收益包含的永久性收益和暂时性收益包含的项目间的差异对这两个目标的实现就显得尤为重要（Dee，1999）。凯尔顿和杨（Kelton & Yang，2008）认为会计信息可以以各种形式呈现给使用者，例如超链接、文本和 pdf 等文件、多媒体以及图形形式，各种各样的会计信息表达形式有利于投资者更好地获得和解读信息。加尼等（Ghani et al.，2009）研究了信息的呈现格式对于决策者行为的影响，发现信息的表达格式可以影响决策者的搜索策略、情感反应、决策准确性、认知努力、功能性注视以及满意度。

上述研究已经表明，综合收益对财务报告使用者具有一定决策相关作用（李尚荣，2009）。会计信息质量直接影响着投资者的决策和判断，会计估计在提高会计信息相关性的同时，也为公司管理层提供盈余管理的空间（张继勋和张丽霞，2012）。当对决策和管理的必要信息需求发生冲突时，综合收益包含的永久性收益和暂时性收益包含的项目间的差异对这两个目标的实现就显得尤为重要（Dee，1999），这一点得到了周玮等（2011）的研究证实，而且他们对实验研究下的行为财务会计进行了综述，归纳了四个研究热点问题，其中有两个都是与财务报告的披露模式有关的，其一是对投资者决策的影响，其二是对分析师决策的影响。

3.2.2　获取和预测未实现利得和损失（UGL）信息的假设

赫斯特和霍普金斯（Hirst & Hopkins，1998）利用一家电子公司的财务报告对专业投资者（以分析师为调查对象）进行了研究后发现，只有当 UGL 信息列示在综合收益表时，分析师才会发现与投资相关的盈余管理。其中一半的分析师在收到股东权益报表时没有注意到"综合收益"，这表明他们没有获得 UGL 信息。由于无法获得信息，因此列示模式在一定程度上影响了分析师的判断。也有研究表明专业投资者与非专业投资者获得的财务信息不同，也就是说赫斯特和霍普金斯（1998）的结果可能并不适用于非专业投资者。分析师一般利用估值模型获得相关信息，因此如果某些信息与他们的估值模型不相关，分析师可能不会读取特定财务报表中的信息。在赫斯特和霍普金斯（1998）的实验中，分析师可能忽略了股东权益变动表，因为他们认为该表的信息相比利润表而言太不重要了。此外，分析师可能并没有寻找 UGL 信息，因为赫斯特和霍普金斯（1998）以及达利沃尔（Dhaliwal，1999）的实验均表明，相对金融服务机构来说，制造业公司的 UGL 较小，所以 UGL 的波动对其估值的影响并不重要。

专业与非专业投资者获得财务信息的能力不同，与专业投资者相比，非专业投资者无法以相对非专业化的方式获取信息，一般只能够对信息进行模糊评价，无法确定财务分析具体的数据，并以相对非专业化的方式获取信息。从非专业投资者阅读财务报表的次序来看，他们对财务报表项目的重要性几乎没有预先的看法（Bouwman，1982；Hunton & McEwen，1997）。鉴于这种信息处理顺序不同，非专业的投资者只是获取 UGL 信息并不管其位置，更不会注意其如何呈现的，即不管 UGL 是在利润表（IS）中还是在股东权益变动表（SCOE）中。但在看过 UGL 信息之后也会获取一些可见的特征，比如 UGL 波动性。因此可以预测，不论出现在何种报表模式中，非专业投资者将获得 UGL 信息并正确地估计其波动性。也就是说，不管 UGL 是在 130IS 还是 115SCOE 中，都认为非专业投资者在信息获取方面或估值方面不会有显著差异。因此提出假设 H1 和 H2：

H1（获取信息）：非专业投资者在两种列示综合收益的模式中均可以获得 UGL 信息。

H2（估值）：非专业投资者在两种列示综合收益的模式中均可以正确地评价 UGL 波动性高低。

3.2.3 未实现利得和损失（UGL）波动性的假设

当综合收益在股东权益变动表中列示时，因其忽视了综合收益"收益"的性质以及信息披露的非规范性使得报表使用者的解析成本比较高。相比之下，把未实现利得与损失与已实现的利得与损失整合在比较显著的利润表或综合收益表中时，财务报告的透明度比较高，报表使用者不需要搜索、加工就能够获得综合收益的完整信息，因而有助于降低估值成本和估值难度。所以，当综合收益波动较大时，报表使用者一般认为公司业绩波动较大，相应的公司风险较高，从而使得股价下降，影响管理者绩效的评价。此外，由于损益表模式的市场反应相对比较敏感，信息的透明度较高，因而不利于管理者在外部环境比较恶劣时进行对公司有益的盈余管理。即当 UGL 分别列示在 130IS 和 115SCOE 中时，非专业投资者会对前者的波动性赋予更高权重。每个模式之间的差异会导致非专业投资者对 UGL 波动性高低判断的差异，而这一差异的检验需要利用相关指标来进行，所以提出了与三个绩效指标——管理绩效的有效性、股票风险、股票价值——有关的假设 H3a、H3b、H3c。

H3a：UGL 波动性会影响评估者对管理绩效的评价，130IS 模式下比 115SCOE 模式下的影响更明显。

研究已经表明其他综合收益项目的波动性会影响投资者的风险预测，投资者对一个公司的风险投资政策的看法会增加 UGL 的波动性。因为投资对于保险公司而言是一项核心活动，所以我们预测与投资相关的风险会影响投资者对公司股票整体风险的评估。

H3b：UGL 波动性与股票风险呈正相关关系，且非专业投资者在 130IS 模式下比在 115SCOE 模式下，更能够感知到 UGL 波动性对股票风险影响的重要性，即波动性越大，股票风险越大。

然而，非专业投资者很少评估股票价值，因为他们很难评估股票价值。在某种程度上，因为股价代表了一个公司总体绩效指标，非专业投资者如果可以评估股票价值，我们预测股票价值将会更少地受 UGL 波动性的影响。

H3c：对于非专业投资者而言，无论是在 130IS 模式还是在 115SCOE 模式下，对股票价值的判断都与 UGL 波动性无关。

3.3　实　验　设　计

3.3.1　问卷设计与分析

1. 问卷设计

自 2009 年首次在我国引入综合收益之后，理论界及实务界都在不断地研究和探索，政府也积极地与国际会计准则接轨，制定了一系列改进措施尤其是综合收益披露的相关政策。但是实际推广的结果怎样？对广大投资者来说他们的了解程度如何？综合收益披露对投资者估值判断是否有影响呢？为了了解这些问题，本章设计了一个问卷来收集相关数据。问卷共设计 6 个问题，分别是投资者对综合收益的了解程度，投资者认可的综合收益的披露方式，综合收益是否会影响投资者对企业经营绩效、股票风险和股票价值的判断，综合收益披露模式是否会影响对企业绩效的主观判断。将调查问卷向在资产评估事务所、会计师事务所的在职人员及其他非专业投资者发放，填完后收回。

2. 问卷分析

本次共收回 68 份有效问卷，将收回的问卷依次进行分析。

如表 3 - 1 所示，对综合收益了解程度的调查分析显示，45.59% 的非专业投资者基本了解，47.06% 表示不是很了解，只有 2.94% 的参与者表示非常了解，尚有 4.41% 完全不了解。可见了解与不了解的参与者几乎各占一半。如表 3 - 2 和图 3 - 1 所示，通过对比非专业投资者中购买股票和未购买股票的投资者对综合收益的了解程度，发现 52.50% 的购买股票的非专业投资者基本了解综合收益，而 64.29% 的未购买过股票的非专业投资者不是很了解综合收益。也即购买股票的投资者比不购买股票投资者对综合收益概念了解更多，表明参与投资对综合收益的了解确有帮助。

表 3 - 1　　　　　　　　综合收益了解程度调查整体情况

项目	非常了解	基本了解	不是很了解	完全不了解
人数	2	31	32	3
比重（%）	2.94	45.59	47.06	4.41

表 3 - 2　　　　　　　　　综合收益了解程度调查表

了解程度	购买股票		未购买股票		合计	
	人数	百分比（%）	人数	百分比（%）	人数	百分比（%）
非常了解	2	5.00	0	0.00	2	2.94
基本了解	21	52.50	10	35.71	31	45.59

续表

了解程度	购买股票		未购买股票		合计	
	人数	百分比（%）	人数	百分比（%）	人数	百分比（%）
不是很了解	14	35.00	18	64.29	32	47.06
完全不了解	3	7.50	0	0	3	4.41
合计	40	100.00	28	100	68	100.00

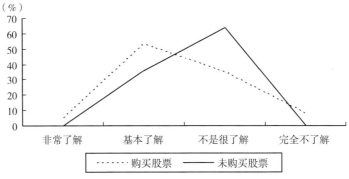

图 3 – 1　综合收益了解程度调查折线图

对综合收益列报位置的调查结果如表 3 – 3 和图 3 – 2 所示，47.83% 的投资者认为综合收益需要单独披露在综合收益表中，31.88% 认为披露在利润表，分别有 13.04% 和 7.25% 的投资者认为需要列示在所有者权益变动表和附注中。进一步对是否购买股票的参与者分别进行分析，结果如表 3 – 4 和图 3 – 3 所示，购买股票的有 43.90%，未购买股票的有 53.57%，这两类非专业投资者中大部分均认为需要将综合收益列示在综合收益表中更为合理。

表 3 – 3　　　　　　综合收益列报位置整体情况调查表

项目	利润表	所有者权益变动表	附注	综合收益表
人数	22	9	5	33
比重（%）	31.88	13.04	7.25	47.83

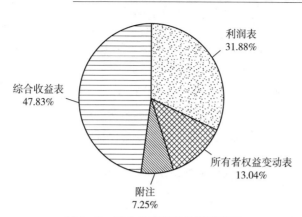

图3-2 综合收益列报位置饼状图

表3-4 综合收益列报位置调查表

披露位置	购买股票		未购买股票		合计	
	人数	百分比（%）	人数	百分比（%）	人数	百分比（%）
利润表	15	36.58	7	25.00	22	31.88
所有者权益变动表	4	9.76	5	17.86	9	13.04
附注	4	9.76	1	3.57	5	7.25
综合收益表	18	43.90	15	53.57	33	47.83
合计	41	100	28	100	69	100

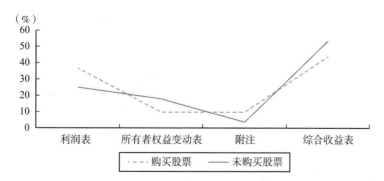

图3-3 综合收益列报位置折线图

如表 3-5 所示，对综合收益披露是否会影响经营绩效的调查结果显示，高达 70.59% 的投资者认为综合收益披露对评估企业经营绩效产生影响，仅有 29.41% 的非专业投资者认为不产生影响。将投资者划分为是否购买股票分别进行分析，如表 3-6 所示，67.5% 的购买股票的非专业投资者认为综合收益披露会影响经营业绩，75% 的未购买股票的非专业投资者认为综合收益信息的披露对评估企业经营绩效产生影响。

表 3-5   综合收益披露是否影响经营业绩调查表

披露是否影响经营业绩	是	否
人数	48	20
比重（%）	70.59	29.41

表 3-6   被调查人员股票购买情况

项目	购买股票		未购买股票		合计	
	人数	百分比（%）	人数	百分比（%）	人数	百分比（%）
是	27	67.50	21	75.00	48	70.59
否	13	32.50	7	25.00	20	29.41
合计	40	100.00	28	100.00	68	100.00

进一步对综合收益披露是否影响投票风险进行调查，结果如表 3-7 所示，76.47% 的参与者认为综合收益披露会影响股票风险。将投资者按照是否购买股票分别研究，结果如表 3-8 所示，两组均有 80% 左右认为综合收益披露会影响对股票风险的评估。

表 3-7   综合收益披露是否影响股票风险调查表

披露是否影响股票风险	是	否
人数	52	16
比重（%）	76.47	23.53

表 3 – 8　　　　　　综合收益披露是否影响股票风险调查表

项目	购买股票		未购买股票		合计	
	人数	百分比（%）	人数	百分比（%）	人数	百分比（%）
是	32	80.00	20	71.43	52	76.47
否	8	20.00	8	28.57	16	23.53
合计	40	100.00	28	100.00	68	100.00

对于综合收益披露是否影响股票价格，调查结果如表 3 – 9 所示，有 80% 左右的投资者表示综合收益披露对股票价格会产生影响。分别调查购买股票和未购买股票的投资者对综合收益披露是否影响股票价格的看法，如表 3 – 10 所示，74.36% 的购买股票的非专业投资者和88.89% 的购买股票的非专业投资者均认为综合收益信息的披露会影响股票价格。

表 3 – 9　　　　　　综合收益披露是否影响股票价格调查表

披露是否影响股价	是	否
人数	53	13
比重（%）	80.30	19.70

表 3 – 10　　　　　　综合收益披露是否影响股票价格调查表

项目	购买股票		未购买股票		合计	
	人数	百分比（%）	人数	百分比（%）	人数	百分比（%）
是	29	74.36	24	88.89	53	80.30
否	10	25.64	3	11.11	13	19.70
合计	39	100.00	27	100.00	66	100.00

最后，对综合收益披露模式是否影响绩效评估进行了调查分析，结果如表 3 – 11 所示，73.53% 的比重表示披露模式的差异会影响绩效的评估，如表 3 – 12 所示是否购买过股票的投资者对该回答具有一致性，

均有 70% 以上的投资者认为披露模式会影响绩效的评估。

表 3 – 11 综合收益披露模式是否影响绩效评估调查表

披露模式是否影响绩效评估	是	否
人数	50	18
比重（%）	73.53	26.47

表 3 – 12 综合收益披露模式是否影响绩效评估调查表

项目	购买股票		未购买股票		合计	
	人数	百分比（%）	人数	百分比（%）	人数	百分比（%）
是	30	75.00	20	71.43	50	73.53
否	10	25.00	8	28.57	18	26.47
合计	40	100.00	28	100.00	68	100.00

　　综上所述，针对非专业投资者对综合收益相关问题的了解情况，以及综合收益对绩效评估、股价判断影响的初步认识来看，文章研究的非专业投资者对综合收益这一相对较新的概念了解程度相对较低，但将近一半的参与人员认为综合收益应该单独披露在综合收益表中，而且均有 70% 以上的被调查人员认为综合收益对评估企业绩效，判断企业股票风险以及对股票价格的估计会产生影响。这一调查分析为以下进一步的实验分析奠定了基础，也就是进一步的实验分析是有必要而且是有理论和实践基础的。

3.3.2　实验对象选取

　　本次实验选取了社会各界的证券投资者及潜在投资者，包括在资产评估事务所、会计师事务所任职的工作人员以及其他行业的证券从业者及潜在投资者。平均来看，参与者个人投资经验为 3.70 年（范围在 0~16 年），业务经验为 5.50 年（范围在 0~16 年），参与者均没有专业投资经验。而年龄、性别、是否取得证券从业资格、是否购买上市公司股票及学历等具体情况如表3-13和图3-4所示。

表3-13 被调查者的背景资料分析

A组：年龄结构				
项目	20~30岁	30~40岁	40~50岁	50~60岁	60岁以上
人数	32	18	18	0	0
比重（%）	47.06	26.47	26.47	0.00	0.00

B组：性别结构	
项目	男	女
人数	45	24
比重（%）	65.21	34.78

C组：取得证券从业资格结构	
项目	取得	未取得
人数	8	58
比重（%）	12.12	87.88

D组：购买上市公司股票结构	
项目	购买	未购买
人数	40	28
比重（%）	58.82	41.18

E组：学历结构			
项目	大专	本科	硕士	博士
人数	13	38	17	0
比重（%）	19.12	55.88	25.00	0.00

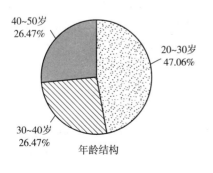

年龄结构

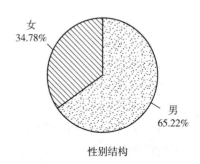

性别结构

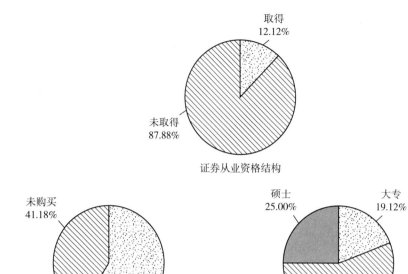

图 3 – 4 被调查者的背景资料分析

3.3.3 案例的选取

本章选择了在上海证券交易所上市的保险类企业——中国太平洋保险集团股份有限公司,简称中国太保。该公司主要通过太保寿险、太保产险为客户提供全面的人寿及财产保险产品和服务,并进行资产管理以及运用保险资金投资等业务。之所以选择金融类公司,是因为所研究的其他综合收益项目,尤其是未实现利得和损失(UGL)在金融服务企业中是高频率和大规模的,而非金融类企业如制造业企业中,UGL 通常是低频率和小幅度的。因此,当评估一家制造企业时,会发生如赫斯特和霍普金斯(Hirst & Hopkins,1998)所指出的现象,即专业投资者可能不会获取和估计诸如 UGL 这类信息。

在上海证券交易所网站获取该公司近三年的财务报告,并对该报告按照实验目的,对其进行调整:

(1)将其他综合收益项目中的 UGL 分别按照 115SCOE 和 130IS 的列报模式进行调整;

（2）按照适当比例将 UGL 项目的变化调整为波动性大和波动性小两种情况。除了综合收益列报模式的差异及 UGL 波动性的高低外，其他因素均相同。

通过以上调整，出现四种情况的财务报表：①综合收益列示在 115SCOE，UGL 低波动；②综合收益列示在 115SCOE，UGL 高波动；③综合收益列示在 130IS，UGL 低波动；④综合收益列示在 130IS，UGL 高波动。

将实验参与者随机分成四组，每组间的实验条件就是两种 UGL 水平和两种列报模式。实验材料包括本次实验的大体介绍、公司三年的财务报表和调查问卷。

在波动性高低两个版本下，三年的利润表中可供出售金融资产已实现利得和净利润金额都是相同的。

资产负债表中，只有投资和股东权益由于三年 UGL 的波动而不同。对于低波动情况下，UGL 三年的金额分别是 107.15 亿元、107.10 亿元、107.20 亿元；高波动情况 UGL 金额分别是 232.45 亿元、10.60 亿元、78.40 亿元。UGL 在波动小时的标准差为 500 万元，波动大时的标准差为 113.68 亿元，两种情况下三年的 UGL 之和均是 321.45 亿元。

UGL 在三年初的余额在两种波动性情况下均设为 0，将 UGL 的初始值设置在一个较低的水平，这样三年内产生的 UGL 将不会受到以前利得的影响。由于两种波动性下每年的 UGL 不同，综合收益总额也不同。在三年中低波动性情况下综合收益总额分别是 35.29 亿元，53.57 亿元，44.42 亿元；高波动性情况下综合收益总额分别是 129.26.75 亿元，-18.81 亿元，22.82 亿元。其余条件在波动性高低两种情况下均相同。

3.3.4 实验任务及过程

实验任务要求被试在阅读上述实验案例的给定的背景信息，然后需要回答两类问题，第一类问题是进行一系列的绩效判断，包括判断公司的管理绩效和评估公司的股票风险。在进行判断中，将管理者经营绩效分为 14 级，1 表示"无效"，14 表示"非常有效"；将公司股票的投资风险同样分为 14 级，1 表示"低风险"，14 表示"高风险"。最后要求被试给出估计的股票的价格及方法。第二类问题是关于 UGL 波动性大小的判断。被试不得利用第一组问题中的任何材料指出 UGL 信息在财务报表中的位置，并评估 UGL 的波动性。UGL 信息的波动性也被分为 14 级，1 表示"低波动性"，14 表示"高波动性"。完成上述问题后，实验参与者完成个人业务经验，投资经验，年龄，学历等相关个人背景信息的问题。

3.3.5 变量说明

本实验是一个 2 × 2 （综合收益披露形式 × 波动性高低）的设计，两个因素均采用被试间设计。因变量是投资者在不同情况下对公司股票价格的估计值。

第一个独立的变量是综合收益的财务报告形式，这一形式分为两类：

（1）115SCOE 模式，这时综合收益项目列示在非绩效报表——股东权益变动表中，综合收益项目不属于"收益"指标，与代表绩效的净收益项目没有直接联系；综合收益项目在财务报表中与普通股、资本公积、留存收益等一起呈现，投资者需要花费额外的认知成本处理；该模式下综合收益项目只提供净额变化，总量变化信息需要在财务报表附注中，需要花费额外的认知成本。

（2）130IS 模式，这时综合收益列示在绩效报表——综合收益表中，综合收益项目属于"收益"指标，其他综合收益与代表绩效的净收益之和为综合收益总额；综合收益项目在报表中单独列示，提供综合收益的总额变化，无须额外的认知成本。

第二个独立的变量是 UGL 波动性的高低。主要是通过分析非专业投资者对披露的关于可供出售金融资产 UGL 波动性的判断，来检验不同的列报模式是否影响以及如何影响非专业投资者对综合收益信息的处理，投资者是否可以正确地判断 UGL 波动性的高低，以及在波动性高低不同的情况下，对企业经营和管理绩效以及股价的判断是否有影响。

3.3.6 实验安排

财务报告包括三年的资产负债表、利润表、所有者权益变动表、现金流量表，综合收益项目列示在所有者权益变动表中。实验过程中，将一份实验背景资料、一份调查问卷和四种财务报告中的一种，随机发给实验参加者，使得每个参与者拥有一份不同条件的财务报告及其他相关资料。被试者在阅读了公司背景信息及公司财务报表后，给出问卷中关于 UGL 波动性、绩效判断的打分情况以及股票价值估计、估价方法等统计信息。

3.4　实　验　结　果

本次实验共收回 68 份有效问卷，将收到的问卷按照实验目的进行分组整理并统计。根据研究目的——分析综合收益的列示位置对非专业投资者获取相关信息、评估企业绩效以及股价判断是否产生影响，利用了方差分析与线性回归相结合的检验方法。进行方差分析之前进行了正态分布检验和方差齐性检验，若符合正态分布且方差齐性则进行方差分析，若不符合正态分布或方差不齐性，则利用非参数检验，验证各因素之间的影响作用。

3.4.1　H1 的检验与分析

H1 预测，非专业投资者不管列报模式如何，均可以获取 UGL 信息。为了验证 H1，检验了参与者在 UGL 出现在四种组合情形下的回答。利用哑变量[①]，将回答正确的情况记为 1，回答错误记为 0，利用二元 Logistic 回归对统计数据进行分析，检验结果发现 UGL 信息的列报模式对非专业投资者获取信息不产生显著影响（模式 p 值 = 0.247，波动性 p 值 = 0.937）。也就是说，该实验结果支持了 H1，不论 UGL 信息列报模式如何，非专业投资者均可以获取 UGL 信息。

3.4.2　H2 的检验与分析

H2 预测，非专业投资者在所有列示综合收益的模式下均可以正

---

　　① 哑变量又称虚拟变量，用以反映质的属性的一个人工变量，是量化了的自变量，通常取值为 0 或 1。

确地评价 UGL 波动性的高低，且与低波动情况相比，参与者对高波动下的 UGL 估值会更不稳定。即在低波动性的情况下，非专业投资者对波动性高低的评分较低，反之，较高。为了检验 H2，我们将参与者对 UGL 波动性高低的估值记为 PVOL，利用打分数值的大小表示。

如表 3 - 14 Panel A 所示，在 115SCOE 和 130IS 两种模式下，参与者赋予高波动性的 UGL 更高的权重（115SCOE：7.13 vs 9.83；130IS：5.25 vs 8.88）。Panel B 检验了不同模式下 UGL 波动性估计的均值之间有显著差异（115SCOE：$t = 8.01$，$p = 0.008$；130IS：$t = 7.16$，$p = 0.012$）。对每种模式下高低波动性判断的差异的检验不存在显著差异（130IS（H - L）vs 115SCOE（H - L）：$t = 0.01$，$p = 0.944$）。该结果支持了 H2，表明参与者在所有模式下均可以正确的评估 UGL 的波动性高低，不受列报模式的影响。

表 3 - 14　　　　　　　UGL 波动性高低判断检验（H2）

Panel A：UGL 波动性判断的平均值（标准差）（PVOL）			
模式	低（L）	高（H）	差异（H - L）
115SCOE	7.13 (2.92)	9.83 (2.66)	2.60
	n = 16	n = 18	
130IS	5.25 (3.26)	8.88 (4.33)	3.63
	n = 16	n = 18	
Panel B：比较			
每种模式下高波动性与低波动性比较	t 值		p 值
115SCOE（H vs L）	8.01		0.008
130IS（H vs L）	7.16		0.012
不同模式间高低差异的比较	t 值		p 值
130IS（H - L）vs115SCOE（H - L）	0.01		0.944

3.4.3　H3 的检验与分析

H3 预测由于投资者对 UGL 波动性所赋予的权重不同，列示模式将会影响参与者对经营绩效、管理绩效以及股价的判断，即在 130IS 模式下比在 115SCOE 下要高。

表 3 – 15 至表 3 – 17 是 H3 的描述性统计及相关检验，其中一个与管理绩效相关，两个与经营绩效相关。每个表格中的 Panel A 包括两部分：第一部分是描述性统计，该部分分别记录了两种模式四种情况参与者判断的平均值、标准差、高低波动性平均值的差异以及每种情况参与人数；第二部分记录了不同模式间波动性高低差异的比较。Panel B 将参与者对 UGL 波动性的判断与绩效的判断结果进行回归，以此检验绩效判断中的 UGL 波动性的高低（PVOL），对绩效的估值记为 PAJ。

回归方程记为：

$$PAJ_{ik} = \beta_0 + \beta_{ik}(PVOL_i) + \varepsilon_{ik} \qquad (3-1)$$

其中，PAJ_{ik} 是参与者 i 做出的绩效判断 k（如管理绩效），$PVOL_i$ 为参与者 i 做出的波动性判断 k，ε_{ik} 是参与者 i 评估值 k 的随机误差项。

表 3 – 15 列示了参与者对管理绩效评价的结果，我们预测 UGL 波动性会影响评估者对管理绩效的评价，且 130IS 模式比 115SCOE 模式影响更明显，而且管理绩效评价结果应该与波动性的高低呈负相关。但 Panel A 的描述性统计显示，波动性与管理绩效并非负相关，而是波动性越高管理绩效越高。不同模式高低差异与管理绩效之间不显著（t = 1.29，p = 0.265）。Panel B 的回归分析显示，115SCOE 模式下，波动性与管理绩效回归结果不显著（t = 1.20，p = 0.238），即波动性对管理绩效不产生影响；130IS 模式下，波动性与管理绩效回归结果显著相关（t = 10.15，p = 0.000），即波动性对管理绩效产生影响，但并非预期的与绩效负相关（$\beta_i = 0.74$）。这表明在 130IS 模式下，投资者已经注意到了 UGL 波动性这一因素，且对其绩效评价有显著影响，但影响方向把握尚不明确。与此同时，115SCOE 模式下两者之间并无显著影响。结果验证了 H3a，130IS 模式比 115SCOE 模式下 UGL 波动性对管理绩效评估具有更大的影响。

表3-15　　　　　　　　　　管理绩效判断（H3a）

Panel A：管理绩效（记为 MGTEFFECT）估值的平均值（标准差）			
	波动性		
模式	低（L）	高（H）	差异（H-L）
115SCOE	7.12 (2.92)	8.00 (1.78)	0.78
	n=16	n=18	
130IS	6.19 (2.28)	9.50 (3.83)	3.31
	n=16	n=16	
不同模式间高低差异的比较		t 值	p 值
130IS（H-L）vs 115SCOE（H-L）		1.29	0.265
Panel B：对 UGL 波动性判断（PVOL）与管理绩效判断进行回归			
MGTEFFECT = $\beta_0 + \beta_i(PVOL_i) + \varepsilon_i$			
	系数估计		
模式	截距	PVOL	P 值
115SCOE（n=34）	6.54 (5.62)***	8.00 (1.20)	0.238
130IS（n=32）	2.23 (3.54)***	0.74 (10.15)***	0.000

注：*** 表示在1%的显著性水平上显著，下同。

表3-16列示了参与者对股票风险判断的结果，该实验与表3-15中波动性与管理绩效的关系并列，同为对绩效的估值判断。我们预期，UGL 波动性与股票风险呈正相关关系，且参与者在130IS模式下比在115SCOE模式下，会赋予 UGL 波动性对股票风险影响更大的权重。即波动性越大，股票风险越大。但从实验结果来看，Panel A 中波动性与股票风险之间并非正相关关系（115SCOE：H-L=0.25；130IS：H-L=-0.09）。Panel B 中两种模式下波动性与股票风险之间的检验也不显著（115SCOE：t=0.003，p=0.998；130IS：t=-1.32，p=0.198），说明两种模式下波动性对股票风险判断均无显著影响。这可能因为参与者

在分析股票风险时并未受到波动性大小的影响，在中国的股票市场下，非专业投资者更多地受到其他外界因素的影响而忽视了对企业本身财务状况的关注。

表 3 - 16　　　　　　　　　　股票风险评估（H3b）

Panel A：股票风险（记为 STOCKRISK）估值的平均值（标准差）			
	波动性		
模式	低（L）	高（H）	差异（H-L）
115SCOE	7.81 (2.74)	8.06 (1.96)	0.25
	n = 16	n = 18	
130IS	9.40 (1.88)	9.31 (4.29)	-0.09
	n = 16	n = 16	
不同模式间高低差异的比较		t 值	p 值
130IS（H-L）vs 115SCOE（H-L）		0.15	0.705
Panel B：对 UGL 波动性判断（PVOL）与股票风险评估进行回归			
STOCKRISK = $\beta_0 + \beta_i(PVOL_i) + \varepsilon_i$			
	系数估计		
模式	截距	PVOL	P 值
115SCOE（n=34）	7.94 (6.54)***	0.000 (0.003)	0.998
130IS（n=32）	10.80 (8.68)***	-0.19 (-1.32)	0.198

表 3 - 17 给出了参与者关于股票价值的判断结果。Panel A 显示，115SCOE 模式下波动性与股票价值之间并非负相关（H-L=1.61），130IS 模式下则是负相关关系（H-L=-2.68）。两种模式的高低差异之间是显著相关的（t=2.72，p=0.098）。Panel B 表明 UGL 波动性与股价之间是负相关的关系（115SCOE：β_i=-0.17，130IS：β_i=-0.09），但结果并不显著（115SCOE：t=-0.471，p=0.641；130IS：t=-0.385，p=0.703）。

表 3 – 17　　　　　　　　　股票价值评估（H3c）

Panel A：股票价值（记为 STOCKVALUE）估值的平均值（标准差）			
	波动性		
模式	低（L）	高（H）	差异（H－L）
115SCOE	9.43 (4.81)	11.04 (5.74)	1.61
	n = 13	n = 18	
130IS	14.87 (4.54)	12.19 (5.85)	－2.68
	n = 16	n = 18	
不同模式间高低差异的比较		t 值	p 值
130IS（H－L）vs 115SCOE（H－L）		2.72	0.098
Panel B：对 UGL 波动性判断（PVOL）与股票估值进行回归			
STOCKVALUE = $\beta_0 + \beta_i(PVOL_i) + \varepsilon_i$			
	系数估计		
模式	截距	PVOL	P 值
115SCOE（n = 34）	11.85 (3.59)***	0.641 (－0.471)	0.641
130IS（n = 32）	13.98 (6.79)***	－0.09 (－0.385)	0.703

综上分析，该实验表明 IS130 模式比 115SCOE 模式更显著地影响股票价值，总体来看，两种模式下波动性对股票价值的评估影响方向是正向的，但影响结果并不显著。可能因为非专业投资者在估计股票价值时有其他更受关注的影响因素。

3.5　小　　结

1997 年美国财务会计准则委员会 SFAS 第 130 号要求在财务报告中报告综合收益，并且允许选择综合收益的列报方式，可以在综合收益表中，也可以在股东权益变动表中。我国也在 2009 年首次引入综合收益概念，但对综合收益的列报问题尚处于不断的修正之中。由此产生了一场关于综合收益列报位置的争论，在此基础上本章试图寻找解决争论的证据。

本章通过问卷调查的方式了解自我国 2009 年引入综合收益概念以来，我国投资者对综合收益概念的了解程度，以及综合收益列报与否、列报位置对其评估企业的绩效和股价是否产生影响。调查结果显示，基本了解与不是很了解的约各占 50%，表明我国投资者对综合收益是有一定了解的，但是了解程度是有限的。同时几乎均有 70% ~ 80% 的参与者表示综合收益列报与否以及列报位置会影响投资者对企业绩效和股价的评估。该调查结果实验分析提供客观依据。

在对非专业投资者问卷调查了解的基础上，进一步通过实验研究检验列报模式是否影响非专业投资者对综合收益信息的处理，如果影响的话是怎样影响的。选取了综合收益表列报模式（130IS）和股东权益表列报模式（115SCOE）两种列报方式，又选取了综合收益中可供出售金融资产未实现利得和损失和损失（UGL）这一综合收益明细科目作为研究内容。

实验结果显示，综合收益的财务报告模式对非专业投资者取得和评估这些信息没有显著影响，即不论在 115SCOE 还是在 130IS 模式下，非专业投资者均可以取得 UGL 信息，并且可以正确的判断 UGL 波动性的大小。该结果验证了我们提出的 H1 和 H2。H3 分别分析参与者对波动性与企业管理绩效、股票风险和股票价格这三方面的数据，研究非专业投资者对信息权重和绩效的判断。结果显示，在波动性与管理绩效研究中，130IS 模式下 UGL 所占权重显著相关，115SCOE 模式下并不显著，验证了 H3，但在其余两项与股票风险及股票价格的研究中，预期假设的信息权重与判断结果并非显著相关。因此我们部分验证了 H3 的结论。对 H3 的结果从我国资本市场的现状、综合收益概念本身、实验本身以及非专业投资几个方面进行分析其原因所在，认为 H3 尚有较大的研究空间及改进意见。

第4章 信息披露频率对非专业投资者盈利预测的影响研究

　　证券市场中，上市公司的信息披露是十分重要的，证券市场上的广大投资者、债权人等利益相关者正是通过公司所披露的财务报告来对公司的财务状况、经营状况及盈利状况等信息进行了解，从而做出相关的经济决策。上市公司的信息披露能够对投资者的投资决策预期产生影响，并促使其做出投资决策。投资者在做出投资决策的过程中，会对上市公司所披露的信息进行研究和分析，而信息披露的频率则可能使投资者对信息的获取、处理和理解产生影响。

　　早在 1999 年 10 月，中国证监会就已经开始关注上市公司的信息披露状况，发布了《关于提高上市公司财务信息披露质量的通知》。上海证券交易所和深圳证券交易所从 2001 年起，都向上市公司发出披露季度财务报告的通知，并就做好披露季度报告的工作提出具体的要求。与此同时，财政部在 2001 年 11 月颁布了《企业会计准则——中期财务报告》，规范了半年度报告和季度报告的编制及披露，要求上市公司自 2002 年 1 月 1 日起执行。因此，自 2002 年起上市公司必须全部披露年度报告、半年度报告和季度报告。可见，监管机构已开始对信息披露的频率进行关注。

　　2002 年 6 月，中国证监会又发布了《公开发行证券的公司信息披露内容与格式准则》，并分别于 2002 年 2 月和 6 月发布了《年度报告的内容与格式》和《半年度报告的内容与格式》。2006 年 12 月中国证监会颁布了《上市公司信息披露管理办法》，规定了上市公司必须披露的定期报告和临时报告所需披露的具体内容。2007 年 4 月上海证券交易所颁布了《上市公司信息披露事务管理制度指引》规定了上市公司所必须披露的相关信息。2013 年 4 月，中国证监会又颁布了公开发行证券的上市公司信息披露编报规则第 13 号《季度报告内容与格式特别规定》，对上市公司季报的披露进行了进一步的规范。

年度财务报告在上市公司信息披露机制中起到了重要的作用，然而年度报告间隔时间较长，因此仍然需要与其他的信息来进行补充，如披露中期报告和临时报告，这样才能及时地将上市公司的相关信息传递给证券市场上的广大投资者，提高投资者投资决策的及时性。其中，半年度财务报告和季度财务报告为中期财务报告，临时报告主要包括上市公司生产经营过程中发生的能够使证券交易价格受到重大影响的重大事件。定期报告和临时报告增加了上市公司信息披露的频率，提高了上市公司披露信息的及时性，使广大投资者能够充分及时地了解上市公司的财务状况、经济状况和盈利能力并做出相应决策。但是，随着上市公司披露信息频率的增加，所披露的报告中含有的大量信息，尤其是与上市公司盈利有关的信息，都可能会导致那些没有充足投资经验的非专业投资者做出不合理的投资决策。即上市公司信息披露的频率可能会对投资者的判断与决策产生相反方向的影响。在投资者进行投资的盈利预测时，一方面，更频繁的信息会使信息充分，但也可能引起信息过载，导致投资者反而做不出合理的判断；另一方面，信息不够充分，对于投资者尤其是非专业投资者而言，可能会使其因缺乏相关信息而难以做出判断。而众所周知盈利预测是投资决策的核心，没有合理的盈利预测则难以形成有效的投资决策，投资者所期望的收益就难以实现。

基于此，本章从行为心理学、判断与决策理论等方面出发，采用实验设计的研究方法，设计调查问卷收集第一手数据，并通过实证检验来分析信息披露频率对非专业投资者盈利预测的影响。

4.1　概念界定与理论基础

4.1.1　相关概念界定

1. 信息披露频率

信息披露是上市公司向广大投资者和社会公众进行全面信息沟通的

方式。信息披露主要是指上市公司通过发布招股说明书、上市公告书以及定期报告和临时报告等文件，来向投资者和社会公众公开披露公司信息的行为。而信息披露频率则指的是此种行为的频率。在本章中，信息披露主要是指上市公司公布的收益数据，而信息披露的频率主要是指每季和每周的频率披露收益数据。

2. 盈利预测

盈利预测是指预测主体在合理的假设和基准的基础上，根据公司以往的业绩、现时的经营状况以及未来的发展规划，对未来某一时期该公司业绩等内容的预测。这种预测可以是对该公司未来的利润总额、净利润、每股收益、市盈率等重要财务事项做出的。

目前，盈利预测的类型主要有三种，分别是上市公司管理层盈利预测、证券分析师盈利预测和非专业投资者的盈利预测。狭义的盈利预测仅仅指公司管理层所做的盈利预测。

本章主要对非专业投资者的盈利预测情况进行研究，故本章中的盈利预测是指非专业投资者基于合理的假设和基准，根据所能获得的公司业绩信息，对未来某一时刻该公司的盈利数值进行预测的行为。

3. 系列位置效应

系列位置效应，是指在系列学习中，被识记的材料在材料系列中所处的位置对识记效果带来的影响，包括首因效应和近因效应。当被试者对位于系列前段的材料记忆效果更好时，我们认为这是首因效应；被试者对位于系列末端的材料记忆效果更好时，我们认为这是近因效应。

在本章中，我们研究信息披露频率对非专业投资者盈利预测的影响，当非专业投资者在进行盈利判断时，更多地利用了早期的数据，我们认为发生了首因效应；而当非专业投资者在进行盈利判断时，更多地利用了末期的数据，我们认为发生了近因效应。

4.1.2　相关理论基础

1. 认知偏差理论

心理学研究证实，人的分析和判断分为直觉和逻辑推理。逻辑推理是深思熟虑中进行的，所耗用的精力较多；而直觉则是大脑快速产生的一种领悟或判断，不需要个体有意识地对问题的信息进行搜寻和分析，花费的精力较少。

卡尼曼和特沃斯基（Kahneman & Tversky, 1974）认为，直觉对于理解事物的关联性和本质是非常重要的，但其过程常常没有被明确地意识到。人类推理活动系统的偏离标准概率和统计规则，表明人类实际的推理规则不是概率准则，而是快速而简洁的启发式。他们还认为，决策者可以运用直觉或者是一般常识来进行决策。大量的研究表明，人们较大比例的思维和行动都是直觉性的。直觉水平的高低由认知主体知识经验的高低决定。一般认为，直觉通常是和低水平的表现联系在一起的，但是实际上直觉思维也可以是高准确度的，能够把握住事物的本质。

利用直觉进行判断与决策和理性决策相比，可以大大缩短决策所耗费的时间，也节省大量精力。例如，利用直觉来估计某种结果出现的可能性比进行计算要容易得多。而在我们日常生活中的绝大多数情况下，利用直觉得出的近似值能够令人相对满意，虽然这种满意并不一定就是最佳结果。

然而，利用直觉进行判断也存在着一些缺点。在一些情形下，直觉判断可能导致系统性认知偏差的产生。卡尼曼和特沃斯基（1974）将决策策略中的问题进行了总结，认为人们在不确定情形下做出判断时通常会采取三种直观的判断方式，分别是代表性、可得性和顺应或调节（即锚定效应）。而对应的，认知偏差的三种类型分别为代表性偏差、可得性偏差和锚定效应所产生的偏差。

代表性是最常见最广泛的直觉之一，在投资者进行投资决策的过程中，代表性启发式偏差也会产生一定的影响。例如，如果某位投资者投资的几只股票都有较好的表现，人们可能会认为该投资者的投资能力很强。但是人们却忘记考虑这几只股票数量太少，不具有足够的代表性，不能就此代表该投资者的能力。此外，投资者们总会产生连续的亏损会带来盈利的错觉，然而这可能仅仅是向平均数回归的一种表现。

可得性直觉也是人们经常使用的一种直觉。人们喜欢用最容易想到的例子来推测事件发生的可能性。然而在一些情况下，人们更容易想到部分事件可能是缘由这样的事件刚刚发生，也可能仅仅是因为这些事件更易被提取，但这并不能代表这些事件发生的概率更高。因此，可得性启发式偏差也会对投资决策产生一定的影响。当人们面临某些铺天盖地的新闻报道时，很可能会对这些报道留下深刻印象，从而使判断产生偏差。

当给出一个初始值时，个体的判断通常是以该初始值，也就是我们所说的"锚"为根据而进行的，并会对初始值进行上下调整而得出最终结论。锚定效应的本质是，当人们掌握一些信息或是在脑海中浮现一些印象时，即便这些信息或印象不够可靠，但它们仍会对人们产生强烈的暗示，影响人们的判断。锚定与调整同样会使投资者的判断与决策产生偏差。投资者在估测一家公司的股价时会以同行业相类似公司的股价为依据来做出判断，这其中，类似公司的股价就是"锚"。对"锚"的依赖很容易使判断出现偏差。

2. 行为偏差理论

现代认知心理学对认知过程的研究是从信息加工过程的角度来进行的，而信息加工过程会受到来自内部和外部各种因素的影响，这使得完美的理性思考很难实现。同时，有时留给我们的判断和决策的时间又较为紧迫，这使我们面对复杂问题时可能由于将问题简化而产生判断与决策上的偏差。

从认知角度来看，在现实情形中市场是瞬息万变的，投资者由于个体差异和个人能力的限制，对信息的认知是有限的。

首先，投资者的感知能力是有限的。投资者能够对市场及投资信息进行感知，但由于市场信息数量庞大，当他们面对这样庞大的信息量时，他们难以对所有的信息进行关注，也难以持续关注相同的信息方面。这致使不同的投资者对信息的提取产生差异，他们会提取出不同的、不完整的信息，而这些不同的、不完整的信息的提取会使他们对同样的信息产生不同的理解和看法，从而产生偏差。

其次，投资者的记忆能力是有限的。众所周知，人们工作记忆的容量是受到限制的，人们很难对感受到的所有的信息都进行理解、加工和处理。只有被人们注意到的信息才会被进一步加工处理，其他的信息则可能被忽略，这也会产生偏差。

最后，投资者对信息的处理能力也是有限的。投资决策行为是一个需要经过深思熟虑的复杂行为，投资者在进行投资决策时要考虑多方面的问题，不仅要对数据等直接的信息进行分析，还要关注宏观情况等方面的信息。众多的信息处理环节对人们的信息处理能力提出了比较高的要求，而投资者由于自身能力限制难以对方方面面的信息都做到完美处理，对信息的不同处理也会产生偏差。

综上，正是由于人的认知能力是有限的，投资者在判断与决策过程中并不具备理性经济人所具有的完美的认知能力，他们的判断和决策只是建立在其自身的有限认知之上的。因此，投资者在投资中出现的心理偏差可以说是一种理应存在的结果。

3. 系列位置效应发生机理及信念调整模型

学者们曾经从精细加工可能性模型、注意力递减假说、信息整合理论等理论来探究系列位置效应的发生机理。此外，还有学者根据首因效应和近因效应提出了信念调整模型。

（1）系列位置效应发生机理。

①精细加工可能性模型。

精细加工可能性模型是由理查德和约翰（Richard & John）在 1986 年提出的模型，该模型用于解释人类认知能力在信息处理过程中的分布情况。当人们有参与信息评估的动机和相关能力时，会更倾向于精细地加工信息并把判断精力放在信息内容方面。当人们处理信息的意愿较低或不具备相应的能力去处理信息时，他们投入的认知能力就会较少。即认知能力和认知动机决定了人们能否精细加工信息。

据此理论，投资者在判断信息的初期通常会较为积极耐心，而这样的举动会消耗其大量的认知能力和认知动机，导致其对于信息序列中位于末端的信息投入的能力和动机都较少，这种情况会进一步致使人们对末端文献进行精细加工的可能性变小。即投资者会对早期阅读的信息进行更精细的加工，从而可能产生首因效应。

②注意力递减假说。

诺曼和休伯特（Norman & Hubert）于 1963 年提出了注意力递减假说，认为当一个人在对信息序列进行连续判断时，较先呈现的信息会对其造成较大的影响，而随着信息量的增加，要处理的内容增多，人的注意力就会逐渐下降，从而出现首因效应。换个说法即为，当被分派了处理大量信息的任务时，个体会感到厌倦，这使得他们无法认真地处理新信息。

投资者在进行判断与决策时，如果同时接受较多信息，那么有限的注意力就会被大量分散，较晚获得的信息与早期获得的信息相比可能会因注意力的衰退而难以被其很好地识别和利用，从而产生首因效应。

③信息整合理论。

信息整合理论由诺曼（Norman）在1971年提出，用于描述和研究一个人是如何从一系列信息中提取整合信息来做出整体判断的。该理论认为，随着新信息时代的到来，人们对信息整体的想法也会随之改变，新的想法会融入先前的想法中去。信息整合理论与其他理论的不同之处在于，它是依赖代数模型的一种理论。该理论使用的代数模型主要有加和模型和平均模型。加和模型中，人们在接受多个信息刺激时，其判断会建立在对这些刺激的评定值之和的基础之上；而在平均模型中，其判断会建立在对这些刺激的评定值的平均数的基础之上。

（2）信念调整模型。

霍格斯和艾因霍恩（Hogarth & Einhorn，1992）研究了信息序列的长度是如何影响人们对于信息披露的敏感性的。他们认为，信息可能不会像他们被展现的那样被处理。具体而言，在长信息序列中，顺序呈现的信息预计将被按顺序处理，直到个体的注意力出现衰退。同时呈现的信息，预计会最先被同时处理。但是随着信息序列长度的增加，决策者的脑海中衡量着越来越多的信息。当他们的认知满意度较高时，同时处理会变为顺序处理并最终出现注意力衰退。在经过对76项研究的回顾和更加深入的探讨后他们得出，长序列线索中可能会产生一种对于先前信息的倾向，即首因效应。

这两位学者进一步提出了信念调整模型，该模型预测，长序列的信息会导致首因效应，首因效应会因注意力衰退而替代短序列信息中经常发现的近因效应。该现象的原因来自两个方面。一方面，当个体被分派了处理大量信息的任务时，他们会感到厌倦，这使得他们无法认真地处理新信息（即上述的注意力衰退）。另一方面，随着信息的累积，人们会对新信息产生的影响越来越不敏感，因为这代表着已经被处理的信息的比例越来越小。

4.2 机理分析及假设提出

4.2.1 信息披露频率对非专业投资者盈利预测影响的机理分析

传统观念认为，及时报告收益是财务报告决策的关键。然而，在收益报告发布的时间方面，一直存在着较大的差距。一方面，一些欧洲公司每半年发布一次盈利报告，并且拒绝了监管机构对更频繁的报告的要求。而在另一方面，诸如思科公司的一些公司已经采用了实时内部报告的概念，并认为诸如 XBRL 之类的技术将会使频繁的对外报告成为一种现实的可能。为了研究更频繁的报告是如何影响投资者和他们的决策的，本章探讨了财务报告的两个极端，周报和季报。因此，本章不仅探讨了更频繁的财务报告是否使投资者的判断更加不精确，还直接说明了一个更基本的问题，即就其本身而言，更频繁的报告是否使投资者对信息更难进行加工处理。

了解非专业投资者如何做出盈利预测是十分重要的。投资者利用一些变量来测量企业相关业绩、盈利能力及每股收益等信息，而每股股票的价格是由所有投资者对这些变量未来价值的当前预期所决定的。在美国，排名前 1000 名的公司里有多达 42% 的所有权由非专业投资者所拥有，而在中国非专业投资者也有着庞大的数量。因此，研究非专业投资者如何做出盈利预测具有一定的意义。

根据前文所述的投资者决策行为及认知偏差理论、有限理性理论、投资者行为偏差理论及系列位置效应，我们可以看出，当非专业投资者想要通过过去的盈利数据来对一家公司的未来盈利做出预测时，数据的不同呈现形式会对其预测的产生造成影响。非专业投资者在进行盈利预测时，其必定处于一种有限理性的情况下，不能以理想的完美方式来提取使用数据并做出判断与决策。在信息披露频率较高时，非专业投资者可能会因为前面提及的感知能力、记忆能力、信息处理能力有限而对较大信息量数据的处理产生较大的偏差。在更频繁报告的情形下，数据的系列会随之延长和扩充，当面对此种长序列信息时，精细加工模型、注意力递减假说及信念调整模型所假设的情形就可能会出现，系列位置效应就可能随之产生。

由于个体差异和个人能力限制，当非专业投资者处理大量数据时，他们不太可能持续关注数据的相同子集，这会导致他们提取出不完整的或不同的数据。不完整或不同数据的提取意味着非专业投资者会对相同的数据得出不同的信息。此外，人们往往倾向于在真正的随机数据序列中看出趋势或曲线，但是，不同的非专业投资者所看到的趋势和曲线不尽相同。同样地，非专业投资者经常错误识别非随机数据序列中的模式。虽然更频繁的报告有着一些好处，例如，它有着为投资者提供更及时信息的可能性。然而，增加主观判断频率产生的潜在消极影响会抵消此优势。

本章主要研究信息披露频率对非专业投资者盈利预测的影响，主要是通过研究当信息内容保持不变时，更频繁的报告会给非专业投资者的盈利预测带来怎样的变化来进行。三年的季度盈利数据共 12 个数据，当频率增加到周盈利数据时，数据的数量从 12 增加到了 156（52 周 × 3 = 156）个。很多非专业投资者将不能使用所有的这些数据。因此，他们使用多少数据以及他们从数据中能够得出什么结论，这些都会有所不同。所以，在信息披露频率更高的情况下，盈利预测可能不是很准确。

4.2.2   在不同信息披露频率下非专业投资者预测误差的假设提出

根据投资者行为偏差理论及有限理性理论，由于非专业投资者本身能力所限，当他们在面对大量的数据信息时，很难保持完美的理性思考并完美行事。完全理性的条件是十分严苛的，完全理性的人也是不存在的。人们不可能精通所有的理论，知晓所有相关的信息。同时，人们在进行判断决策时是具有自身的选择、决定能力、自由意志的，并非"被动的生产工具"。因此，任何人在通常条件下都只是有限理性的人，只能追求满意的结果。而这种满意并不代表最优，因而会使非专业投资者的预测存在误差。林欧文（2009）通过对具有 1 年以上投资经验的个体投资者进行了问卷调查后发现，非专业投资者在证券市场上都具有一定程度的非理性决策的认知偏差。

此外，非专业投资者自身的有限能力，也限制了他们在认知并做出判断决策过程中的表现。非专业投资者有限的感知能力使他们难以对数量庞大的市场信息都进行处理，他们只能对有限的信息进行关注、提取并处理。非专业投资者有限的记忆能力可能会让他们忽略一部分信息，而被忽略的信息中可能包含与判断决策十分相关的信息。因此，仅通过剩余信息来进行判断决策则可能导致误差的产生。权小峰和吴世农（2010）曾通过研究发现，上市公司披露信息能够影响投资者的行为，并且只有被个体投资者注意到的信息才能通过股票交易反映到股价上去，即投资者对信息的有限关注能够影响他们的投资决策行为。非专业投资者的认知能力也是有限的，他们并不能完美处理所认知、提取出的所有信息。这些有限能力导致的对信息的有限提取和处理就可能使他们的判断存在偏差。

当面对更频繁的报告时，骤然增多的数据量显然会对非专业投资者产生影响。大量的信息会影响他们认知信息和判断决策的能力，对他们的理性产生影响。同时，大量的信息还会对非专业投资者的自身能力提出考验，他们有限的感知能力、信息处理能力、认知能力都限制着他们对众多数据的认知和处理。

关于更频繁报告对信息认知的影响举例如下，分别考虑图 4-1 和图 4-2 这两种表现方式的季节性数据。

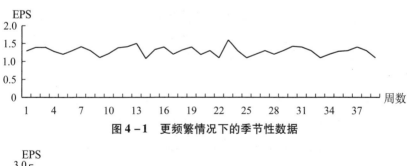

图 4-1　更频繁情况下的季节性数据

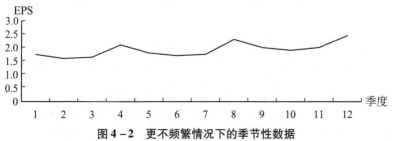

图 4-2　更不频繁情况下的季节性数据

图 4-1 中，数据每周的波动使得分辨第四季度收益的增加变得更困难，而在图 4-2 中这种趋势就会相对清晰明显。我们可以认为，在更频繁报告的情况下，更多的数据点和更频繁的方向变化为非专业投资者提供了看出多种多样不存在模式的机会，同时也可能掩盖数据中所存在的那些真正的模式。根据以上理论和内容，本章提出以下假设：

H1：与较不频繁的报告相比，在更频繁报告的情况下非专业投资者的预测误差绝对值会更大。

4.2.3 在不同信息披露频率下非专业投资者预测离散程度的假设提出

卡尼曼和特沃斯基（1979）曾通过心理学实验的方法证实了个体投资者的一些有限理性行为，并认为个体投资者在证券市场交易中的投资决策行为表现出不确定性和复杂性。个体差异使得这种不确定性和复杂性在不同个体上的表现也各不相同。

H1 的论述中提到了非专业投资者自身的能力是有限的，这种有限的能力限制了他们的感知、判断与决策。同时，由于个体差异的存在，每个非专业投资者的感知能力、信息处理能力和认知能力也是存在差异的，这会使得他们对数据处理的结果也存在差异。不同的非专业投资者所感知并关注到的信息是不同的，他们所记忆的信息也是不同的，他们对信息的处理方式也根据自己的学识和经验的不同而有所差异。栗煜霞和李宏贵（2004）曾验证了上市公司披露的季度报告里具有信息含量，认为季度盈余的信息可以帮助投资者进行合理的决策，但是他们认为披露时间密集的报告在一定程度上影响了非专业投资者对上市公司信息的认知，从而使得信息对于非专业投资者的有用性大打折扣。

离散程度表示不同个体对一系列数据的观测值的分散程度，或者是关于这些观测值平均值的"展开"程度。H1 仅聚焦于离散程度。当面对数量庞大的数据信息时，非专业投资者的有限理性和有限的感知能力、信息处理能力及认知能力对他们的投资决策产生的影响更为显著。不同的非专业投资者从数据序列中所提取的信息不同，所着重使用的数据片段也不同。此时，非专业投资者的判断误差会更大，他们所得出的预测值的分散程度也会更大。即更频繁报告的情况下可能会产生更大的离散程度。据此，提出以下假设：

H2：与较不频繁的报告相比，在更频繁报告的情况下非专业投资者预测误差值的方差将更大。

4.2.4　在不同信息披露频率下非专业投资者系列位置效应的假设提出

系列位置效应是指当被识记的内容在内容整体中所处的位置不同时对记忆效果所带来的影响，包括我们经常听到的首因效应和近因效应。

根据霍格斯和艾因霍恩（1992）提出的信念调整模型，以及罗伯特（Robert，2011）的研究，长序列的信息会导致首因效应，首因效应会因注意力衰退而替代短序列信息中经常发现的近因效应。

当非专业投资者处于信息披露频率较高的情形时，他们将会面对大量的信息。结合精细加工可能性模型，当非专业投资者在对信息进行判断时，对早期的数据会更加耐心。随着他们对信息的不断感知，非专业投资者的认知能力和认知动机会不断下降，当他们感知位于末端的信息时，对末端信息进行精细加工的可能性就会变小。这就可能导致首因效应的产生。

根据注意力递减假说，当非专业投资者面对信息数量较大的更频繁报告的情形时，骤然增多的信息量会分散他们的注意力。当面对早期数据时，非专业投资者的注意力还较为集中，当信息量不断增加时，他们的注意力就会逐渐下降，从而导致首因效应的产生。而当非专业投资者面对信息数量较小的更不频繁报告的情形时，他们可能会对末期的数据印象深刻，从而产生近因效应。

综上，在面对长序列的数据时，系列位置效应和信念调整模型中所预测的情况就可能发生。非专业投资者对信息的关注程度会随着信息数量的增加而减少，这可能会导致其更重视早期的信息，即发生首因效应；当面对较短的信息片段时，非专业投资者可能更重视后面的信息，即发生近因效应。据此，提出以下假设：

H3：在更频繁报告的情况下，非专业投资者会更加重视早期的数据（首因效应），而在较不频繁报告的情况下，非专业投资者更加重视后期数据的影响（近因效应）。

4.3 实 验 设 计

实验设计是研究判断和决策行为的主要方法。本章采用了 $2 \times 2 \times 2$ 的被试间设计，通过调查问卷的方式收集第一手数据。被试间设计指的是仅将一部分被试者分配到一种水平中去的实验设计方法。这种方法可以保证对实验的一种处理方式不会影响另一种处理方式，这是因为每一位被试者仅接受一种处理方式。本节主要介绍了实验案例的选取、变量的选取、实验任务、实验对象以及实验过程。

4.3.1 实验案例的选取

为了探讨更频繁和较不频繁报告的影响，本章需要选取具有季节性模式的收益数据。这种数据中明显的季节性能使我们更容易看出非专业投资者所受的影响。

实验所选取的案例是在上海证券交易所上市的一家房地产公司，该公司下设 38 家权属公司，业务范围涉及房地产开发销售、物业服务、工业园区经营管理等。该公司在其所在省份为房地产行业龙头企业，并在全国多个省份均有项目分布。

本章的相关数据从国泰安数据库收集而来。该公司 2011 ~ 2015 年的收益数据呈现出较为明显的季节性。由于本次实验通过调查问卷的方式收集数据，故选取该公司 2012 ~ 2014 年三年的收益数据，对这些数据进行有关处理后形成季度数据和周数据以形成较不频繁和较频繁报告的情形，并给出详细数据和表格以供被试者做出判断。此外，调查问卷中对该公司的背景等信息做出了简要介绍，要求被试者根据提供的信息对 2015 年第一季度的盈利数据做出预测。调查问卷中对被试者估计的收益、对早期末期数据的依赖程度、基本信息等数据均进行了收集。

4.3.2 变量选取

1. 自变量的选取和数据设计

投资者的任务是根据历史数据来预测未来一个季度的盈利值。在更频繁报告的情况下，被试者获得的是每周的每股收益数据。在较不频繁报告的情况下，被试者获得的是每季度的每股收益数据。

实验被设计为一个 $2 \times 2 \times 2$ 的被试间实验，三个自变量分别为信息披露的频率、收益数据序列和收益变动方向。

为了研究更频繁报告和较不频繁报告的影响，研究中所选取的收益数据是具有季节性的。问卷中所使用的数据是根据福斯特（Foster，1977）模型通过计算得出的。在季度和周这两种情况下的数据不仅具有季节性的，并且具有相同的统计特性。因为投资者只能看到一种数据类型，所以，哪种形式对投资者预测的准确性和离散程度更有利就能够被推断出。Foster 模型是一个相对简单和有效的盈利预测模型，它可以捕获季节性的影响。

实验所用的数据在季度（较不频繁）情况下，第一季度存在着季节性，同样的，在周（更频繁）情况下，第一季度也存在着季节性。此外，同样的季节性也存在于不同收益数据序列和不同收益变动方向的情况中。

2. 对因变量的说明

证券市场上的投资者寻找恰当的信息，并根据信息做出投资决策。收益明显是投资界感兴趣的一个变量。而投资者对收益感兴趣的原因是因为它代表了绩效的综合测量，并且认为它能够传达出公司预期未来现金流量的信息。

首先是下一季度盈利预测的准确性，这是通过测量被试者预测的盈利数值以及模型得出的盈利数值之差的绝对值来进行衡量的。其次是预测的离散程度，这是通过测量被试者预测结果的方差来进行衡量的。最后将被试者在频繁报告与不频繁报告情况下的表现进行比较判断来验证假设。

使用盈利预测作为因变量主要有如下三个原因。第一，如前所述，由于收益与公司价值和业绩都相关，因此投资者和研究人员更喜欢用其作为统计量。第二，收益预期优于其他测量方式，如购买、出售或持有，因为后面这几种测量方式会受到其他因素的影响，如现有的头寸、占有的资产或财务杠杆等。第三，也是最重要的一点，当评估一家企业，并且随后决定是否购买、出售或持有该企业的股票时，预测企业的业绩（如盈利）是第一步。例如，如果一个投资者以收益为基础对某企业进行估计，认为该企业被低估，那么他可能会买入该企业的股票，反之，则会卖出该企业的股票。

4.3.3　实验任务

实验设计是研究判断和决策行为的主要方法，本章采用了 $2 \times 2 \times 2$ 的被试间设计，通过调查问卷的方式收集第一手数据。因此，本章中实验设计的目的是探讨信息披露频率对非专业投资者盈利预测的影响并收集被试者的实验数据。被试者的任务是根据历史数据来预测下一季度的每股收益。

前面提及，本章的三个自变量分别为信息披露的频率、收益数据序列和收益变动方向。实验将分为两大组进行，第一大组为信息披露频率较高的情况，第二大组为信息披露频率较低的情况。再分别在每一大组中分出收益数据序列和收益变动方向不同的情况。调查问卷中需要被试者填写其所预测的收益情况并给出早期和末期数据对其影响程度的数据，还需要其对相关问题进行打分。评分采用李克特五点量表，1 分表示很低的情形，5 分表示很高的情形。被试者需要根据所提供的背景信息及数据对公司下一季度的盈利做出预测及完成个人信息调查。

4.4　实　验　结　果

本节的内容主要是对假设进行检验。首先进行操控性检验，以确保被试者对信息披露频率这一自变量有较好的认识。其次通过描述性统计和方差检验、独立样本 T 检验对三个假设进行了检验。最后，还进行了进一步分析，通过独立样本 T 检验对收益变动方向和收益数据序列这两个自变量的情况进行分析。

4.4.1　操控性检验

在调查问卷中，还设计了相关问题来进行操作性检验，确保被试者对实验变量和实验目的有较为明确的认识。问卷中设计了"您认为企业增加财务报告频率（如采用季报、周报的形式）对预测该企业未来的收益是否重要？请进行打分。"这一问题，来判断被试者对于财务报告频率对预测企业未来收益的影响的认识。表 4 - 1 是选择各个选项的数量统计，表 4 - 2 是被试者对该问题回答的描述性统计。

表 4 - 1　　　　　　　　　被试者选项数量统计

项目	1	2	3	4	5	合计
数量	0	12	42	76	41	171
百分比（%）	0.00	7.02	24.56	44.44	23.98	100.00

如表 4 - 1 所示，在 171 份有效问卷中，对于"财务报告频率对预测企业未来收益的重要性情况打分"这一问题，76 个被试者打出了 4 分，认为增加财务报告频率对预测企业的未来收益较为重要，占比达 44.44%。打出 3 分和 5 分的被试者分别有 42 名和 41 名，均约占 1/4 的比例。仅有 12 名被试者打出了 2 分，认为增加财务报告频率对预测企业的未来收益较不重要，占比为 7.02%。没有被试者对此问题打出 1 分。上述数据表明所有被试者都认为企业增加财务报告频率对预测该企业的未来收益具有一定的重要性，68.42% 的被试者认为企业增加财务报告频率对预测该企业的未来收益比较重要。

表 4 - 2　　　　　　　　被试者打分情况描述性统计

项目	N	极小值	极大值	均值	标准差
重要性打分情况	171	2	5	3.854	0.866
有效的 N（列表状态）	171				

从表 4-2 的描述性统计可以看出，所有被试者对这一问题的打分均值为 3.854。这种较高的均值水平也可以说明被试者对"财务报告频率对预测企业未来收益的重要性"这一问题的看法。从整体来看，较高的均值代表被试者普遍认为财务报告频率对预测企业未来收益来说较为重要。从上述分析中可以认为，被试者对于财务报告频率这一自变量有较好的认识，对于企业未来收益这一内容也有较好的认识。

4.4.2　实验对象及过程

本次实验的对象为非专业投资者。非专业投资者是在资本市场中利用自有资金进行投资的个体，这些个体较为分散，因此实验过程的控制及数据收集的难度较大。而国外学者开展非专业投资者相关实验研究时，多用 MBA 学生作为被试者。本书中的被试者则是学习过相关财务课程的本科大四学生及硕士研究生。

在本试验中，被试者共需完成两项内容，分别是根据提供的相关信息对公司下一季度的盈利做出预测及完成个人信息调查。由于本实验中选取的被试者是本科大四学生及硕士研究生，因而能够在集中监控的环境下完成问卷内容，可以较好地对环境进行控制。本次实验中共发放问卷 178 份，回收的有效问卷 171 份，问卷有效回收率达到 96.07%。

问卷中调查得来的基本信息内容如表 4-3 所示。从年龄来看，参与调查的被试者绝大多数的年龄都在 20～25 岁之间。从学历层次来看，61.99% 的被试者为硕士研究生，38.01% 的被试者为本科大四学生。这两项数据说明被试者的思想已经较为成熟且具备了做出相关投资决策的能力。从被试者的风险偏好情况来看，66.67% 的被试者持风险中立态度，28.07% 的被试者厌恶风险，仅 5.26% 的被试者爱好风险。大部分的被试者的风险偏好为风险中立，说明他们做出的判断较为客观。对被试者基本信息的统计表明调查问卷的发放对象是合理、有效的。

表 4 – 3　　　　　　　　　被试者基本信息统计表

选项	年龄			学历		风险偏好		
	20 岁以下	20 ~ 25 岁	26 岁以上	本科大四学生	硕士研究生	爱好风险	厌恶风险	风险中立
数量	4	158	11	65	108	9	49	115
百分比（%）	2. 34	91. 23	6. 43	38. 01	61. 99	5. 26	28. 07	66. 67

此外，问卷还对被试者对每股收益波动性的看法及财务报告频率的看法进行了调查。问卷中，被试者对"每股收益波动性对预测企业未来盈利产生的影响"这一问题进行打分，1 分表示影响微乎其微，5 分代表影响十分显著。统计结果如表 4 – 4 Panel A 所示，54.39% 的被试者给这一问题的打分为 4 分，被试者打分均值为 3.684 分，即被试者认为每股收益波动性会对预测企业未来盈利产生较为明显的影响。此外，问卷还要求被试者对"企业增加财务报告频率对预测企业未来收益的重要性"这一问题进行打分，1 分表示根本不重要，5 分表示特别重要。统计结果如表 4 – 4 Panel B 所示，被试者给这一问题打分的均值为 3.854 分，即被试者认为增加财务报告频率对预测企业未来收益具有较高的重要性。

93

表 4 – 4　　　　　　　　　被试者选项数量统计表

Panel A：每股收益波动性看法						
项目	1	2	3	4	5	合计
数量	0	10	51	93	17	171
百分比（%）	0. 00	5. 85	29. 82	54. 39	9. 94	100. 00
Panel B：财务报告频率看法						
项目	1	2	3	4	5	合计
数量	0	12	42	76	41	171
百分比（%）	0. 00	7. 02	24. 56	44. 44	23. 98	100. 00

4.4.3 交互效应的检验

由于本章有三个自变量，因此应当考虑交互效应的影响。两个因子之间有交互效应的定义是，当因子 A 的效应依赖于因子 B 所处的水平时，我们称 A 与 B 之间有交互效应。表 4 - 5 是对实验得出的数据进行多因素方差分析的结果，从该表中可以看出各个自变量之间是否存在交互效应。

表 4 - 5   主体间效应的检验

项目	III 型平方和	df	均方	F	Sig.
校正模型	1208. 859	7	172. 694	3. 185	0. 003
截距	21079. 548	1	21079. 548	388. 828	0. 000
频率	619. 247	1	619. 247	11. 422	0. 001
方向	222. 258	1	222. 258	4. 100	0. 045
序列	299. 397	1	299. 397	5. 523	0. 020
频率 × 方向	0. 814	1	0. 814	0. 015	0. 903
频率 × 序列	47. 960	1	47. 960	0. 885	0. 348
方向 × 序列	1. 749	1	1. 749	0. 032	0. 858
频率 × 方向 × 序列	48. 746	1	48. 746	0. 899	0. 344
误差	8836. 729	163	54. 213		
总计	31572. 562	171			
校正的总计	10045. 587	170			

注：a. $R^2 = 0.120$（调整 $R^2 = 0.083$）。

从表 4 - 5 表明，频率与方向的 F 值为 0. 015，Sig. 值大于 0. 05；频率与序列的 F 值为 0. 885，Sig. 值大于 0. 05；方向与序列的 F 值为 0. 032，Sig. 值大于 0. 05。这就表明频率与方向、频率与序列、方向与序列之间均不存在交互效应。同时，频率 × 方向 × 序列的 F 值为 0. 899，Sig. 值大于 0. 05，表明这三个因变量之间均不存在交互效应。

4.4.4　假设检验与分析

1. H1 的检验与分析

H1 的假设为，与较不频繁的报告相比，在更频繁报告的情况下非专业投资者的预测误差绝对值会更大。在本实验中，即在周报情况下，非专业投资者的预测误差绝对值会更大。表 4 - 6 是对非专业投资者分别在季报与周报情况下预测误差绝对值的描述性统计，表 4 - 7 是以信息披露频率为分组变量的独立样本 T 检验。

表 4 - 6   描述性统计量

项目	N	极小值	极大值	均值	中值	标准差	方差
季报	83	0.370	36.780	9.273	7.966	6.903	47.647
周报	88	0.000	36.980	13.057	12.235	7.970	63.528

从表 4 - 6 中我们可以看出，周报（更频繁报告）预测误差绝对值的均值为 13.057，季报（较不频繁的报告）预测误差绝对值的均值为 9.273，季报的预测误差绝对值比周报更大。

表 4 - 7   以信息披露频率为分组变量的独立样本检验

项目		方差方程的 Levene 检验		均值方程的 T 检验						
		F	Sig.	t	df	Sig.（双侧）	均值差值	标准误差值	差分的95%置信区间 下限	上限
预测误差绝对值	假设方差相等	2.853	0.093	- 3.492	169	0.001	- 4.004	1.147	- 6.268	- 1.741
	假设方差不相等			- 3.508	167.509	0.001	- 4.004	1.142	- 6.258	- 1.751

表 4 - 7 中方差齐性 Levene 检验的结果表明，F 值为 2.853，Sig. 值

为 0.093，大于 0.05，因此我们认为两组方差没有显著性的差异。此时再看 T 检验的结果，因为方差齐性 Levene 检验说明方差有齐性，因此这里取"假设方差相等"的 t 值和双尾显著性水平的 P 值。如表中所示，t 值为 - 3.492，Sig. 值为 0.001，Sig. 值小于 0.05，说明以信息披露频率为分组变量时，两组被试者的预测误差绝对值具有显著性差异。此种结果说明，信息披露频率提高时，投资者预测的结果也会不同。这也证明了表 4 - 6 中均值的差异是显著的。

这与 H1 所预期的情况是相同的，证明在更频繁报告的情况下，非专业投资者的预测误差绝对值会更大。根据以上分析可以证明，H1 是成立的。

2. H2 的检验与分析

H2 的假设为，与较不频繁的报告相比，在更频繁报告的情况下非专业投资者预测误差值的方差将更大。

表 4 - 8 是对频率这一自变量进行的单因素方差分析。从表 4 - 6 中可以看出，周报（更频繁报告）情况下，被试者预测误差绝对值的方差为 63.528；季报（较不频繁的报告）情况下，被试者预测误差绝对值的方差为 47.647。而表 4 - 8 的结果表明，季报与周报情况下，两组预测误差绝对值在 0.05 水平上有显著性差异。即当自变量为频率时，该自变量会对因变量预测误差绝对值有显著影响。上述分析表明，H2 是成立的，即与较不频繁的报告相比，在更频繁报告的情况下非专业投资者预测误差值的方差将更大。

表 4 - 8　　　　　　　　　　单因素方差分析结果

项目	平方和	df	均方	F	显著性
组间	611.537	1	611.537	10.955	0.001
组内	9434.050	169	55.823		
总数	10045.587	170			

3. H3 的检验与分析

H3 的假设为，在更频繁报告的情况下，非专业投资者会更加重视早期的数据（首因效应），而在较不频繁报告的情况下，非专业投资者更加重视后期数据的影响（近因效应）。在调查问卷中设置了这样一个问题，"您认为在您做出预测的过程中，最近期间及最早期间的每股收益是否对您的判断产生影响？2016 年末及 2014 年初的数据对您判断产生影响的权重分别如何？"被试者根据自身情况填写近期和早期数据对其判断产生影响的程度如何，如表 4 - 9 所示。

表 4 - 9　　　　　　　　　　　　描述性统计量

项目	N	极小值	极大值	均值
周 - 近期	83	10	95	58.621
周 - 早期	83	5	70	32.999
季 - 近期	88	10	95	56.969
季 - 早期	88	5	90	28.094

　　表 4 - 9 是分别对季度和周这两种情况下，被试者认为自己的判断受到早期和近期数据影响的情况分析。从均值数据中可以看出，周报（更频繁报告）情况下，近期数据对被试者影响程度的均值为 58.621，早期数据对被试者影响程度的均值为 32.999；季报（较不频繁的报告）情况下，近期数据对被试者影响程度的均值为 56.969，早期数据对被试者影响程度的均值为 28.094。从上述数据中可以得出，周报和季报情况下被试者认为近期数据对其影响程度的均值相近，近期数据对其的影响均超过 50%。而在早期数据的影响方面，季报情况下被试者受影响的程度比周报情况要低，这说明在季报情况下，被试者对早期数据的依赖更低，受其影响也更小。

　　表 4 - 10 是对周报情况下被试者认为自己的判断受到早期和近期数据影响的独立样本 T 检验。表中方差齐性 Levene 检验的结果显示，F 值为 2.662，Sig. 值大于 0.05，因此认为两组方差没有显著差异。因为方差齐性 Levene 检验表明方差有齐性，因此这里取 T 检验结果中"假设方差相等"的 t 值和 P 值。如表中所示，t 值为 10.221，Sig. 值小于 0.05，这可以说明在周报情况下，被试者认为自己受到早期和近期数据影响的程度具有显著性的差异。结合表 4 - 9 的结果可以得出，被试者在周报情况下表现出了近因效应。

表 4-10   周报情况下的独立样本检验

项目		方差方程的 Levene 检验		均值方程的 T 检验						
		F	Sig.	t	df	Sig.（双侧）	均值差值	标准误差值	差分的95%置信区间	
									下限	上限
预测误差绝对值	假设方差相等	2.662	0.105	10.221	164	0.000	25.622	2.507	20.672	30.572
	假设方差不相等			10.221	157.102	0.000	25.622	2.507	20.670	30.573

　　表 4-11 是对季报情况下被试者认为自己的判断受到早期和近期数据影响的独立样本 T 检验。方差齐性 Levene 检验的结果中，F 统计量的值为 6.823，显著性水平的 P 值（Sig.）小于 0.010，故认为两组方差具有显著性差异。据此来分析 T 检验的结果，因为两组方差具有显著性的差异，所以这里取"假设方差不相等"的 t 值和双尾显著性水平的 P 值。如表中所示，t 值为 10.665，Sig. 值小于 0.05，这体现了在季报情况下，被试者认为自己受到早期和近期数据影响的程度也具有显著性的差异。再结合表 4-9 的结果可以得出，被试者在季报情况下也表现出了近因效应。

表 4-11   季报情况下的独立样本检验

项目		方差方程的 Levene 检验		均值方程的 T 检验						
		F	Sig.	t	df	Sig.（双侧）	均值差值	标准误差值	差分的95%置信区间	
									下限	上限
预测误差绝对值	假设方差相等	6.823	0.010	10.665	174	0.000	28.875	2.708	23.531	34.219
	假设方差不相等			10.665	164.244	0.000	28.875	2.708	23.529	34.221

　　然而，在季报和周报两种情况下被试者的判断都出现近因效应的这种现象却与 H3 的假设相悖。前面在提出 H3 时考虑了系列效应发生的机理，根据注意力递减假说和精细加工可能性模型的设想，认为非专业投资者在面对 3 年共 156 个周的长序列数据时会因为感知能力、记忆能力有限、处理能力有限等个人能力方面的条件限制或认知偏差的存在，对早期数据加工更为精细，对末期数据分配的注意力不足，故而受早期数据的影响较大，产生首因效应。而当其面对 3 年共 12 个季度的数据时，由于数据序列较短，非专业投资者可能会更重视后期的信息，产生近因效应。

　　而实验结果表明，被试者在季报和周报两种情况下都产生了近因效应，这可能与本实验采用学生来代替非专业投资者有关。本科大四学生以及硕士研究生学习了较多的理论知识，这些理论知识让他们在做出盈利预测时，可能更多地考虑近期的数据而更少的考虑早期的数据。这种判断是与其通常所学的财务与金融知识相符合的。他们认为，在判断未来收益时理应更重视近期数据，因为近期数据能够体现出该公司收益的走势，与下一季度的收益相关性更高。而早期数据在用于判断下一季度的收益时，相关性就相对较低了。

　　而非专业投资者通常是以个人进行投资交易的投资者，他们对专业知识的掌握程度相差较大，部分非专业投资者可能学习过相关的金融、财务方面的课程，然而大部分非专业投资者可能对财务、金融方面的知识掌握程度较低。非专业所具备的理论知识水平与学生相比可能侧重不同，其相较学生而言具备较多的实际投资经验，思考方式可能与学生不同。在进行盈利预测判断时，非专业投资者的判断可能不会过多地考虑书本理论，而是受直觉等因素及其自身经验的影响更多，从而可能更符合心理学预期的情形。学生由于普遍缺乏投资经验，则会更注重根据其掌握的理论知识来进行仔细的推敲计算，从而与我们的预期产生偏差。

　　罗纳德和罗伯特（Ronald & Robert，2015）等研究了系列位置效应是否及如何在包含了经济刺激的市场环境中盛行的。研究表明，初始的首因效应会随着时间变为近因效应。在他们的研究中，假设当被试者在被提供了顺序披露模式和同时披露模式这两种模式下的长序列信息时，都不会产生系列位置效应。然而该研究的结果显示，在两种信息披露模式下都表现出了近因效应，并且在两种情况下都没有证据证明注意力衰退发生了。在对信息长度和披露模式进行研究后，他们发现没有迹象表明延长投资任务的信息序列会导致首因效应。但是，随着信息序列的延长，他们发现了证明近因效应加剧的强有力的证据。这与信念调整模型和注意力递减说的假设是不符的，这也许能解释在两种情况下都出现近因效应的原因。

此外，当被试者面对大量信息时产生的首因效应可能会因其具备的理论知识而被矫正。由于被试者在对下一季度的盈利进行判断与决策时经过了较为缜密的思考和认真的推敲计算。这种思考过程和计算可能会使他们意识到，与被预测期间更接近的数据的参考价值更大，从而产生近因效应。

综上，更频繁情况下产生近因效应的原因可能有三点。一是在校学生与非专业投资者在判断与决策上存在差异。二是注意力衰退假说的情形没有发生，也没有注意力衰退情况的发生，因而不会表现出首因效应。三是非专业投资者掌握的理论知识会纠正其在判断过程中出现的偏差。

4.4.5 进一步分析

上一小结对 H1、H2 和 H3 的内容进行了检验。由于本章主要聚焦于信息披露频率对非专业投资者所产生的影响，故本章的三个假设都与信息披露频率这一自变量相关。而本小节将通过独立样本 T 检验的结果对收益变动方向和收益数据序列这两个自变量的情况进行分析。

表 4 - 12 和表 4 - 13 分别是以收益变动方向为分组变量的分组统计量和独立样本 T 检验的结果。先看表 4 - 13，表 4 - 13 中方差齐性 Levene 检验的结果显示，F 统计量的值为 25.122，显著性水平的 P 值（Sig.）小于 0.05，故认为两组方差具有显著性的差异。此时再看 T 检验的结果，因为两组方差具有显著性的差异，因此这里取"假设方差不相等"的 t 值和双尾显著性水平的 P 值。

表 4 -12　　　　　　　　　　以方向为分组变量的分组统计量

项目	收益变动方向	N	均值	标准差	均值的标准误
预测误差绝对值	正向	86	10.162	5.275	0.569
	负向	85	12.761	9.463	1.026

表4-13　　　　　　　　以方向为分组变量的独立样本检验

项目		方差方程的Levene检验		均值方程的T检验					差分的95%置信区间	
		F	Sig.	t	df	Sig.（双侧）	均值差值	标准误差值	下限	上限
预测误差绝对值	假设方差相等	25.122	0.000	-2.221	169	0.028	-2.599	1.170	-4.908	-0.289
	假设方差不相等			-2.215	131.282	0.029	-2.599	1.173	-4.920	-0.277

如表4-13中所示，假设方差不相等t值为-2.215，Sig.值为0.029，Sig.值小于0.05，说明以收益变动方向为分组变量时，不同组之间被试者的预测误差绝对值具有显著性差异。该结果表明，当收益变动方向不同时，被试者的盈利预测结果也会随之产生差异。表4-12中以方向为分组变量的分组统计量的结果表明，当收益变动方向为正向时，被试者预测误差绝对值的均值为10.162，而当收益变动方向为负向时，被试者预测误差绝对值的均值为12.761。

产生这种结果的原因可能是，正向的收益数据变动方向较为符合我们通常所熟悉的情形，会减小被试者在认知和判断等过程中的困难，让他们更容易做出判断。而反向的收益数据变动方向与我们所熟悉的收益变动情形有所差异，会让被试者在认知和判断信息时产生疑惑，增加了他们的认知负担，造成更大的判断误差。

表4-14和表4-15分别是以收益数据序列为分组变量的分组统计量和独立样本T检验的结果。表4-15中方差齐性Levene检验的结果表明，F统计量为2.914，显著性水平的P值（Sig.）大于0.05，因此我们认为两组方差没有显著性的差异。此时再看T检验的结果，因为之前的检验说明方差有齐性，因此这里取"假设方差相等"的t值和双尾显著性水平的P值。

表 4 - 14　　　　　　　　以序列为分组变量的分组统计量

项目	收益数据序列	N	均值	标准差	均值的标准误
预测误差绝对值	顺序	85	9.892	6.883	0.742
	反序	86	12.998	8.263	0.896

表 4 - 15　　　　　　　　以序列为分组变量的独立样本检验

项目		方差方程的 Levene 检验		均值方程的 T 检验						
		F	Sig.	t	df	Sig.（双侧）	均值差值	标准误差值	差分的95%置信区间	
									下限	上限
预测误差绝对值	假设方差相等	2.914	0.090	-2.274	169	0.024	-2.641	1.162	-4.934	-0.348
	假设方差不相等			-2.271	162.863	0.024	-2.641	1.163	-4.937	-0.345

　　如表 4 - 15 中所示，假设方差相等 t 值为 - 2.274，Sig. 值为 0.024，Sig. 值小于 0.05，说明以收益数据序列为分组变量时，两组被试者的预测误差绝对值具有显著性差异。此种结果说明，当收益数据序列发生变化时，被试者的盈利预测结果也会随之变化。表 4 - 14 中组统计量的结果表明，当收益数据序列为顺序时，被试者预测误差绝对值的均值为 9.892，而当收益数据序列为反序时，被试者预测误差绝对值的均值为 12.998。造成此种现象的原因可能是，被试者在面对不同序列的情况时，所做出的判断等都会随之产生差异。尤其是当信息披露频率较高时，大量的数据使得被试者看出数据中所不存在的模式而忽略数据中真正包含的模式。

　　此外，当改变收益变动方向和收益数据序列这两个因素时，被试者所预测的盈利数值与模型得出的盈利数值之差的绝对值，即预测误差的绝对值，仍然在更频繁报告的情况下更高，在较不频繁报告的情况下更低，这可以进一步验证 H1 的假设。这种表现意味着本次实验中取得的数据验证 H1 的假设这一事件并非偶然。而当改变收益变动方向和收益数据序列这两个因素时，在信息披露频率较高的情形下，预测误差的方差也都大于信息披露较低的情形，这一现象也能进一步证明 H2 的假设。也就是说，当被试者面对数据的收益变动方向和收益数据序列改变时，他们仍能够保持在信息披露频率较高情况下的预测误差、方差更大的特点，即在具体条件不同的情形下被试者所预测的结果仍然符合假设，证明本次实验的结果不是偶然。

4.5　小　　结

证券市场中，上市公司披露的信息是十分重要的。上市公司披露的信息能够对非专业投资者的投资决策预期产生影响，并促使其做出投资决策。非专业投资者在做出投资决策的过程中，会对上市公司所披露的信息进行研究和分析，而信息披露的频率则可能对投资者对信息的获取、处理和理解产生影响。然而，国内目前关于信息披露频率对非专业投资者所产生的影响方面的研究尚不多见。

因此，本章对信息披露频率对非专业投资者盈利预测的影响进行研究。在对认知心理学等方面的理论内容进行阐述的基础上，通过实验设计的方法来研究在不同信息披露频率的情况下，非专业投资者的盈利预测会有怎样的表现。本章中的实验设计采用发放调查问卷的方式收集第一手数据，选取本科大四学生和硕士研究生作为非专业投资者的替代，模拟不同的情景来探究信息披露频率对盈利预测的影响。实验过程包括案例选取、实验对象的选取、自变量的选取及实验任务的安排等。最终，在假设检验中两个假设通过了检验。

实验结果表明，更频繁的报告会导致更低的准确性和更分散的季度收益预测，信息披露频率的确会对非专业投资者的盈利预测产生影响。较高的信息披露频率会给非专业投资者的认知带来负担，非专业投资者有限的认知能力、记忆能力和信息处理能力也限制着他们的表现。即提高信息披露的频率会使非专业投资者产生更大的认知偏差，同时，大量的收益数据会使他们更难辨认出数据中真正存在的模式。本章还发现，在更频繁报告和较不频繁报告的情况下，非专业投资者都产生了近因效应。此外，当收益变动方向和收益数据序列发生变化时，被试者盈利预测的精确性也会受到影响。但是，在这两种情形下，仍能够保持在信息披露频率较高情况下的预测误差、方差更大的特点。

因此，建议非专业投资者在进行投资判断时，要注意较高的信息披露频率会使其判断与决策产生偏差。他们可以通过同时关注信息频率较高和较低的信息来降低认知负担，提高决策准确性。本章还建议政策制定者在设定信息披露频率时，应进行全方位的考虑。

第5章 信息呈现方式对非专业投资者信念修正的影响研究

随着大数据、云时代的到来，希利和帕利普（Healy & Palepu，2001）指出，信息披露成为了维持资本市场有序运行的重要条件之一，投资者认为良好的信息披露可以有效缓解市场信息不对称，预防内幕交易现象的滋生。随着信息大数据时代的到来，信息披露频率加快已经成为一种趋势。1982年，美国成立的全国性市场系统（National Market System，NMS）建立了一种交易信息的实时报告制度，同时要求每笔交易需要在完成后的90秒内将成交价格和成交量报告给投资者，进而大大提高了股票市场信息的透明度。此后，美国于2002年出台的《萨班斯法案》（SOX）再次强调了要以提高公司透明度和维护投资者权益为基本思想，缩短了临时报告中关于重大事件发生日至对外报出日的时限。2014年11月澳大利亚证券和交易委员会（Australian Securities and Investment Commission，ASIC）宣布开发数字化的信息披露模式，旨在探寻更适合投资者检索信息的技术工具，帮助其做出合理的投资决策。2015年5月24日，上交所发布了《关于增加上市公司信息披露时段相关工作的通知》，新增交易日早间、午间以及非交易日披露时段。2016年12月16日，证监会对上市公司年度报告、主板和创业板上市公司的半年度报告和季度报告信息披露内容与格式准则再次进行了统一修订，进一步帮助投资者理解复杂、高频的信息披露内容。而对于信息披露违规事件的多发，监管部门也不断推出组合拳。例如，2018年3月9日深交所和上交所联手出台的《上市公司重大违法强制退市实施办法（征求意见稿)》中就明确规定，上市公司五年内信息披露违规三次就要被强制退市。

但作为信息披露方的上市公司，为了攫取高额利润，通过操纵信息披露进而对投资者行为进行诱导的事件屡见不鲜。例如，2016 年被证监会查处的 *ST 博元，在 2011～2014 年多次粉饰业绩，虚增资产、收入等财务报告信息，成为第一家因为重大信息违规披露被叫停的公司。欣泰电气也因虚构应收账款，减提坏账准备，导致净利润虚增被证监会严惩，成为首家因信息披露欺诈发行被强制退市的公司。之前的信息披露违规事件多出现在强制性信息披露，但 2015 年宝利国际事件的发生，也敲响了市场对于自愿性信息披露监管的警钟。宝利国际在 8 个月内多次利用自愿性披露的投资合作意向书，对公司投资动态的有利信息进行了全程化的实时披露，使投资者误以为其国外业务迅速扩张，致使股价疯狂飙升。但该公司对不利信息只字未提，极大地侵犯了投资者的知情权，成为了首个因自愿性信息披露违规被查处的上市公司。由此可见，上市公司已经开始有导向性地利用信息呈现方式以及利好消息披露顺序来误导投资者。

信息呈现方式分为逐步呈现和综合呈现，信息披露顺序也存在好消息与坏消息发布的先后顺序，这都在很大程度上影响着上市公司对外披露信息的形式。而信息披露这两要素是否会影响市场中占比近七成的非专业投资者的估值判断，会产生怎样的信念修正？国内对于这一系列问题的研究较少，研究对象也多聚焦机构投资者。因此，本章以非专业投资者为重点，从信念调整模型、认知适配理论和序列位置效应出发，设计 2×2 被试间实验，利用调查问卷直接收集数据，分析检验信息呈现方式水平和信息披露顺序对非专业投资者信念修正的影响。

5.1　概念界定与理论基础

5.1.1　相关概念界定

1. 信息呈现方式和信息披露顺序

信息呈现方式和信息披露频率在内涵上具有较高的一致性，信息呈现方式分为信息的逐步呈现和综合呈现，逐步呈表示将信息一条一条予以披露，而综合呈现方式是指将多条消息一次性披露，本章将逐步呈现和综合呈现方式下所披露的信息总量设定为一致（均为 20 条信息），实验过程中，逐步呈现是将 20 条信息进行 20 次发布，综合呈现是将 20 条信息进行 2 次发布（10 条 + 10 条）。

信念调整模型指出信息披露影响非专业投资者信念修正的五种因素，其中就包括证据的顺序，即信息披露的顺序。本章实验中，好消息和坏消息的披露顺序也即信息披露顺序。

2. 信念修正

信念修正这一概念最早是由阿尔乔龙等（Alchourrón et al.，1985）共同提出的，后来关于信念修正的研究就被称作 AGM 信念修正理论。一次完整的信念修正分为四个步骤：膨胀、修正、收缩和评价。这一过程可以简单理解为：第一步，当第 n 条信息披露时，膨胀过程使这第 n 条新信念添加到第 n−1 条原信念序列之中。第二步，修正需要就新信念与原信念做出比较和判断，分析是否存在前后一致性的问题。第三步，将新信念中与原信念内在逻辑不一致、不可信的部分剔除。第四步，决策者对已形成可信的新信念进行理性评价并作出认知活动。

通过对信念修正过程的分析得出，在长序列信息披露方式下非专业投资者信念修正的作用机理如下：在长序列信息披露条件下，第一条信息披露后非专业投资者会形成一个初始锚定值，由于此后每条信息的披露都是一次膨胀过程，而这期间存在时间间隔，可以让非专业投资者充分阅读信息，从而做出更加理性的修正、收缩和评价过程。

由于本章的实验设计是通过模拟上市公司信息披露环境下非专业投资者估值决策的变化。所以，可以认为非专业投资者在阅读完披露信息后进行的一系列估值决策和评价工作等同于信念修正过程。

5.1.2　相关理论基础

1. 信念调整模型

信念调整模型（Belief Adjustment Model）是由霍格斯和艾因霍恩（Hogarth & Einhorn，1992）首次提出的。信念调整模型是一个简单、持续的对信息进行锚定——调整过程的模型，初始锚定值（信念值）会受到随后披露的信息的影响。该模型考虑了影响投资者信念调整行为的五种因素：证据的方向（Direction）、证据的影响力（Strength）、证据的类型（Type）、证据的顺序（Order）以及证据反应类型（Respond Mode）。证据的方向是指证据是否支持判断者当前的信念，如果支持则是肯定性证据，否则是否定性证据。影响力是指证据对当前判断者信念的影响程度，有强弱之分。类型是指这一系列的证据是一致性证据还是混合型证据，若证据方向相同则是一致性证据，否则是混合型证据。证据的顺序就是好消息与坏消息披露的先后顺序。证据反应模式是指判断者对证据运用的策略，分为逐步法（Step by Step，SbS）和综合法（End of Sequence，EoS）两种。逐步法反应方式是假定判断者在收到每条信息之后，根据逐条披露的信息调整其信念值，直到最后一条信息披露完成后结束信念调整过程；而综合法反应模式的判断者并不是逐条调整信念值，而是在信息披露完成后综合考虑所有信息的影响，仅做出一次信念调整行为形成最终判断。

根据信念调整模型可以认为，在第 n 条披露信息公布后，留给非专业投资者进行分析和思考的时间，同时第 n–1 次形成锚定值也会起到指导作用，最终帮助其做出较为合理的信念修正。但同样多的信息在一次性披露时，非专业投资者会关注先阅读到的信息，由于其认知能力有限，而后呈现的信息会被平均化，直到产生认知超载。

所以从信念调整模型的角度来看，信息的逐步呈现方式会更符合非专业投资者的 SbS 反应模式，但随着披露时限延长，投资者可能会遗忘之前形成的锚定值，从而更多地关注后披露的信息内容，产生近因效应。

2. 认知适配理论和具象结合理论

认知适配理论（Cognitive Fit Theory）是维西和高卢（Vessey & Galletta，1991）经过大量心理学研究之后首次提出的，目的是研究信息的呈现格式与任务是否相互匹配，得出只有两者匹配时决策行为的准确度和效率才会提高的结论。杜尔等（Dull et al.，2003）也验证了这一观点，指出合适的信息呈报格式能够更好地解决决策者在信息处理过程中所遇到的障碍。

但阿诺德和科利尔（Arnold & Collier，2004）、罗斯和沃尔夫（Rose & Wolfe，2000）也指出了认知适配理论的不足之处，认为除了信息呈报格式之外，还有别的因素会对决策者的判断产生影响，因此提出了具象结合理论（Representational Congruence Theory）。具象结合理论是对认知适配理论的拓展和延伸，这一理论加入了决策者的个人能力，认为若信息的呈报格式与决策者个人能力匹配度高，更有利于产生有效判断；如若两者的匹配度低，会加重决策者的认知超载问题，进而会做出低效判断。而这种个人能力可能包括投资者的认知水平、认知习惯等。此后，夏福特和维西（Shaft & Vessey，2006）对先前的认知适配理论进行了补充，指出信息的呈报格式、任务与决策策略三者的匹配程度会最终影响决策结果。特别是信息呈报格式与个人能力水平的高低紧密相关，例如，对于能力较高的决策者，使用表格呈报格式时决策准确度高；对于能力较低的决策者，使用图形呈报格式时决策准确度高。

根据认知适配理论可以得出，若决策者个人能力与信息呈现方式匹配度高，更能有效地完成任务，相反就会出现认知超载问题，最终影响任务的效率和效果。由于非专业投资者个人专业能力不高，对信息的甄别能力较差，同时缺乏全局意识，从而在信息的综合呈现方式下面对一次性披露大量信息时，难以进行有效分析和判断，最终产生认知超载，信念修正会较小。而信息的逐步呈现方式允许非专业投资者有思考和分析的时间，更符合其 SbS 反应模式，信念修正会较理性。

5.2　机理分析及假设提出

非专业投资者面对不同的信息呈现方式之所以会产生不同的信念修正行为，是由于非专业产生的认知偏差导致行为偏差，在进行估值判断时就会产生信念修正偏差，下面以此展开，论述本研究的研究机理。

5.2.1　非专业投资者认知超载产生的机理分析

根据认知适配理论，投资者对信息的认知过程总存在一定局限性，这主要来源于人们在认知上所固有的缺陷。邦纳（Bonner，1999）就发

109

现，无论是财务信息的发布者、利益相关者还是审计人员、准则的制定者，都不能保证做出的判断和决策都是高质量、有效的，他们都会存在或多或少的认知偏差。阿什顿（Ashton，1995）也指出，这种非最优化的判断与决策对个人而言会导致严重的经济后果。但专业机构投资者和非专业投资者的认知超载产生原因并不相同。李等（Lee et al.，2013）通过对股票市场的研究发现机构投资者更可能因为获得的私人信息进行交易，而个人投资者则主要受到行为和情绪影响。对于非专业投资者，毛洪涛等（2014）基于对认知适配理论的研究指出：个人能力尤其是解决问题的能力是经验的积累，个人能力高的决策者一方面拥有较强的专业能力，另一方面也有较强的信息处理能力。反过来说，由于认知模式较为简单，无法处理纷繁复杂的数据信息，导致个人能力低的非专业投资者无法很好地获取和处理信息。闯和苏斯梅尔（Chuang & Susmel，2011）验证了这一观点，由于存在认知超载，非专业投资者比机构投资者过度交易行为更频繁，决策更缺乏理性。

可以看出，专业投资者认知超载多是受到不透明的客观信息的影响，而非专业投资者的认知超载多受制于自身能力和水平的限制，所以在面对相同的披露信息时，非专业投资者会从主观上做出非理性判断，这都是加剧其产生行为偏差，进而产生信念修正偏差的原因。

5.2.2 信息呈现方式对非专业投资者决策反应模式影响的机理分析

阿诺德和科利尔（Arnold & Collier，2004）、钱德拉和克罗维（Chandra & Krovi，1999）利用认知适配理论表明，当外部信息的呈报格式与决策者的认知模式或内部思维方式保持一致时其决策价值最大。安德森等（Andersson et al.，2016）指出，相比于综合呈现方式，信息的逐步呈现方式能够符合非专业投资者的 SbS 反应模式，帮助其做出更好的预测。但逐步呈现方式是如何符合非专业投资者 SbS 反应模式，进而缓解其认知超载问题的呢？西蒙（Simon，1981）、邦巴萨和泰勒（Benbasat & Taylor，1982）认为：把与决策相关的大量信息分解为一个个小的信息子集，再陆续呈报给非专业投资者可以解决这一问题。由于逐步呈现方式下信息是逐条按次序披露的，所以缺乏经验和专业知识的非专业投资者对于每次披露的信息都有充分的时间做出判断和决策，这也印证了认知适配理论。所以，由于信息的逐步呈现方式与非专业投资者 SbS 反应模式相契合，在进行估值判断时认知超载问题会得到缓解，利于其进行信念修正。

5.2.3　非专业投资者造成行为偏差的机理分析

非专业投资者从阅读信息到做出决策会经历五个过程：获取信息、处理信息、做出决策、实施决策以及最后进行行为修正，详见图 5－1。根据认知超载产生的原因分析，这五个环节的任何一环都可能使得非专业投资者产生认知偏差，这会加剧其行为偏差，信念修正也最终会受到影响。

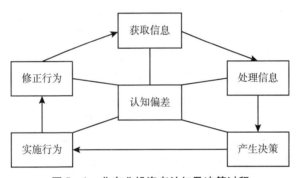

图 5－1　非专业投资者认知及决策过程

综上所述，认知适配理论指出，非专业投资者由于其自身能力和水平限制，在信息披露频率加快背景下，面对过量的信息容易产生认知超载问题。但信念调整模型也指出，信息的逐步呈现方式与非专业投资者 SbS 反应模型相契合，在一定程度上会缓解认知超载问题，减少其认知偏差，信念修正也更理性。但信息的综合呈现方式下，非专业投资者会产生集聚效应，不利于其信念修正。信息呈现方式对非专业投资者信念修正产生作用的逻辑图如 5－2 所示。

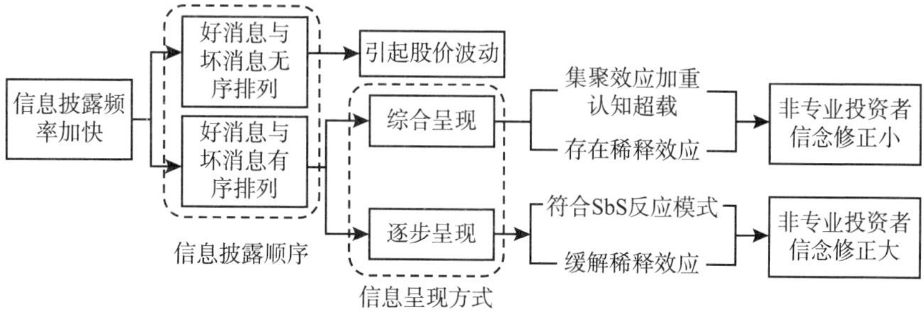

图 5-2 信息呈现方式与非专业投资者之间逻辑关系

5.2.4 信息呈现方式对非专业投资者信念修正影响的假设提出

信息披露频率加快有其积极意义，但信息披露违规事件的频发也应引起关注。而宝利国际事件的发生，不得不反思这种长期性、隐蔽性较强的披露模式，即信息的呈现方式会如何影响非专业投资者信念修正。根据认知适配理论，毛洪涛等（2014）指出，信息呈报格式与投资者个人能力之间能否匹配是影响决策有效性的关键。通过信念调整模型发现，在第 n 次信息披露后，逐步呈现方式允许非专业投资者有思考和分析的时间，能够依据其第 n-1 次形成的锚定值进行信念修正。究其原因，西蒙（Simon，1981）、邦巴萨和泰勒（Benbasat & Taylor，1982）认为可能是由于信息的综合呈现会使投资者使用 EoS 反应模式，进而可能产生信息集聚，但信息的逐步呈现符合投资者 SbS 反应模式，可以把大量信息分成小子集，进而帮助其做出决策。艾什顿·A 和艾什顿·R（Ashton A & Ashton R，1988）通过利用短序列信息（4 条信息）对审计师判断的研究验证了这一观点：EoS 反应模式下会产生"集聚效应"，在 SbS 反应模式下的公布信息会使审计师产生更多的信念修正。安德森等（Andersson et al.，2016）对此解释为，以逐步呈现方式进行披露时，由于信息是逐条出现的，更能契合非专业投资者 SbS 反应模式，使其能对每条信息进行阅读后再进行信念调整，最后形成判断。因此，逐步呈现方式比综合呈现方式会使非专业投资者产生更大的信念修正，基于此，本章提出假设：

H1：在信息披露顺序一致的条件下，相比综合呈现方式，信息的逐步呈现方式会使非专业投资者信念修正的结果更明显。

　　对于上市公司而言，传播利好消息与坏消息带来的效果可能会截然相反，但为了降低诉讼成本、维护公司形象等，还是会适当地披露坏消息。在进行坏消息的披露时，上市公司可能存在延迟披露或者集中披露的行为。但是，为了避免好消息与坏消息无序排列造成非专业投资者非理性决策，谢哈塔（Shihata，1993）研究发现，公司会将好消息和坏消息分别整合后披露。此时，好消息与坏消息排列的先后顺序可能就会对非专业投资者估值判断产生影响。

　　塔特尔等（Tuttle et al.，1997）、戴格尔（Daigle，2015）均指出，财务信息的使用者已被证明会受到财务信息披露顺序的影响。赵现明和张天西（2009）的研究发现，信息披露顺序不仅影响非专业人士，而且影响专业决策者。同时，也有学者发现，相比好消息的披露，坏消息对非专业投资者产生影响会更大，究其原因有以下两方面：一方面从风险厌恶角度考虑，卡默勒和勒文施泰因（Camerer & Loewenstein，2005）、林树和俞乔（2010）发现在金融决策时，负面情绪会加剧非专业投资者的损失厌恶感，进而抵消掉利得的吸引力。另一方面，埃格利和希肯（Eagly & Chaiken，1993）认为这是由于好消息与非专业投资者的利益方向一致，而坏消息与非专业投资者的利益方向不一致造成的。而在好消息与坏消息（或者坏消息与好消息）交替的"拐点"，会出现"对比效应"，信念调整模型认为这是由于非专业投资者对好消息的披露往往持怀疑态度，而对坏消息却立即接受，前后形成了明显的对比。基于此，本章提出假设：

　　H2：在信息呈现方式相同的条件下，相比披露的好消息，坏消息会使非专业投资者产生更多的信念修正。

5.3　实　验　设　计

　　本章设计被试间实验模拟上市公司信息披露，以某财经大学会计学院研究生作为非专业投资者的代表，并利用调查问卷获取被试者信念修正的一手数据。本章利用被试间实验设计了 4 个实验条件，但每位被试者只接受一个实验条件的处理，从而避免了被试者产生学习效应，保证实验数据的真实性和可靠性。

5.3.1　实验案例的选取

为模拟真实的市场环境，本章选取了 A 股上市公司的报表数据，考虑到保密性，在调查问卷中另称为红星公司。红星公司成立于 1990 年，于 2000 年在上交所上市，主要承办台式电脑、服务器、笔记本电脑等产品的生产，是一家多元化综合发展的国际化大型集团。实验选取其 2014~2016 年的每季度的每股收益情况，并以趋势图的形式进行列示，保证被试者在掌握公司经营状况后能够完成后续的估值判断任务。

5.3.2　实验变量选取

1. 因变量

非专业投资者会根据上市公司披露的上市公司财务信息对股价的变化趋势做出合理的预测，形成未来的投资选择。所以，非专业投资者对于上市公司未来股价的估值判断可以合理反映信息披露对于其信念修正的影响程度。本章用非专业投资者阅读完披露信息后形成的估值判断，作为信息披露两因素对于非专业投资者信念修正影响的衡量指标。

2. 自变量

第一个变量是信息呈现方式，分为逐步呈现和综合呈现。第二个变量是信息披露顺序，即好、坏消息的先后顺序。基于此，设计 2×2 被试间实验，如表 5-1 所示。

表 5-1　　　　　　　　　　　　　2×2 被试间实验

被试间实验设计		信息呈现方式	
		逐步呈现	综合呈现
信息披露顺序	好消息 + 坏消息	逐步、好 + 坏	综合、好 + 坏
	坏消息 + 好消息	逐步、坏 + 好	综合、坏 + 好

5.3.3　实验任务及实验对象

1. 实验任务

为了模拟现实的信息披露环境，本实验中，在综合呈现方式下的被试者每阅读完十条信息需要对信息重要性程度从 1 到 11（最重要的坏消息到最重要的好消息）做出打分，并对当前股价做出判断，共需要完成 2 次阅读和判断任务。在逐步呈现方式下的被试者每阅读完一条信息就需要对信息重要性程度进行打分，同时也需要对当前股价做出估计，共需要完成 20 次阅读和判断任务。由此记录下他们在估值判断时的信念修正情况。

2. 实验对象

本章选用某财经大学会计学院研究生作为非专业投资者的代表，一方面是由于他们在校期间接受了较为系统的财务及金融投资方面的专业知识，有基本的知识储备，只是缺乏足够的投资经验。另一方面，胡莹和仲伟周（2010）、任广乾等（2011）指出，研究生有很强的接受能力，可以做到对实验规则和操作程序的充分了解，进一步保证了实验的正常进行和实验数据的准确性。

5.3.4　实验过程

第一步，为保证被试者可以较好地了解实验规则，在进行实验之前需要对被试者进行统一说明。告知提供给被试者的是一个真实上市公司的背景资料和报表数据，并拟定当前股价为 20 元/股，实验任务是就红星公司披露的信息进行好坏重要性的打分以及股价的估值判断。同时，也告知被试者不需要过多地对信息进行计算和思考，仅将脑海中的第一判断选择出来即可。此外，操作过程中对实验时间也进行了严格把控。

第二步，在阅读完红星公司的背景资料以及 2014 ~ 2016 年每股收益的变动趋势图后，被试者需要就披露的信息进行重要性及股价的估值判断。同时，为保证被试者对股价的调整是连续行为，并不仅仅是根据披露的信息做出的独立判断，还在问题中加入提示"基于以上消息和上一题估计的股价，您现在会付多少钱来购买红星公司的股票？"以此保证估值决策是连续的不是间断的。

第三步，在被试者完成主要问题的打分后，需要就基本个人信息进行回答，其中包括对于会计、投资知识以及相关操控性检验的问题。

5.3.5 问卷设计及问卷回收情况

1. 问卷设计

首先，实验设计的问卷内容分为两部分，第一部分是给出上市公司的信息以供被试者进行分析判断，第二部分则是被试者基本信息统计。为了模拟 2×2 被试间实验设计的两个自变量水平在四种实验条件下的设定，分别设计了四组问卷进行数据收集。

其次，为了模拟现实情况下上市公司信息披露内容的真实性，问卷设计中的披露信息均是参照《上市公司信息披露管理办法》以及《证券法》中的相关规定制定的，同时也是非专业投资者密切关注的问题，以便更好地契合上市公司进行信息披露的真实情况。

最后，对于问卷填写的时间也进行有效控制。因为，逐步呈现方式和综合呈现方式之所以对非专业投资者产生不同影响，原因在于逐步呈现方式下非专业投资者能够有时间做出思考和分析，最终做出判断。人的记忆分为短时记忆和长时记忆，短时记忆的信息保留时间小于 1 分钟，而长时记忆能保留 1 分钟或更长时间。从记忆时间的角度考虑，在综合呈现方式下，一次披露 10 条信息，被试者在完全阅读完 10 条信息后再做出判断，可能会出现遗忘。而当对短时记忆的资料进行巩固和复述时，短时记忆会转变为长时记忆。正如实验中对于长序列信息披露环境的设定，每条信息披露后，被试者都需要进行重要性判断和估值判断，加深了其理解程度。此外，通过对实验时间的控制，保证被试者可以充分阅读信息后进行估值判断。

2. 问卷回收情况

为检验提出假设的合理性，共发放问卷 155 份，回收 141 份，回收率达到 90.97%。将填写不完整和明显不符合逻辑的无效问卷进行剔除，最终共获得问卷 130 份，有效率为 92.20%。

实验设计的调查问卷设置了对被试者财务课程及投资知识掌握程度两个问题的打分项，设计了 7 级李克特量表①（1 = 很低，2 = 低，3 = 比较低，4 = 一般，5 = 较好，6 = 好，7 = 很好），两项问题的调查结果如表 5 - 2 所示。

表 5 - 2　　　　　　　被试者会计、投资知识调查情况

分组	逐步、好 + 坏	逐步、坏 + 好	综合、好 + 坏	综合、坏 + 好	合计
人数	33	32	31	34	130
会计知识分数均值	3.485	3.813	3.645	3.382	3.577
会计知识分数标准差	1.064	0.859	1.125	1.016	0.939
投资知识分数均值	2.909	3.156	2.258	2.853	2.800
投资知识分数标准差	1.100	1.221	0.755	1.396	1.248

数据显示，四组被试者对于会计及投资知识的掌握程度比较平均，没有明显的差异，标准差均较小，说明被试者有一定投资经验，符合非专业投资者的特点。

5.4　实　验　结　果

本节主要对假设检验进行详细介绍。为保证调查问卷设计问题的合理性和可信性，进行了操控性检验，从而确保整个实验过程得到有效控制。同时，为了保证研究提出的两个假设得到检验，通过描述性统计和独立样本 T 检验进行验证。

———————

① 李克特量表常用的是 5 级，7 级以及 10 级量表，级数越多说明对于问题的细化程度越高，结果也会越准确，对于被试者的要求也越高。由于本研究的被试者均是某财经大学会计专业的研究生，因此在进行调查时，鉴于自身能力水平较高，以及前期实验任务的介绍，本身对于问题的区分度会更高，因此 7 级量表是能保证调查分析的需求。

5.4.1 操控性检验

为了获取被试者对于问卷问题的主观理解程度，分别对问题设置的容易程度和困难程度进行打分。对这两组数据利用克朗巴哈系数（Cronbach α 系数）进行信度分析，保证被试者对于整个实验过程有明确的认识，使实验得到控制。

被试者对问卷估值判断任务容易程度描述性统计结果和独立样本 T 检验结果如表 5－3、表 5－4 所示，分数越高代表任务越容易。

表 5－3　　　　被试者对问卷估值判断任务难易程度的描述性统计

项目		N	极小值	极大值	均值		标准差
		统计量	统计量	统计量	统计量	标准误	统计量
逐步呈现	容易程度	65	1	7	4.523	0.152	1.226
	困难程度	65	1	7	3.492	0.149	1.201
综合呈现	容易程度	65	1	7	3.015	0.162	1.305
	困难程度	65	1	7	4.538	0.160	1.288

表 5－4　　　　被试者对问卷估值判断任务容易程度独立样本 T 检验

项目		方差方程的 Levene 检验		均值方程的 T 检验					差分的 95% 置信区间	
		F	Sig.	t	df	Sig.（双侧）	均值差值	标准误差值	下限	上限
估值判断	假设方差相等	0.562	0.659	6.788	128	0.000	1.508	1.300	2.119	6.788
	假设方差不相等			8.011	125.506	0.000	2.012	1.068	1.947	8.011

表 5 - 3 的数据结果显示被试者在逐步呈现方式下任务容易程度均值大于在综合呈现方式下的均值，说明逐步呈现方式下实验任务更容易。同时根据表 5 - 4 对不同呈现方式的容易程度进行的独立样本 T 检验可以看出，Sig. 值在 5% 水平上显著，因此拒绝两组容易程度相等的原假设，得到两组容易程度有显著差异的结论，即被试者认为逐步呈现方式下进行估值判断任务更容易。

被试者对问卷估值判断任务困难程度的打分描述性统计结果和独立样本 T 检验结果见表 5 - 3、表 5 - 5。分数越高意味着任务的困难程度越大。

表 5 - 5　　　被试者对问卷估值判断任务困难程度独立样本 T 检验

项目		方差方程的 Levene 检验		均值方程的 T 检验					差分的 95% 置信区间	
		F	Sig.	t	df	Sig.（双侧）	均值差值	标准误差值	下限	上限
估值判断	假设方差相等	0.721	0.334	- 4.790	128	0.000	- 1.046	- 1.478	- 0.614	- 4.790
	假设方差不相等			- 5.900	125.374	0.000	- 1.672	- 1.877	- 0.503	- 5.900

表 5 - 3 的结果可以看出，描述性统计结果显现在逐步呈现方式下困难程度均值为 3.492，综合呈现方式下均值为 4.538，说明被试者认为信息综合呈现方式下的实验任务更困难。表 5 - 5 的样本 T 检验结果 Sig. 值在 5% 水平上显著，因此拒绝原假设，两组数据的均值存在显著差异，即被试者认为信息逐步呈现下进行估值判断任务更容易。

5.4.2　信度检验

为了验证操控性检验的两个问题是否存在内在一致性，利用克朗巴哈系数进行信度分析。信度分析多用来检验问卷对同一问题多次测量后结果是否一致（外部信度），也可以用来检验问卷中的不同问题

119

是否针对同一目的（内部信度）。由于难易程度的两个问题的测试目标是相同的，进行简单转换后可以进行内部信度的检验，检验结果如表5－6、表5－7所示。表5－7的克朗巴哈系数[①]为0.747，因此，可以认为对于难易程度的测试问题的信度是合理的，结果具有很高的内在一致性。

表5－6 难易程度的数据汇总

项目	均值差值	N	%
数据	有效	130	100.00
	已排除 a	0	0.00
	总计	130	100.00

表5－7 难易程度的可靠性统计量

巴哈系数	项数
0.747	2

通过操控性检验的结果可以得知，无论是描述性统计结果还是独立样本T检验的结果都证明了，被试者认为信息逐步呈现比综合呈现方式下的实验任务更加容易。同时，对这两个问题的信度检验也说明有很高的内在一致性，说明问卷的问题设置是合理的。

5.4.3 假设检验

为了对本章提出的两个假设进行合理检验，利用描述性统计和独立样本T检验进行假设验证，同时也对研究问题做了进一步分析。

1. 描述性统计

图5－3为被试者对四种实验条件下的估值判断及修正情况的趋势

---

① 检验内部信度的 α 系数取值在0~1之间，小于0.3时说明问卷不可信；0.3到0.5之间说明问卷较为可信；0.5到0.7之间说明问卷是可信的，问卷问题设置也较为合理；介于0.7以上问卷的可信度已经很高。

图，图中以逐步呈现方式下第 10 条、第 20 条信息披露（即综合呈现方式下两次披露）后的信念修正为节点，描绘的四种条件下被试者信念修正的变化趋势。

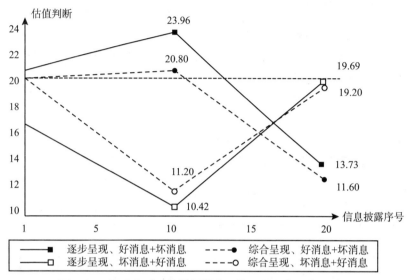

图 5 - 3　被试者对四种披露模式下的预测股价及修正情况

根据图 5 - 3 的趋势显示，以原始股价 20 元/股作的参考线可以清晰地看出对估值判断的修正情况。首先，在 1 ~ 10 条信息披露时，从逐步呈现方式下的两组被试者的估值判断均值情况可以看出，先披露坏消息比先披露好消息引起了被试者对估值判断更大程度上的修正，分别变动 +3.96 和 -9.58。这种情况在综合呈现方式下的两组被试者的估值判断中也出现，分别为 +0.80 和 -8.80。这说明非专业投资者对于负向的坏消息会比对正向的好消息更敏感，由此产生的信念修正也更大。但无论在哪种披露顺序下，相比信息的逐步呈现，综合呈现产生的信念修正更小。

其次，在信息披露顺序发生变化后（即披露 11 ~ 20 条消息时），在信息逐步呈现方式下，阅读先好后坏消息的被试者股价的信念修正变化了 -10.20，而阅读了先坏后好消息的被试者股价的信念修正变化了 +9.27，即同样的信息逐步呈现方式下，信息披露顺序变化后，坏消息对非专业投资者的影响仍然大于好消息。综合呈现方式下，被试者阅读先好后坏消息的信念修正从变化为 – 9.20，而阅读先坏后好消息的被试者信念修正上升了 + 8.00，说明坏消息的影响比好消息的影响更显著。

2. 交互效应的检验

为了保证实验两个变量之间无交互作用，本章运用两因素方差分析进行验证。表 5 – 8 进行的方差齐次性检验结果显示，F 值为 1.898，对应的 Sig. 值显著大于 0.05，因此不能拒绝原假设，需要进一步进行方差分析。

表 5 – 8 　　　　　　　　　　方差齐次性检验结果

项目	因变量：估值判断		
F	df1	df2	Sig.
1.898	3	126	0.133

进行的方差分析结果如表 5 – 9 所示，原假设是认为模型中的所有变量都不会对因变量产生影响，但方差检验的结果中校正模型的 Sig. 值明显小于 0.05。因此可以断定，信息呈现方式、信息披露顺序以及两者的交互项——呈现方式×披露顺序中至少有一个变量对非专业投资者的估值判断起到了显著的影响。从三个变量的结果显示，信息披露顺序 Sig. 值在 5% 水平上显著，信息呈现方式 Sig. 值在 10% 水平上显著，但两者的交互项 Sig. 值在各个水平上均不显著。因此，可以认为信息披露顺序和信息呈现方式分别独立影响非专业投资者的信念修正，且两变量之间不存在交互效应。

表 5 – 9 　　　　　　　　　　主体间效应的检验

源	III 型平方和	df	均方	F	Sig.
校正模型	3656.939	3	1218.980	65.603	0.000
截距	36020.352	1	36020.352	1938.546	0.000
信息披露顺序	3546.831	1	3546.831	190.884	0.000

续表

源	Ⅲ型平方和	df	均方	F	Sig.
信息呈现方式	58.032	1	58.032	3.123	0.080
呈现方式×披露顺序	21.513	1	21.513	1.158	0.284
误差	2341.221	126	18.581		
总计	41767.860	130			
校正模型	3656.939	3	1218.980	65.603	0.000

注：a. $R^2 = 0.610$（调整 $R^2 = 0.600$）；

　　b. Sig. 值为 0.01、0.05 和 0.1 分别代表在 1%、5% 和 10% 水平上显著。

3. 对 H1 的检验和分析

本章的 H1 为：在信息披露顺序一致的条件下，相比综合呈现方式，逐步呈现方式会使非专业投资者信念修正的结果更明显。由于综合呈现方式下只进行 2 次估值判断，所以用综合呈现方式下第 2 次披露（即逐步呈现方式下第 20 次披露）的数据进行分析。

（1）先披露坏消息再披露好消息顺序下的假设检验。

在保证披露顺序一致的情况下，表 5-10 是对不同呈现方式下非专业投资者信念修正描述性统计结果，表 5-11 是以信息呈现方式为分组变量的独立样本 T 检验。

表 5-10　　　　　　　　**先坏后好消息的描述性统计量**

项目	N	均值	标准差	均值的标准误
逐步呈现	32	-0.832	4.914	0.843
综合呈现	34	-0.313	4.388	0.776

表 5-10 的数据显示，在信息披露顺序一定的情况下，逐步呈现方式下信念修正均值为 -0.832，综合呈现方式下信念修正值为 -0.313，逐步呈现下信念修正绝对值比综合呈现下的数值更大。

表 5 – 11   先坏后好消息顺序下以信息呈现方式为
分组变量的独立样本检验

项目		方差方程的Levene 检验		均值方程的 T 检验					差分的95%置信区间	
		F	Sig.	t	df	Sig.（双侧）	均值差值	标准误差值	下限	上限
估值判断	假设方差相等	0.196	0.659	– 7.413	64	0.000	– 8.520	1.149	– 10.816	– 6.224
	假设方差不相等			– 7.439	63.831	0.000	– 8.520	1.145	– 10.808	– 6.232

表 5 – 11 的数据显示，方差齐性 Levene 检验的 F 值为 0.196，Sig.
值在 5% 水平上不显著，所以两组方差有齐性，T 检验看"假设方差相
等"一行的 t 值和 Sig. 值。其中，t 值为 – 7.413，Sig. 值显著小于
0.05，说明在不同呈现方式下，非专业投资者的信念修正有显著性差
异，印证了表 5 – 10 中均值差异显著。

（2）先披露好消息再披露坏消息顺序下的假设检验。

在披露顺序一致的前提下，表 5 – 12 是对不同呈现方式下非专业投
资者信念修正描述性统计结果，表 5 – 13 是以信息呈现方式为分组变量
的独立样本 T 检验。

表 5 – 12   先好后坏消息描述性统计量

项目	N	均值	标准差	均值的标准误
逐步呈现	33	– 6.273	4.041	0.703
综合呈现	31	– 8.355	4.814	0.865

表 5 – 12 的数据显示，在披露顺序一定情况下，逐步呈现方式下信
念修正均值为 – 6.273，综合呈现方式下信念修正均值为 – 8.355，逐步
呈现方式下信念修正值绝对值更小。

表 5 – 13　　　　先好后坏消息顺序下以信息呈现方式为分组
变量的独立样本检验

项目		方差方程的Levene 检验		均值方程的 T 检验						
		F	Sig.	t	df	Sig.（双侧）	均值差值	标准误差值	差分的 95%置信区间	
									下限	上限
估值判断	假设方差相等	1.462	0.231	1.878	62	0.065	2.082	1.108	– 0.134	4.298
	假设方差不相等			1.868	58.737	0.067	2.082	1.115	– 0.148	4.312

表 5 – 13 的数据显示，方差齐性 Levene 检验 F 值为 1.462，Sig. 值在 5% 水平上不显著，所以两组方差有齐性，T 检验看"假设方差相等"一行的 t 值和 Sig. 值。其中，t 值为 1.878，Sig. 值在 5% 水平上不显著，无法得出在此披露顺序下，非专业投资者在逐步呈现与综合呈现信息下存在显著性差异，也就进一步说明表 5 – 12 综合呈现下比逐步呈现下，非专业投资者信念修正绝对值均值更大这一情况不显著。

由以上两组独立样本 T 检验的结果得知，在先披露坏消息后披露好消息的顺序下，非专业投资者在长序列信息下比短序列信息下会产生更大程度的信念修正，这与 H1 的预期一致，说明 H1 成立。但在先披露好消息后披露坏消息的顺序下，假设未得到验证。

4. 对 H2 的检验和分析

本章的 H2 为：在信息呈现方式相同的条件下，相比披露的好消息，坏消息会使非专业投资者产生更多的信念修正。由于逐步呈现方式下信息会进行 20 次估值判断，本章针对 20 组数据均进行相关检验分析，结果无明显差异，在此不一一列示，仅以第 10 条信息披露后的数据进行分析并展示。综合呈现方式下信息以第 1 次信息披露后的数据进行分析。

（1）逐步呈现方式下的假设检验。

在逐步呈现方式下，表 5 – 14 是好消息与坏消息披露时，非专业投资者信念修正的描述性统计结果，表 5 – 15 是以信息披露顺序为分组变量的独立样本 T 检验结果。

表 5 – 14　　　　　逐步呈现方式下的描述性统计量

项目	N	均值	标准差	均值的标准误
第 10 条坏消息	32	– 8. 309	5. 045	0. 892
第 10 条好消息	33	2. 958	3. 565	0. 621

表 5 – 14 的数据显示，非专业投资者在第 10 条坏消息披露后产生的信念修正为 – 8. 309，在第 10 条好消息披露后产生的信念修正为 2. 958，坏消息比好消息披露后产生的信念修正更大。

由表 5 – 15 的数据显示，方差齐性 Levene 检验 F 值为 1. 821，Sig. 值大于 0. 05，所以 T 检验需要看第一行的数据。由 T 检验的数据可以看出，t 值为 – 10. 424，Sig. 值显著小于 0. 05，说明在好消息与坏消息披露后，非专业投资者的信念修正存在显著差异。结合表 5 – 14 的数据，说明在信息逐步呈现的情况下，非专业投资者接受坏消息后产生的信念修正均值与好消息披露后产生的信念修正均值之间存在显著差异。

表 5 – 15　　　　　逐步呈现方式下以信息披露顺序为分组
变量的独立样本检验

项目		方差方程的 Levene 检验		均值方程的 T 检验					差分的 95% 置信区间	
		F	Sig.	t	df	Sig.（双侧）	均值差值	标准误差值	下限	上限
估值判断	假设方差相等	1. 821	0. 182	– 10. 424	63	0. 000	– 11. 267	1. 081	– 13. 427	– 9. 107
	假设方差不相等			– 10. 370	55. 651	0. 000	– 11. 267	1. 086	– 13. 444	– 9. 090

（2）综合呈现方式下的假设检验。

在信息综合呈现方式下，表 5 – 16 是好消息与坏消息披露时，非专业投资者信念修正的描述性统计结果，表 5 – 17 是以信息披露顺序为分组变量的独立样本 T 检验结果。

表 5 – 16　　　　综合呈现方式下的描述性统计量

项目	N	均值	标准差	均值的标准误
第 10 条坏消息	34	– 8.832	4.914	0.843
第 10 条好消息	31	0.807	3.410	0.613

表 5 – 16 的数据显示，坏消息披露后非专业投资者产生的信念修正均值为 – 8.832，好消息披露后非专业投资者产生的信念修正均值为 0.807，坏消息产生的信念修正均值比好消息更大。

表 5 – 17 的数据显示，方差齐性 Levene 检验 F 值为 3.718，Sig. 值大于 0.05，因此 T 检验看第一行数据，t 值为 – 9.102，Sig. 值在 5% 水平上显著，说明在好消息与坏消息披露时，非专业投资者会产生不同的程度上的信念修正，并存在显著性差异。结合表 5 – 16 的信念修正均值数据可以得出，综合呈现方式下，坏消息披露后产生的信念修正均值与好消息披露后产生的信念修正均值之间存在显著差异。

表 5 – 17　　　　综合呈现方式下以信息披露顺序为分组
变量的独立样本检验

项目		方差方程的 Levene 检验		均值方程的 T 检验					差分的 95% 置信区间	
		F	Sig.	t	df	Sig. （双侧）	均值差值	标准误差值	下限	上限
估值判断	假设方差相等	3.718	0.058	– 9.102	63	0.000	– 9.639	1.059	– 11.755	– 7.523
	假设方差不相等			– 9.253	58.971	0.000	– 9.639	1.042	– 11.723	– 7.554

由以上两组独立样本 T 检验可以得出，在信息呈现方式一致的情况下，非专业投资者在面对坏消息时产生的信念修正会显著大于

面对好消息时产生的信念修正，这与 H2 的预期相一致，进而验证了 H2。

5.4.4 进一步分析

在对信息披露顺序的相关文献进行回顾时发现，先披露好消息再披露坏消息（或反之）时，位于好消息与坏消息交替的"拐点"，会引起非专业投资者更大程度上的信念修正。对于这一问题，本章就现有数据进行分析，并对信息逐步呈现方式下，在不同披露顺序中非专业投资者信念修正变化值进行统计，趋势图如图 5 - 4 所示。

从图 5 - 4 可以看出，在信息逐步呈现时，相对于 1 ~ 10 条信息、12 ~ 20 条信息的披露，位于好消息与坏消息交替"拐点"的第 11 条信息披露后，非专业投资者的信念修正变化值明显变大。同时，相比好消息的披露，坏消息会引起非专业投资者更大程度上的信念修正。

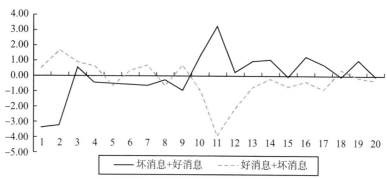

图 5 - 4 不同披露顺序下非专业投资者信念修正变化值

表 5 - 18 是在先披露好消息后披露坏消息顺序下，对第 1 ~ 10 次信念修正变化值与"拐点"处第 11 次信念修正变化值做的描述性统计。可以看出，前 10 次好消息披露后，信念修正变化绝对值显著小于第 11 条坏消息披露后的绝对值。

表 5 – 18　　　　　以第 1～10 次披露与"拐点"处披露为
分组变量的描述性统计量

项目	N	均值	标准差	均值的标准误
第 1～10 次变化值	33	0.296	0.357	0.062
第 11 次变化值	33	–3.906	3.029	0.527

　　表 5 – 19 是以第 1～10 次披露与"拐点"处披露为分组变量的独立样本检验，Levene 检验的 Sig. 值在 5% 水平上显著，独立样本 T 检验结果也在 5% 水平上显著。结合表 5 – 18 "拐点"前后信念修正变化值，得出均值差异是显著的，即第 11 条坏消息的披露引起了非专业投资者更大程度上的信念修正。

表 5 – 19　　　　　以第 1～10 次披露与"拐点"处披露为分组
变量的独立样本检验

项目		方差方程的 Levene 检验		均值方程的 T 检验						
		F	Sig.	t	df	Sig.（双侧）	均值差值	标准误差值	差分的 95% 置信区间	
									下限	上限
估值判断	假设方差相等	44.690	0.000	7.915	64	0.000	4.202	0.531	3.141	5.262
	假设方差不相等			7.915	32.887	0.000	4.202	0.531	3.122	5.282

　　表 5 – 20 是在先披露好消息后披露坏消息顺序下，对第 12～20 次信念修正变化值与"拐点"处信念修正变化值做的描述性统计。结果显示，"拐点"处信念修正变化值的绝对值显著大于第 12～20 条坏消息披露后的信念修正变化值。

表 5 – 20　　　　　以第 12～20 次披露与"拐点"处披露为
分组变量的描述性统计量

项目	N	均值	标准差	均值的标准误
第 11 次变化值	33	– 3.906	3.029	0.527
第 12～20 次变化值	33	– 0.592	0.526	0.092

　　表 5 – 21 是以第 12～20 次披露与"拐点"处披露为分组变量的独立样本检验。Levene 的检验结果在 5% 水平上显著，独立样本 T 检验结果也在 5% 水平上显著。结合表 5 – 20 两组数据均值的差异，可以得知，相比 12～20 条坏消息的披露，"拐点"处坏消息的披露使得非专业投资者产生了更大程度上的信念修正。

表 5 – 21　　　　　以第 12～20 次披露与"拐点"处披露为
分组变量的独立样本检验

项目		方差方程的 Levene 检验		均值方程的 T 检验					差分的 95% 置信区间	
		F	Sig.	t	df	Sig.（双侧）	均值差值	标准误差值	下限	上限
估值判断	假设方差相等	38.846	0.000	– 6.194	64	0.000	– 3.314	0.535	– 4.383	– 2.245
	假设方差不相等			– 6.194	33.929	0.000	– 3.314	0.535	– 4.402	– 2.227

　　通过对"拐点"前后信息披露与"拐点"处信息披露后非专业投资者信念修正变动值的统计发现，"拐点"处信息披露会使非专业投资者产生更大程度上的信念修正变动值，这与之前理论的分析相一致。本章还对先披露坏消息后披露好消息的长序列信息进行了研究，结论保持一致，鉴于篇幅限制不进行详细列示。

5.5　小　　结

随着上市公司业务规模的扩张、投资者信息需求的日益增加，使得信息披露频率正逐步加快。越来越多的研究也发现，信息呈现方式和信息披露顺序作为影响信息披露的两要素，对投资者的认知判断和投资行为具有重要影响。实务中，信息披露制度正在不断完善，在此背景下以非专业投资者为对象的研究尚属少见。

对此，本章以信念调整模型、认知适配理论和序列位置效应为基础，探究了在信息呈现方式和信息披露顺序两种水平下，对非专业投资者信念修正的影响程度。首先，通过设计 2×2 被试间实验，考察了在信息的逐步呈现和综合呈现、好消息和坏消息组合的四种实验条件下，非专业投资者估值判断的变化程度。其次，将会计专业研究生作为非专业投资者的代表，利用调查问卷的形式收集数据。最后，对假设进行检验，证明原假设成立。

实验结果与文献梳理的结论保持一致。结果表明：信息的逐步呈现方式相比综合呈现方式更符合非专业投资者的认知水平，缓解其认知超载问题；相比好消息，坏消息会引起非专业投资者对于损失的恐惧和风险的反感，因此会产生更多的信念修正。进一步分析也发现，位于好消息与坏消息交替的"拐点"处，非专业投资者信念修正会更显著。

因此，建议准则制定者应建立及时、公开、透明的信息披露制度，也可以鼓励上市公司聘请专业中介机构对其报表进行独立评级，通过出具专业评估报告来引导非专业投资者理性决策。同时，非专业投资者也应注意自身存在的认知偏差会造成的行为偏差，意识到上市公司会通过改变信息呈现方式和信息披露顺序操纵信息发布。此外，上市公司也应主动承担起社会责任，对其信息披露行为进行严格自查，减少违规披露事件的发生。

第6章 图形形式的会计信息对投资者判断和决策的影响研究

　　2011 年《科学》（Science）刊登了"数据处理"（Dealing with Data）专刊，讨论了大数据所带来的机遇。信息社会的大数据时代已经来临，人们所掌握的信息数量急剧增长，在给决策者带来丰富的信息资源的同时，也带来了不少挑战。不同的会计信息使用者对于信息的利用带有明显的个性特征，改善信息披露帮助决策者提高处理运用信息的能力和技巧变得越来越重要。这不仅要求企业依据事实编制报表，还需依赖更恰当的信息呈报格式。

　　随着计算机技术的进步，网络环境的发展无疑给会计信息呈报格式带来了创新，从 html、pdf 格式到超链接，从静态的图表到交互式的 XBRL、数据库以及各种类型的图形信息，各种各样的信息披露形式为不同情况的投资者带来多种可选择的方式。美国证券交易委员会 2007 年特许成立的咨询委员会（Advisory Committee）发布的《改善财务报告的进展报告》中，建议 SEC 从投资者的角度，创新更多的方式来披露不同的会计信息，使不同类型的投资者更合理地运用信息。2008 年，美国证券交易委员会就要求上市公司必须发布 XBRL 财务报告。而我国在 2003 年就开始了 XBRL 标准的应用试点，2009 年，证监会要求所有证券投资者报送 XBRL 季报、半年报和年报，并在中国证监会网站上向投资者公开所有的基金 XBRL 财务报告数据。2010 年 10 月，国家标准化管理委员会发布了《可扩展商业报告语言（XBRL）技术规范》（GB/T 25500 – 2010）系列国家标准。2014 年，国资委选定 13 家央企报送 XBRL 格式财务报表。由此可见，国家准则制定者在不断探索会计信息呈报格式。《企业会计准则》对财务报告披露格式有严格的规定，相比之下，管理会计报告格式则更为灵活，企业可以根据自身的特点和内部管理需求，选择不同的呈报格式编制管理会计报告。而且随着信息技术的发展，管理会计在逐渐实现信息化，如图形、表格等信息呈报形式的应用已日益普遍。

信息呈报格式是对信息表达形式的研究，企业关于财务状况、经营成果以及现金流量的数据信息的呈现形式对信息使用者的决策行为和效果有着重要的影响。管理会计报告的使用者是企业内部决策者，上市公司被要求披露的会计报告的使用对象更多的是外部使用者尤其是投资者。相比较规定的表格形式，图形形式的会计信息的呈现是否会对投资者产生影响，会产生怎样的影响，不同类型的投资者所受到的影响是否是一样的。关于这些问题的研究，国内相关文献较少，仅有的也只围绕管理会计报告，但是基于所面对的使用者不同，本章着重考虑了图形和表格形式的信息对不同类型投资者的影响。

基于以上背景，本章从认知心理学的认知适配理论、具象结合理论和行为决策的有限理性理论出发，采用实验设计的研究方法，设计调查问卷收集第一手数据，通过实证检验来分析图形形式的会计信息对专业投资者和非专业投资者判断和决策的影响。

133

6.1 理 论 基 础

6.1.1 认知适配理论

认知适配理论（Cognitive Fit Theory）是认知成本效益理论的一个特例，首先提出该理论的是维西（Vessey，1991），用以了解不同的信息呈现格式和工作任务之间认知适配与否，让决策者在进行决策时，针对任务形态来决定适当的信息呈现格式。他认为当任务所需要的决策策略同信息呈现形式所支持的策略相匹配时，就能够更加快速准确地做出决策；否则就会需要更多的认知努力去调整信息呈现形式或者决策策略，最终造成决策时间的延长或者准确性的降低。即强调任务类型要与信息的呈现格式相匹配才能提高准确度和效率。轴和维西（Shaft & Vessey，2006）进一步扩展了认知适配理论，认为信息的呈现形式、任务特征以及决策策略是否相匹配会影响最终的决策。如图 6-1 所示，描述了经过扩展后的认知适配理论、信息呈报格式是如何影响判断和决策的。

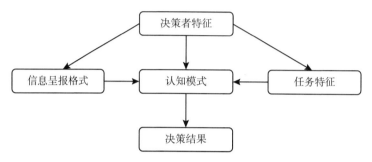

图 6-1　信息呈报格式对于判断和决策影响框架

从图 6-1 中可以看出，信息呈报格式主要通过两种途径来影响判断和决策。一是信息的表现方式影响了信息使用者对于问题的心理表征，也就是说，信息以什么样的方式呈现，就会影响到使用者对于数据的记忆和处理过程（Vessey，1991）；二是信息呈报格式也可能由于决策者的不同特征（Lurie & Mason，2007）或者任务类型（Mauldin & Ruchala，1999）从而间接影响到判断和决策结果。

信息使用者利用图形、表格以及文字等形式的信息实际上是一种认知的过程，在所有路径中选择一种来生产结果，整个过程涉及数据的输入、加工处理和最终输出，数据的输入是起点，也是至关重要的开始，那么信息的呈报格式则显得尤为重要。认知适配理论认为，不同的信息使用者在利用不同呈报格式的信息时会采用不同的认知处理过程。有效的信息呈报格式则增进信息使用者的理解和吸收。实际上，图形形式的呈报格式对数据信息进行了整合处理，例如饼形图能够体现出各个项目所占的大体比重，折线图能够反映项目的变动趋势，柱状图能够对比相同年份不同项目的多少等，能够很好地描述数据信息的整体状况和变量之间的关系，加深信息使用者的记忆（Chernoff，1973）。而表格形式，则是对数据的全面展现，能够让使用者做更加精准的计算和分析（Ghani，1981）。

认知适配理论还强调任务的信息呈报格式要与任务类型相匹配。施派尔（Speier，2006）的研究支持了认知支配理论，他把任务分为简单的空间任务，简单的象征性任务，复杂的空间任务，复杂的象征性任务，研究结果表明，对于简单的空间（象征性）任务，图形（表格）形式的信息格式更有利于提高决策准确性，缩短决策时间；对于复杂的空间任务和象征性任务，图形形式的信息更加有利。

此外，投资者特征也会影响到最终的决策结果。投资者进行判断和决策时，根据自身的知识、经验和认知模式，有选择性地搜集和整理信息，进而分析做出判断和决策，不同的投资者都有自己的特征，个体之间的差异也会使其在面对同样的信息和任务时做出不同的决策行为。根据主流观点，投资者可以划分为专业投资者和非专业投资者，个人能力水平或者专业知识高的决策者往往使用表格形式的报告来提高决策准确性，个人能力水平或者专业知识低的决策者使用图形来减少认知努力，提高决策准确性和决策效率（Cardinaels，2008；Dilla，2010）。

总体来说，对认知适配理论的理解如下：（1）尽管图形和表格的方式可以呈现同样的信息，但这两种呈现方式从根本上是不同的，图形强调空间信息，而表格强调象征性任务；（2）任务可以分为两种，空间的和象征的，这主要是基于完成任务所需要的不同类型的信息决定的；（3）任务是否更好地完成在于信息的呈现方式与任务特征是否相匹配；（4）过程或者策略的运用是认知适配理论的关键部分，因为他们提供了呈现方式和任务之间的关系，过程是知觉的，分析的。所以综上，只要信息呈现方式、策略和任务特征相匹配，就能够更快更准确地解决问题。

6.1.2　具象相合理论

具象相合理论是由认知适配理论发展而来的，该理论认为当外部信息呈报格式同内部认知模式相匹配时，会提高决策的准确性和效率；当外部信息呈报格式与内部呈现不匹配时，信息使用者会产生较高的认知负荷，从而影响决策的准确性和效率（Chandra & Krovi，1999）。具象相合模型如图 6 - 2 所示。

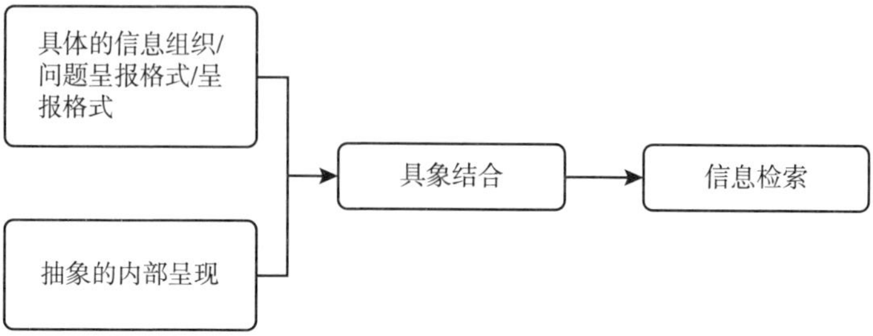

图 6 - 2　具象相合模型

当外部信息呈报格式同决策者的认知水平、认知能力等内部认知相匹配时，就会减少认知负荷，从而提高信息检索效率和利用程度。一些研究认为，图形形式的信息呈报格式能够减少决策者的认知负荷，通过提取记忆中的数据进行类比，有助于实现数据检索和信息处理（Stock & Watson，1984）。

6.2　机理分析及假设提出

6.2.1　图形、表格与投资者决策

投资者利用会计信息进行决策，通常根据自身的需求，提取相关的信息，在这个过程中，除了信息的本质之外，信息的呈报格式、对于信息的加工整合能力等都影响着最终的决策行为。会计信息以各种形式呈现给使用者，例如超链接、文本和 pdf 等文件、多媒体以及图形形式，各种各样的会计信息表达形式有利于投资者更好地获得和解读信息（Kelton & Yang，2008）。信息的表达格式可以影响决策者的搜索策略、情感反应、决策准确性、认知努力、功能性注视以及满意度，通过这些方式进而影响决策者最终的行为（Ghani et al.，2009）。

在认知适配理论的基础上，国外很多学者通过实验研究的方法研究图形和表格格式对于决策行为的影响。有的研究认为，图形形式的综合性统计数据能够使决策者更快、更有效地进行分析（Yates，1985），相较于表格和文本，决策者更喜欢图形形式来快速、准确地了解公司的财

务状况和变化趋势（Benbasat & Dexter, 1985）。有的研究认为，以表格形式呈现信息，主体会关注解决问题的过程，而图形则没有专注程度上的显著性（Miles et al., 1987）。表格形式提供的信息具有符号性，便于特定数据的提取和精确的计算（Mackay & Villarreal, 1987）。从国内研究来看，对于呈报格式对决策影响的研究是近年来刚刚兴起的，毛洪涛和冯华忠（2013）从权变理论的视角对国外图表呈报格式相关研究的内容和现状进行了综述和评价，从信息格式（图形 vs 表格）、信息呈现媒介、呈现界面设计、任务特征、决策环境特征、个人特征以及其他7 个方面同决策价值的关系进行了综述。唐亚军等（2014）研究认为管理会计报告中运用图、表等多样化的呈报格式有助于提高决策价值，并且多样性可以有效提高信息的交互性。王晓丹（2014）从信息呈报格式和可理解性的视角探讨管理会计报告呈报格式的应用与管理会计报告功能的相关性。研究发现多元化的信息呈报格式与管理会计报告的决策、控制和评价功能正相关。

总体来说，图形强调数据之间的关系，具有空间性，其优势是能将数据按照一定的顺序呈现出来，表现发展趋势。空间性的图形呈现格式可以给决策者直观的感受，在较短的时间内浏览并把握数据之间的关系（Wright, 1995）。除此之外，图形呈报格式能够减少决策者的认知负荷，不易发生信息过载现象。相对于图形，表格则呈现数据的细节，便于决策者进行精确计算。图形和表格作为记录和传递信息的重要方式，已经被应用于各个领域，发挥着重要作用。尤其对于财务数据，什么时候用表格形式呈现全面详尽的数据，什么时候用图形来描述趋势，信息提供者需要考虑表格和图形对信息承载的适当性。国外学者虽然进行了大量研究，但是没有定论；国内学者对此研究较为稀少。因此，本章以信息呈报格式为切入点，来研究图形和表格的呈报格式对于投资者判断和决策的影响，试图探索以何种呈报格式能够更有利于投资者的判断和决策。

6.2.2　任务特征与信息呈报格式

认知负荷通常指的是在特定的作业时间内，施加于个体认知系统的心理活动总量。也就是说，当处理某项特定任务时，个体在工作记忆中对信息进行加工，该加工必须有相应的心智能量才能顺利完成。影响认知负荷的因素通常包括任务特征（任务复杂性和时间压力）和个体特征（知识经验、能力、自我效能等）。任务特征反映了任务对认知资源的要求，在相当程度上左右了认知负荷的高低。

根据认知适配理论，任务特征与信息呈报格式是相互影响的。当信息呈报格式同任务特征相匹配时，就会减少决策者的认知负荷，从而提高决策的准确性和决策效率。最初的认知适配理论将任务分为象征性任务，例如从财务报表中提取当前收益数据，和空间性任务，例如评估收益数据的趋势。研究表明，表格更适合最小化认知负荷和最大化精确度的象征性任务，而图形更适合空间任务。这对于简单的数据提取和趋势分析是适用的。然而，当任务复杂性增加，则需要考虑相应的判断策略。判断策略包括分析策略和知觉策略，分析策略包括获取和处理特定的数据信息，知觉策略包括启发式判断数据趋势。表格能够更好地支持分析策略，而图形能更好地支持知觉策略（Vessey，1994，2006）。另外，随着象征性任务复杂程度的增加，决策者从分析策略转向知觉策略时，图形能更好地减少认知负荷（Speier & Morris，2003；Speier，2006）。

所以说，当任务复杂程度增加时，决策者可能更加依赖图形来减少认知努力。

6.2.3 投资者特征与信息呈报格式

具象结合理论认为，当外部信息呈报格式同内部认知模式相匹配时，会提高决策准确性和效率；当外部信息呈报格式与内部呈现不匹配时，信息使用者会产生较高的认知负荷，从而影响决策的准确性和效率。人作为决策的行为主体，其自身的特性必然会影响到最终的决策结果。

行为决策的有限理性理论认为，决策者不能完整地掌握所有的信息，不能预见各种选择后的结果。其处理信息的能力是有限的。虽然行为主体能够掌握大量信息，但是由于人的生理限制、认知限制和动机限制等影响并不能做到完全理性，从而得到利益最大化。当决策变得复杂时，决策者会对超负荷的信息做出不恰当的处理，或者是忽略，或者是错误的处理等。决策者的个人特征，例如价值观、喜好等会影响最终决策。所以说，行为主体能力的高低会影响到最终决策结果。

投资者审视和依赖图形显示的程度取决于他们的知识与经验。邦巴萨和施罗德（Benbasat & Schroeder，1977）发现知识较弱的投资者很少去关注数据的概述和所有有用的信息，这与知觉或整体策略一致；相反，更多的专业知识较强的人会根据有限的特定信息去寻找特定的项目，这符合分析策略。图形显示强调信息的概述，这更适合非专业投资者搜索信息，而表格形式更适合那些专业投资者，因为他们通过自己的专业水平更有利于搜索具体的信息。

专业投资者很可能做出的判断与分析策略保持一致。例如，有经验的金融分析师更容易使用指令，而不是连续的信息搜索策略。此外，维拉穆诺兹等（Vera – Muoz et al.，2001）发现当一个关于机会成本的分析数据以不合适的格式呈现时，有经验的会计师可以识别相关信息，而当这些信息以合适的格式呈现时，一个人的经验水平并不会影响识别相关信息。这表明缺乏经验的会计师更关注信息的表面特征。

卡迪纳尔（Cardinaels）的研究发现信息以图或表显示会对使用作业成本法数据的人产生不同的影响，这种影响取决于这些使用人的成本会计知识水平。缺乏专业知识的人在使用成本核算数据进行定价和资源配置时，在图形情况下比在表格形式下能做出更加准确的决策，同时也感觉更加简单些，这与图形显示减少了缺乏专业知识的人的认知负荷相一致。相反，那些具有专业知识的人在使用表格数据时更能够花费大量精力去查看信息，也因此能够做出更准确的决定，表明了这些人遵循分析决策策略。

6.2.4 研究假设的提出

本章根据认知适配理论、具象结合理论以及有限理性理论，考虑到投资者特征、任务特征和信息呈报格式的影响的关系提出两个假设。本章将投资者分为专业投资和非专业投资；根据任务复杂程度，分为评估当前盈利能力和判断未来盈利潜力以及投资决策；信息呈报格式即研究图形和表格的不同影响。

评估当前的盈利状况是一个相对简单的任务，包括从财务报表中获取、评价和比较某些财务项目（Maines & McDaniel，2000）。财务报表是以表格显示的文本信息披露。当会计信息以图形和文本格式显示时，那些缺乏专业知识和经验的非专业投资者在评估当前盈利表现时，可能会依赖于图形显示以减少认知努力，这与知觉或整体策略相一致。同时，专业投资者在评估当前财务报表盈利表现时，并不受信息呈报格式的影响。因此可以提出以下假设：

H1a：非专业投资者对当前会计年度的盈利成果的判断会受到会计信息的图形显示的影响。

H1b：专业投资者对当前会计年度的盈利成果的判断不会受到会计信息的图形显示的影响。

做出未来盈利潜力和投资判断的决策与评估当前盈利状况有两种重要的差异。一是，做出未来盈利潜力和投资判断的决策更大程度上会使用盈利的趋势信息。二是，当出现以下两种情况时，盈利潜力和投资金额判断比评估当前的盈利成果更加复杂：（1）未来的盈利潜力和投资者判断需要更多的处理程序；（2）对于盈利潜力和投资判断的财务信息信号和输出的可预测性和联系的清晰性很低。

这些差异表明，盈利潜力和投资决策的判断要比评估当前盈利成果涉及更高的认知负荷，因为盈利潜力和投资决策的判断需要复杂的输入过程。根据认知适配理论，投资者将运用更加有效、准确的分析策略而使用较少的知觉策略（Russo & Dosher，1983）。相应地，认知适配理论表明，图形显示将更好地支持这些知觉策略（Vessey，1994）。因此，非专业投资者和专业投资者在评估未来收益潜力和投资判断时都可能依赖于备考信息的图形显示。因此我们可以做出以下假设：

H2a：非专业投资者的盈利潜力和投资决策的判断会受到会计信息的图形显示的影响。

H2b：专业投资者的盈利潜力和投资决策的判断会受到会计信息的图形显示的影响。

6.3 实 验 设 计

本章采用了实验设计研究方法，实验设计是研究判断和决策行为的主要方法。本章采用了 2×2 的混合设计，通过调查问卷的方式收集第一手数据。会计信息呈报格式变量是组间变量，任务复杂性是组内变量，投资者分为专业投资者和非专业投资者。

6.3.1 实验对象及案例的选取

1. 实验对象

本章实验对象假定为投资者，并将投资者分为专业投资者和非专业投资者。由于个体投资者较为分散，不容易招募。并且在一些经济管理类实验研究中，研究人的判断或决策行为时，通常会选取学生作为被试者。因此，本章的实验选取了 85 名会计专业硕士（MPAcc）作为非专业投资者。虽然国外的学者通常情况把 MBA 学生作为非专业投资者（Dilla et al.，2013），但是考虑到国外 MBA 的教育方式与我国 MBA 的教育方式存在区别，我国 MBA 大多数属于在职人员报考，对于专业课程的学习掌握程度较低，而会计专业硕士能够很好地学习专业课程，掌握较好的专业知识。此外，在校学生总体来说在投资经验方面弱于个体投资者，但是经验的不足可以通过专业知识来弥补。在调查问卷中，设计了相关问题要求被试者对自身会计知识和金融知识掌握程度评分。统计结果表明，被试者对于相关会计知识的掌握程度为 3.545 分（1 表示很低，5 表示很高）。由此说明，这些学生的专业知识掌握程度较高，具备作为非专业投资者的合理性。

对于专业投资者，根据相关的学者的研究，可以将专业投资者界定为隶属于某一投资机构，拥有专业投资知识，并从事专业投资的投资者。中国证券业协会发布《证券公司投资者适当性制度指引》指出，将客户分为专业投资者和非专业投资者。该指引将金融机构或其他经认可的专业投资机构投资者以及符合条件的自然人划分为专业投资者。为了提高实验的外部效度，本章选取 38 名资产评估事务所、会计师事务所、证券公司的评估师、审计师和投行岗位相关人员作为实验的专业投资者。这些被试者至少有 2 年的工作经验，参加过上市公司的估值业务，具备专业的投资分析能力。

2. 案例的选取

本章实验所选取的案例是在深圳交易所上市的一家公司，该公司是以生猪屠宰、冷却肉、低温肉制品、调理食品加工为主的大型食品专营企业，现拥有 4 家子公司。2010 年，公司成功登陆深交所中小板，成为××省第 100 家上市公司，上市首日市值突破 55 亿元。

本次实验所收集的数据通过调查问卷的方式，给被试者提供了该公司的背景介绍以及相关财务资料，根据相关资料要求被试者回答问卷中的一系列问题。相关的财务资料主要包括该公司 2010～2014 年主要财务数据和财务指标，数据均是从资产负债表、利润表和现金流量表中提取的主要数据。调查问卷主要是关于对图形形式信息披露了解程度的调查、判断决策以及被试者的背景资料等相关问题。

6.3.2 实验任务和过程

本章实验设计目的是探究图形形式信息呈报格式对于投资者判断和决策是否产生影响。设计的是 2×2 的混合实验设计，实验对象分为专业投资者和非专业投资者，情景分为简单任务下和复杂任务下，信息呈报格式为图形形式和表格形式。自变量是信息呈报格式和投资者分类，因变量是投资者对公司当前盈利状况的判断和公司未来三个年度平均净利润的预估。

实验分为两组进行，一组为表格呈报格式，另一组为图形呈报格式，在每一组条件下，将资料提供给专业投资者和非专业投资者两组实验对象。在此实验中共有两个步骤：第一步是阅读提供的相关资料，包括公司背景介绍和相关财务信息；第二步是根据资料回答调查问卷。对于非专业投资者，是集中在监控下进行的；而专业投资者由于较为分散，是通过发送邮件的方式进行的。

本章实验设计的调查问卷包括两个部分：第一部分是根据提供的财务资料（图形显示的财务信息和表格显示的财务信息）回答相关问题；第二部分是对被试者（专业投资者和非专业投资者）工作经验、知识背景等的调查。问卷第一部分的相关问题包括简单的任务和复杂的任务。

简单的任务是要求被试者，根据提供的财务资料对公司当前盈利状况进行评分，并且计算做出回答所用的时间。评分根据李克特五级量表，"1"代表很低，"5"代表很高。复杂的任务是要求被试者，根据提供的财务资料预测未来公司三年平均净利润，并计算所用时间。为了控制其他因素的影响和对现实经济情况进行简化模拟，假设该案例近年来经济环境平稳，市场需求等情况基本一致。图形和表格的信息呈报格式是组间设计，非专业投资者由于是集中监控下进行管理的，因此被随机分到图形组和表格组，而专业投资者则是随机发送邮件并收回。

除了以上问题，还设计了相关问题来进行操作性检验，来保证被试者对于实验的变量以及实验目的有明确的认识，被试者只有感觉到实验者对变量的操控，才能对判断产生影响。涉及的题目例如："您认为图形形式的信息呈报格式是否会影响对公司盈利状况的判断""您认为问题 6 相对于问题 4 的复杂程度如何"诸如此类的问题。

6.3.3　变量介绍

本实验是 2×2 的混合实验设计，研究图形形式的会计信息对于专业投资者和非专业投资者判断和决策的影响。

本实验有两个因变量，EARNPF（earning performance）表示对当前盈利状况的判断，EARNPF1 是专业投资者的判断，EARNP2 是非专业投资者做出的判断；PROFIT 表示未来三年平均净利润，PROFIT1 是专业投资者做出的预测，PROFIT2 是非专业投资者做出的预测。为了补充验证假设，我们记录了被试者做出判断的时间，TIME1 是专业投资者和非专业投资者回答简单问题所用时间，TIME2 是专业投资者和非专业投资者回答复杂问题所用时间。

本实验的自变量是信息呈报格式 FORM 和投资者分类 INVESTOR。呈报格式分为表格和图形，用 1 表示表格，用 0 表示图形。总共有 123 名被试者参与实验，其中 60 名被试者所阅读的财务资料是以表格形式呈现的，其余 63 名被试者的材料是以图形形式呈现的。这两种格式所呈现的信息内容是相同的；投资者分为专业投资者和非专业投资者，用 1 表示专业投资者，用 0 表示非专业投资者。

6.4　实　验　结　果

本章主要内容是对假设进行检验，由于本章的实验设计包括两个任务：简单任务和复杂任务，因此首先进行任务复杂程度的操控检验，以保证对于任务复杂程度的控制是有效的。然后通过描述性统计和均值 T 检验对两个假设进行验证。为了补充验证信息呈报格式对于投资者判断和决策的影响，最后本章验证了信息呈报格式偏好以及对判断与决策效率的影响。

6.4.1 操控检验

对于实验研究，要进行操控检验来验证实验控制是否成功，被试者在实验中能切实感到实验者对自变量的操控，才能对判断产生影响。

本章实验设计研究信息呈报格式对于投资者判断和决策的影响，并且将情景分为简单任务和复杂任务，主要是对任务复杂性的操控检验。根据认知适配理论，任务特征会影响到最终判断和决策。任务特征通常包括任务复杂性、任务类型等要素。根据以往学者的研究，本章根据任务复杂性来对任务特征进行划分。并且在实践中，人们对于任务复杂程度的感知会更加明晰，因而本章的研究更具现实意义。

本章实验设计的简单任务是要求被试者对公司当前盈利状况进行评价，评估当前的盈利表现是一个相对简单的任务，包括从财务报表中获取、评价和比较某些财务项目（Maines & McDaniel，2000）。而复杂任务是要求被试者对未来三年评价净利润进行预测，做出未来盈利潜力的判断与评估当前盈利状况相比要相对复杂，主体体现在：其一，做出未来盈利潜力判断更大程度上会使用盈利的趋势信息。其二，未来的盈利潜力判断需要更多的处理程序（William，2013）。

为了进行操控检验，本章在问卷中设计了两个问题，"请您给问题 4 的复杂程度评分""请您给问题 6 的复杂程度评分"，根据李克特 5 级量表，1 代表很低，5 代表很高。本章对于任务复杂程度的操控性检验如表 6-1、表 6-2 所示。

表 6-1 任务复杂程度操控性检验的样本统计量

项目	均值	N	标准差	均值的标准误
问题 4 的复杂程度	3.089	123	0.701	0.063
问题 6 的复杂程度	3.642	123	0.691	0.062

表6－2　　　　　　　　　　成对样本 T 检验

项目	成对差分					t	df	Sig.（双侧）
	均值	标准差	均值的标准误	差分的99%置信区间				
				下限	上限			
问题4～问题6的复杂程度	－0.585	0.839	0.076	－0.783	－0.387	－7.739	122	0.000

从表6－1中可以看出，123名被试者对于问题4的复杂程度评价评分值为3.089，低于对于问题6的复杂程度评分3.642，从表6－2对均值的 T 检验可以看出，P＜0.01，说明被试者对于问题4和问题6复杂程度的评分是有显著差异的。因此，被试者普遍认为对于公司未来净利润的预测的复杂程度高于对于当前盈利状况的判断。本次实验对于任务复杂程度进行了很好的控制。

6.4.2　假设检验

本部分采用均值 T 检验的方法来对假设进行验证，均值 T 检验主要比较在简单任务和复杂任务两种情境下，专业投资者和非专业投资者在分别使用表格和图形呈报格式的信息所做的判断和决策时是否有差异。

1. H1 的检验

H1 是非专业投资者对当前会计年度的盈利成果的判断会受到会计信息的图形显示的影响；专业投资者对当前会计年度的盈利成果的判断不会受到会计信息的图形显示的影响。H1 是在简单任务情景下，表6－3是对专业投资者和非专业投资者在表格和图形形式呈报格式下对盈利状况判断进行的描述性统计。表6－4和表6－5进行了独立样本 T 检验。

表6－3　专业投资者和非专业投资者对盈利状况判断的描述性统计

专业性	呈报格式	统计量					
		N	极小值	极大值	均值	标准误	标准差
EARNPF1专业	表格	20	2	5	3.450	0.211	0.945
	图形	18	2	5	3.556	0.258	1.097

续表

专业性	呈报格式	统计量					
		N	极小值	极大值	均值	标准误	标准差
EARNPF2 非专业	表格	40	2	5	2.775	0.141	0.891
	图形	45	2	5	3.244	0.146	0.981

从表6-3中可以看出，专业投资者在表格呈报格式下对于当前盈利状况的均值为3.450，而在图形呈报格式均值3.556，相差较小。相比较来说，图形格式下判断要高于表格呈报格式。对于非专业投资者，表格呈报格式下对于当前盈利状况的均值为2.775，而在图形呈报格式均值3.244，相差12.85%。相比较来说，图形格式下判断要高于表格呈报格式。

表6-4　　　　　　　　　　　　专业投资者的 T 检验

项目		方差方程的 Levene 检验		均值方程的 T 检验						
		F	Sig.	t	df	Sig.（双侧）	均值差值	标准误差值	差分的95%置信区间	
									下限	上限
专业投资者	假设方差相等	0.973	0.331	-0.319	36	0.752	-0.106	0.331	-0.777	0.566
	假设方差不相等			-0.316	33.798	0.754	-0.106	0.334	-0.784	0.573

从表6-4中可以看出，对于专业投资者方差方程的 Levene 检验，因为 Sig. 值大于0.05，两组方差没有显著差异，看假设方差相等一行，由于 Sig. 值大于0.05，则说明对于专业投资者，表格形式和图形形式下对于当前盈利判断的影响差异并不显著。因此，根据检验的结果验证了 H1b：专业投资者对当前会计年度的盈利成果的判断不会受到会计信息的图形显示的影响。

表 6 – 5　　　　　　　　　　　非专业投资者的 T 检验

项目		方差方程的Levene 检验		均值方程的 T 检验						
		F	Sig.	t	df	Sig.（双侧）	均值差值	标准误差值	差分的 95%置信区间	
									下限	上限
非专业投资者	假设方差相等	0.467	0.496	– 2.299	83	0.024	– 0.469	0.204	– 0.876	– 0.063
	假设方差不相等			– 2.312	82.954	0.023	– 0.469	0.203	– 0.873	– 0.066

从表 6 – 5 中可以看出，对于非专业投资者方差方程的 Levene 检验，因为 Sig. 值大于 0.05，两组方差没有显著差异，看假设方差相等一行，由于 Sig. 值小于 0.05，则说明对于非专业投资者，表格形式和图形形式下对于当前盈利判断的影响差异是显著的。因此，根据检验的结果验证了 H1a：非专业投资者对当前会计年度的盈利成果的判断会受到会计信息的图形显示的影响。

2. H2 的检验

H2 非专业投资者的盈利潜力和投资决策的判断会受到会计信息的图形显示的影响；专业投资者的盈利潜力和投资决策的判断会受到会计信息的图形显示的影响。H2 是在复杂任务情景下，表 6 – 6 是对专业投资者和非专业投资者在表格和图形形式呈报格式下盈利潜力预测进行的描述性统计。表 6 – 7 和表 6 – 8 进行了独立样本 T 检验。

表 6 – 6　　　专业投资者和非专业投资者对盈利状况判断的描述性统计

专业性	呈报格式	统计量					
		N	极小值	极大值	均值	标准误	标准差
PROFIT 1专业	表格	20	0.310	0.600	0.381	0.017	0.078
	图形	18	0.300	0.440	0.337	0.007	0.030

续表

专业性	呈报格式	统计量					
		N	极小值	极大值	均值	标准误	标准差
PROFIT 2 非专业	表格	40	0.300	0.600	0.384	0.014	0.091
	图形	45	0.300	0.400	0.338	0.004	0.029

从表 6-6 中可以看出,对于专业投资者,在表格形式下最大值为 0.600,最小值为 0.310;图形形式下最大值为 0.440,最小值为 0.300。本章认为,由于对于未来盈利潜力预测需要净利润趋势信息,表格形式的呈报格式对于信息的趋势表现并不明显,而图形形式的呈报信息通过折现图等描述了该公司 2010~2014 年净利润、营业收入等科目的变动趋势,基于此该公司净利润呈下降趋势,因此,专业投资者对于此预测的最大值要低于表格形式下的预测值。从均值来看,专业投资者在表格呈报格式下对于未来盈利潜力的预测的均值为 0.381,而在图形呈报格式均值 0.337,相比较来说,表格格式下判断要高于图形呈报格式。

同样,对于非专业投资者,在表格形式下最大值为 0.600,最小值为 0.300;图形形式下最大值为 0.400,最小值为 0.300。最大值有较大差异。表格呈报格式下对于未来盈利潜力的预测的均值为 0.384,而在图形呈报格式均值 0.338,相比较来说,表格格式下判断要高于图形呈报格式。

表 6-7　　　　　　　　专业投资者的 T 检验

项目		方差方程的 Levene 检验		均值方程的 T 检验						
		F	Sig.	t	df	Sig. (双侧)	均值 差值	标准误 差值	差分的 95% 置信区间	
									下限	上限
专业 投资者	假设方 差相等	13.444	0.001	2.228	36	0.032	0.044	0.020	0.004	0.084
	假设方 差不 相等			2.320	24.966	0.029	0.044	0.019	0.005	0.083

从表 6 - 7 中可以看出，对于专业投资者方差方程的 Levene 检验，因为 Sig. 值小于 0.05，两组方差有显著差异，看假设方差不相等一行，由于 Sig. 值小于 0.05，则说明对于专业投资者，表格形式和图形形式下对于未来盈利潜力的预测的影响差异是显著的。因此，根据检验的结果验证了 H2b：专业投资者的盈利潜力和投资决策的判断会受到会计信息的图形显示的影响。

表 6 - 8　　　　　　　　　　非专业投资者的 T 检验

项目		方差方程的 Levene 检验		均值方程的 T 检验					差分的 95% 置信区间	
		F	Sig.	t	df	Sig.（双侧）	均值差值	标准误差值	下限	上限
非专业投资者	假设方差相等	66.023	0.000	3.185	83	0.002	0.045	0.014	0.017	0.074
	假设方差不相等			3.034	46.114	0.004	0.045	0.015	0.015	0.075

从表 6 - 8 中可以看出，对于非专业投资者方差方程的 Levene 检验，因为 Sig. 值小于 0.05，两组方差有显著差异，看假设方差不相等一行，由于 Sig. 值小于 0.05，则说明对于非专业投资者，表格形式和图形形式下对于当前盈利判断的影响差异是显著的。因此，根据检验的结果验证了 H2a：非专业投资者的盈利潜力和投资决策的判断会受到会计信息的图形显示的影响。

6.4.3　检验分析

以上通过描述性统计以及均值 T 检验，验证了本章的假设是成立的，即在简单任务下，专业投资者不受信息呈报格式的影响，而非专业投资者会受到呈报格式的影响；在复杂任务下，专业投资者和非专业投资者都会受到影响。本部分将进一步探究信息呈报格式对于投资者的影响。

149

1. 呈报格式偏好的影响

本章所用的理论包括认知适配理论、具象结合理论以及行为决策的有限理性理论。认知适配理论提到，过程或者策略的运用是认知适配理论的关键部分，因为他们提供了呈现方式和任务之间的关系，过程是知觉的、分析的。当信息的呈报格式同行为者决策策略相匹配时，就能够减少认知努力，更有效地处理信息。具象结合理论认为当外部信息呈报格式同内部认知模式相匹配时，会提高决策准确性和效率；当外部信息呈报格式与内部呈现不匹配时，信息使用者会产生较高的认知负荷，从而影响决策准确性和效率。有限理性也提出，投资者的特征会影响其判断和决策结果，包括认知习惯、知识经验以及策略爱好等。

基于以上理论，考虑到决策者对于信息呈报格式的偏好会影响到其对于信息的加工处理，是减少认知努力还是增加认知负荷。因此，本章在进行调查问卷时，要先对被试者提出了三个问题："您遇到过图形形式的财务信息吗，例如折线图等""表格形式和图形形式的信息，您更喜欢哪一种""请您给信息呈报格式偏好程度进行打分"（1 为偏向表格，5 为偏向图形）。这三个问题的统计情况如表 6 - 9 ~ 表 6 - 11 所示。

表 6 - 9   问题一统计情况

项目	经常遇到	偶尔遇到	没有遇到
投资者	20	66	37
	16.26%	53.66%	30.08%

从表 6 - 9 中可以看出，被试者中经常遇到图形形式会计信息的仅仅占 16.26%，偶尔和没有遇到过的占 83.74%。由此看来，投资者在日常工作中，仅仅是偶尔遇到图形形式的信息，而通常遇到的大多是文本和表格形式的信息，例如资产负债表、利润表等。在观察上市公司在上海交易所、深圳交易所和全国中小企业股份转让系统等披露的相关信息时，发现大多披露的相关数据和财务指标均以表格形式列示。图形形式的会计信息披露并非主流形式。

表 6 – 10   问题二统计情况

项目	表格形式	图形形式	图形与表格混合形式	合计
专业投资者（人）	18	9	11	38
非专业投资者（人）	16	23	46	85
合计	34	32	57	123

　　行为决策者对于信息呈报格式的偏好会影响其处理信息的效率，如果被试者偏好表格形式，而给其提供图形形式的信息，那么当其进行决策时会陷入思维转换中，从而付出更多的认知能力，降低了决策效率。从表 6 – 10 可以看出，专业投资者倾向于以表格形式呈现会计信息的占比 47.37%，而非专业者仅占 18.82%，专业投资者和非专业投资者对信息呈报格式的偏好是有较大差距的。从表 6 – 11 看出，专业投资者对偏好程度打分均值为 2，更加偏好于表格，非专业投资者评分均值为3.578，更加偏好于图形。并且从表 6 – 12 的均值 T 检验来看，专业投资者和非专业投资者对于图表偏好程度的差异在 5% 的水平上是显著的。

表 6 – 11　　专业投资者和非专业投资者对图表偏好的描述性统计

项目	专业性	统计量					
		N	极小值	极大值	均值	标准误	标准差
评分	专业投资者	38	1	5	2.000	0.173	1.065
	非专业投资者	85	2	5	3.578	0.073	0.665

　　根据认知适配理论，专业知识较弱的投资者很少关注数据的概述和所有有用的信息，这与知觉或整体策略一致；相反，专业知识较强的人会根据有限的特定信息去寻找特定的项目，这符合分析策略。图形显示是以强调信息为重的概述，更适合非专业投资者搜索信息，而表格形式更适合专业投资者，他们可以通过自己的专业知识搜索具体的信息。

表 6 – 12　　专业投资者和非专业投资者对图表偏好的均值 T 检验

项目		方差方程的 Levene 检验		均值方程的 T 检验						
		F	Sig.	t	df	Sig. （双侧）	均值差值	标准误差值	差分的95% 置信区间	
									下限	上限
评分	假设方差相等	4.300	0.040	−10.059	121	0.000	−1.600	0.159	−1.915	−1.285
	假设方差不相等			−8.522	50.797	0.000	−1.600	0.188	−1.977	−1.223

综上分析，投资者在日常生活中遇到的大多是表格形式的信息呈报格式，对于专业投资者来说由于搜索策略和认知模式等因素更加偏好于表格形式，在面对简单任务时，即使提供的是图形形式的信息，专业投资者也能够提取出准确的信息来做出判断，因此，专业投资者对于当前盈利状况的判断不受图表格式的影响。非专业投资者通常采用整体策略或者启发式策略，图形形式的信息支持这种认知策略，而表格形式的信息会使非专业投资者付出更多认知努力，因此，无论面对简单任务还是复杂任务，非专业投资者都会受到图表信息格式的影响。

2. 判断与决策效率

根据认知适配理论，当任务所需要的决策策略同信息呈现形式所支持的策略相匹配时，就能更加快速准确地做出决策；否则就需要付出更多的认知努力去调整信息呈现形式或者决策策略，最终造成决策时间的延长或者准确性的降低。即强调任务类型要与信息的呈现格式相匹配才能提高准确度和效率。本章实验的两个因变量是对当前盈利状况的评价以及对未来盈利的预测。为了补充验证假设，我们记录了被试者做出判断的时间，TIME1 是专业投资者和非专业投资者回答简单问题所用时间，TIME2 是专业投资者和非专业投资者回答复杂问题所用时间。

（1）简单问题情境下，决策效率检验。

根据认知适配理论和具象结合理论，当信息呈报格式同行为决策者内部认知模式相匹配时，就会提高决策准确性和决策效率；当外部信息呈报格式与内部呈现不匹配时，信息使用者会产生较高的认知负荷，从而影响决策准确性和效率（Chandra & Krovi，1999）。本章的 H1 与 H2 针对信息呈报格式是否会对决策产生影响进行研究，而未对决策的准确性和效率进行检验。由于决策的准确性较为难以把握标准，因此前边假设仅仅就是否会产生影响进行验证，本部分主要针对决策效率进行补充验证信息呈报格式对投资者判断和决策的影响。

在进行试验设计时，通过调查问卷记录了被试者做出判断和决策所用的时间。简单任务下，对于决策时间的描述性统计如表 6 - 13 所示。

表 6 - 13　　　　　　　简单任务下判断效率的描述性统计

专业性	呈报格式	统计量					
		N	极小值	极大值	均值	标准误	标准差
专业投资者	表格	20	3	6	4.350	0.221	0.988
	图形	18	3	7	4.389	0.293	1.243
非专业投资者	表格	40	3	10	5.975	0.254	1.609
	图形	45	3	9	5.800	0.203	1.358

从表 6 - 13 中可以看出，对于专业投资者组来说，用表格形式会计信息进行判断的用时最小值为 3 分钟，最大为 6 分钟，平均用时 4.350 分钟；图形形式会计信息进行判断的用时最小为 3 分钟，最大为 7 分钟，平均用时 4.389 分钟，相比较来说用表格形式时间较短一些，但是差距很小。对于非专业投资者组来说，用表格形式的会计信息进行判断的用时最小为 3 分钟，最大为 10 分钟，平均用时 5.975 分钟；用图形形式的会计信息进行判断的用时最小为 3 分钟，最大为 9 分钟，平均用时 5.800 分钟。相比较来说，非专业投资者利用图形呈报格式效率更高一些，这与认知适配理论是相一致的。专业投资者适合采用分析策略，表格的信息呈报格式与分析策略相匹配；非专业投资者采用整体策略或者知觉策略，图形的信息呈报格式与整体策略相匹配。

表 6 - 14 对投资者进行了均值 T 检验。结果发现，对于专业投资者 Sig. 值大于 0.05，说明差异是不显著的，这可能是由于在简单任务下，专业投资者能够从图形之中很快地提取相关的数据进行分析，因此图表

格式影响差异不显著；对于非专业投资者，Sig. 值小于 0.05，说明差异是显著的，非专业投资者利用图形和表格呈报格式的信息做判断的效率差异是显著的，利用图形呈报格式的决策效率要更高一些。这可能是由于，非专业投资者利用图形呈报格式的信息能够减少认知努力，从而提高决策效率。

表 6 - 14　　　　　简单任务下投资者判断时间的均值 T 检验

项目		方差方程的 Levene 检验		均值方程的 T 检验						
		F	Sig.	t	df	Sig.（双侧）	均值差值	标准误差值	差分的 95% 置信区间	
									下限	上限
专业投资者判断	假设方差相等	1.238	0.273	-0.107	36	0.915	-0.039	0.363	-0.774	0.696
	假设方差不相等			-0.106	32.441	0.916	-0.039	0.367	-0.786	0.708
非专业投资者判断	假设方差相等	0.755	0.387	2.075	83	0.041	0.644	0.311	0.027	1.262
	假设方差不相等			2.054	76.557	0.043	0.644	0.314	0.020	1.269

（2）复杂任务下，决策效率的检验。

表 6 - 15 是对复杂任务下投资者判断效率的描述性统计。对于专业投资者，表格呈报格式下，最小值为 4 分钟，最大值为 8 分钟，用时平均 6 分钟；图形格式下，最小值为 2 分钟，最大值为 9 分钟，用时平均 5.611 分钟，图形格式下用时要稍低一些，但是差别不大。对于非专业投资者组，表格形式下，最小值为 4 分钟，最大值为 13 分钟，用时平均 7.6 分钟；图形格式下，最小值为 3 分钟，最大值为 11 分钟，平均用时 7.244 分钟，相比较来说，图形格式下用时要短一些。

表 6 – 15　　　　　　复杂任务下判断效率的描述性统计

专业性	呈报格式	统计量					
		N	极小值	极大值	均值	标准误	标准差
专业投资者	表格	20	4	8	6.000	0.290	1.298
	图形	18	2	9	5.611	0.405	1.720
非专业投资者	表格	40	4	13	7.600	0.314	1.985
	图形	45	3	11	7.244	0.303	2.036

在复杂任务下，专业投资者和非专业投资者在图形格式下的平均决策时间要小一些，但是与表格形式的平均用时差异很小。这可能是由于对于未来盈利预测需要趋势性的信息，而图形呈报格式能够很直观地将该公司净利润、营业收入等相关指标的变动走向呈现给被试者，从而使得被试者进行信息处理时减少了认知努力，提高了决策效率。虽然专业投资者能够从表格中提炼出同样的数据和指标，但是在决策效率上，可能图形形式的呈报格式更能有利于信息处理。表 6 – 16 是对决策效率的均值 T 检验，可以发现，对于专业投资者和非专业投资者的 Sig. 值均大于 0.05，说明差异是不显著的。这与已有学者的研究结论是一致的，即当行为决策者处于复杂的决策任务场景时，决策效率与呈报格式和决策者个人能力都无关。

155

表 6 – 16　　　　　复杂任务下投资者判断时间的均值 T 检验

项目		方差方程的 Levene 检验		均值方程的 T 检验						
		F	Sig.	t	df	Sig.（双侧）	均值差值	标准误差值	差分的 95% 置信区间	
									下限	上限
专业投资者判断	假设方差相等	1.138	0.293	0.792	36	0.434	0.389	0.491	-0.607	1.385
	假设方差不相等			0.780	31.490	0.441	0.389	0.499	-0.627	1.405

续表

项目		方差方程的 Levene 检验		均值方程的 T 检验					差分的95% 置信区间	
		F	Sig.	t	df	Sig.（双侧）	均值差值	标准误差值	下限	上限
非专业投资者判断	假设方差相等	0.448	0.505	0.813	83	0.418	0.356	0.437	−0.514	1.225
	假设方差不相等			0.815	82.274	0.418	0.356	0.437	−0.513	1.224

综上分析，在简单任务情景下，对于专业投资者，信息呈报格式不影响其决策效率，主要是因为，专业投资者能够在表格呈报格式的信息中迅速提取有用的数据和指标，而不受其他信息的影响，因此，呈报格式不影响专业投资者的决策效率。对于非专业投资者，其在图形呈报格式下能够减少认知努力，从而提高决策效率。

在复杂任务情境下，专业投资者和非专业投资者的决策效率不会受到图形形式呈报格式的影响。有的学者认为，当任务复杂程度增加，行为决策者会选择相应的行为策略来减少认知努力，最终的判断和决策的准确性和效率均会受到影响。信息加工理论认为，当任务复杂程度增加时，任务所需要的信息的数量以及处理信息的能力要求也会增加。假设决策者的认知能力是有限的，在面对复杂任务情境下，不能及时地存储和处理相关的信息，行为决策者就会通过相应的搜索策略来减少认知努力。在此过程中，行为决策者可能通过忽略或者简化处理某些信息来减少认知负荷，这样就会影响最终的决策准确性。

本章认为，行为决策者可以感知任务的复杂性。在复杂的任务情境下，信息不管是以表格还是图形的形式进行呈报，行为决策者都会遇到处理大量信息时的决策瓶颈，为了减少信息超载的情况，他们会选择简化认知策略，这可能会导致决策准确性的下降，但是在一定程度上，可以减少决策的时间和决策者的认知努力。个人能力不同的决策者由于其处理大量信息的能力不同，认知简化信息的处理程度也不同，导致了决策正确性的不同。能力强的决策者会对信息进行深入分析，能力弱的决策者可能仅限于理解信息,他们在做决策前都实施了与之能力相匹配的认知努力,决策效率也就没有了差别。

6.5 小 结

传统财务信息披露的重点是财务报告中应该包含的信息内容,随着经济学、社会行为学的发展,越来越多的研究发现,信息披露的方式对决策者行为和决策效果具有重要影响。实践中已在信息内容上不断完善,但是对其披露形式的研究在国内尚属少见。

为研究以上问题,本章从认知心理学的视角,考察了在不同复杂程度的任务场景中,呈报格式和投资者特征对于行为决策者判断和决策的影响。通过实验设计的方法,研究在简单任务下和复杂任务下,图形和表格形式的会计信息呈报格式对于专业投资者和非专业投资者判断和决策的影响。本章选取会计学专业硕士作为非专业投资者,审计师、评估师等职业人员作为专业投资者,模拟在简单任务和复杂任务两种决策情景下,信息呈报格式的影响。最后对假设进行了检验,检验结果符合原假设。

实验结果表明,在简单任务情况下,图形形式的会计信息呈报格式不影响专业投资者的判断,会对非专业投资者的判断产生影响;在复杂任务情况下,图形形式的会计信息呈报格式对专业投资者和非专业投资者均产生影响。本书还对决策效率进行了检验,发现在简单任务情况下,信息呈报格式不影响专业投资者,但是会影响非专业投资者;在复杂任务情况下,图形形式的信息呈报格式均不影响专业投资者和非专业投资者的效率。

因此,建议信息提供者应该充分考虑不同类型投资者特征以及认知模式,为其提供相匹配的信息呈报格式,从而更有利于投资者进行判断和决策。而投资者也应根据任务特征和自身知识经验、解决问题能力以及搜索策略来选择恰当的信息呈报格式,提高判断和决策的准确性以及决策效率。

第7章　可视化财务信息披露对非专业投资者决策校准的影响研究

2016年3月17日，《中华人民共和国国民经济和社会发展第十三个五年规划纲要》（以下简称《纲要》）发布，《纲要》中明确提出要实施国家大数据战略，加快推动数据资源共享开放和开发应用。大数据使人们能够轻易实现信息资源共享，但也为投资者带来了困扰。根据认知心理学理论，面对更加丰富的财务信息和多样的表达方式，投资者尤其是非专业投资者在获取有效的财务信息方面会面临决策困难。这不仅与财务信息的真实性和可靠性有关，还会受到财务信息披露形式的影响。由于不同信息披露形式下财务信息的含量不同，投资者对不同的信息披露形式产生不同反应，从而影响其决策。

为了改善投资者决策，国内外监管部门和证券交易机构不断采取保护投资者利益的信息披露措施。2002年，美国出台的《萨班斯法案》中对上市公司的信息披露提出了更高要求，旨在使投资者获得更加全面、准确、有用的信息以便作出正确的投资决策。为了给投资者提供适合其检索信息的技术工具以便于投资者决策，2014年11月澳大利亚证券和交易委员会宣布开发数字化的信息披露模式。2017年1月11日，中国证监会发布《公开发行证券的公司信息披露编报规则》，进一步规范上市公司的季度报告、半年度报告和年度报告信息披露的内容和格式。2017年6月23日，上海证券交易所对《上海证券交易所上市公司信息披露工作评价办法（2015年修订）》进行了修订，目的是保证上市公司为投资者持续提供披露质量高的财务信息。

信息技术的发展为财务信息披露形式的创新提供了契机，同时也为投资者获取财务信息提供了多种选择。特别是可扩展商业报告语言和可扩展标记语言（extensible markup language，XML）的广泛应用，使企业可以通过交互可视化的形式向投资者披露财务信息。那么新型的交互可视化财务信息披露形式会如何影响投资者的决策呢？研究此问题有利于帮助投资者寻找适合他们决策的财务信息披露形式。

资本市场中的投资者以非专业投资者为主，非专业投资者的决策往往是影响证券市场有效性的重要因素之一。一直以来，中国资本市场投资者有一个鲜明的特点就是个人投资者居多，在我国超过 1.7 亿户的投资者队伍中，个人投资者开户数占比超过 99%[①]，和开户数与日俱增形成鲜明对比的则是非专业投资者的巨额亏损。根据《上海证券交易所统计年鉴》2002 ~ 2016 卷显示，除 2007 年和 2015 年外，其他各年自然人投资者盈利占比不足市场总体盈利的 30%，说明绝大部分非专业投资者的股市投资处于亏损状态，这意味着他们的决策质量很差。因此，研究非专业投资者决策质量的改进是十分必要的，本章通过决策校准衡量可视化财务信息披露形式下非专业投资者的决策质量。

已有研究指出，与专业投资者相比，非专业投资者做出决策时更易受到财务信息披露形式的影响。例如迪拉等（Dilla et al.，2013）指出，可视化图形形式披露的财务信息会影响非专业投资者做出盈利预测，但并不影响专业投资者对盈利预测的判断，这是由于非专业投资者在认知能力不足时，试图通过寻求概述的信息，将感性和理性分析策略相结合以弥补自身认知不足的劣势。因为图形形式与表格形式相比，提供的信息更明晰形象，并能突出重点，更适用于非专业投资者决策和判断（Mayer & Sims，1994）。由此可以推测，作为新型的财务信息形式，可视化信息披露形式既可以将财务信息以多种可视化形式呈现，又能够实现财务信息的交互，可能会有效弥补非专业投资者的认知能力不足的缺陷，从而使其做出合理的决策。

综上所述，财务信息披露形式是影响非专业投资者决策的一个重要因素，而非专业投资者的决策对资本市场具有重要影响，同时决策校准可以反映非专业投资者的决策质量。本章基于大数据时代可视化分析技术已日趋完善的背景，深入探讨可视化财务信息披露形式如何影响非专业投资者的决策校准。

---

①　安宁：《A 股市场投资者结构优化　机构持股市值占比上升》，新浪财经，2020 年 10 月 29 日，https：//baijiahao.baidu.com/s？id = 1681817473411347128&wfr = spider&for = pc。

7.1 概念界定与理论基础

7.1.1 相关概念界定

1. 决策校准

决策校准，又称判断校准，是个体对自己决策结果的信心水平与其实际决策结果的准确率之间关系的测量，反映了两者之间的一致性程度（Lichtenstein et al.，1980），是心理学范畴的概念。很多研究设定了决策校准计量的模型，早期研究采用概率分数表示决策校准度，具体表示为个体对目标事件发生可能性的判断和实际结果之间的差异，这种衡量方式需要对每一个题目均做出判断，得出一个概率分数，然后把所有概率分数求和平均得到个体的决策校准，又称之为平均概率分数（Bjokman，1992）。赖特等（Wright et al.，1994）重新设定了校准的计算公式，该公式需先把选择了同一信心水平的题目集中到一组，同时计算该组的正确率，求出该组信心值和正确率之间的差值并与该组的题目数相乘。此外，决策校准还可以用校准曲线衡量，校准曲线是以决策信心值为横坐标，以实际准确率为纵坐标形成的曲线。坐标内对角线为校准的鉴定线，此时校准值为0，代表个体对自己的信心水平与其准确率完全一致，若两者不一致，则会出现偏离校准的现象，若个体对自己的信心判断高于其实际准确率，称为过度自信，反之，则称之为信心不足（吴艳春等，2003）。

阿尔巴和哈钦森（Alba & Hutchinson，2000）认为尽管决策校准的测量方法有很多种，但最稳健和最频繁的方法是平均信心水平与平均准确率之间的差异，若为正值表示过度自信，若为负值表示信心不足，信心和准确性之间的差异越大，代表决策校准越低。考虑到决策校准公式的有效性和实用性，本章采用平均信心与平均准确性之间的差异衡量决策校准。

2. 可视化

可视化是利用计算机技术和图形图像处理技术，将数据转换成图形或图像形式，再进行交互处理的技术和方法。信息可视化概念是由卡和麦金莱（Card & Mackinlay，1999）提出的，他们认为可视化是经过原始信息、可视化形式、人的认知感知系统的转换过程。卢里和梅森（Lurie & Mason，2007）将可视化定义为以视觉形式选择，转换和呈现数据，促进用户探索和理解的一种信息呈现方式。陈为（2013）把数据可视化分析总结为数据变换、数据呈现、用户交互三个核心步骤。本（Ben，2009）将可视化数据的流程分为7个步骤：获取、分析、过滤、挖掘、表述、修饰和交互，并阐述步骤之间的相互影响。

可视化的呈现效果受图形图像种类的影响，图形图像种类越多样，可视化水平越高，反之，可视化水平越低。丰春等（Fengchun et al.，2014）将可视化分为高、低两种水平，高可视化以图表、图像和文本相结合的形式呈现，低可视化以静态表格形式呈现，所以本章将可视化分为以折线图、柱形图和表格相结合形式呈现的高可视化水平和以表格形式呈现的低可视化水平。

3. 交互性

交互性指的是信息可视化中人机交互技术的特点和性能，人机交互技术是实现可视化必不可少的手段，人机交互技术包括动态过滤、"概览＋细节""平移＋缩放""焦点＋上下文技术"以及多视图关联协调技术（任磊，2014）。交互性能够帮助用户控制信息流，主动选择和过滤信息，增加了信息之间的关联性。交互性水平是衡量人机交互技术优劣的标准，是指用户可以基于Web应用程序实现的信息交互功能（过滤功能、超链接功能和列报框功能），且已有研究通过改变交互功能是否存在来实现不同的交互性水平（Dholakia & Zhao，2009）。结合研究主题和相关理论依据，需要考虑交互性是否存在以确定不同的交互性水平，将有交互性设定为具有过滤筛选、列表框或超链接等交互功能的形式，而无交互性则是不具有上述交互功能的形式。

161

7.1.2 相关理论基础

1. 双重编码理论

双重编码理论是由心理学家佩沃（Paivio，1986）提出的，他将人脑的信息处理系统分为语言信息处理系统和非语言信息处理系统两大类。语言信息处理系统主要通过书面或口头的形式处理信息，而另一非语言处理系统主要处理图形图像等具有一定表征的映像信息，但两个子系统并非是完全独立的。例如，当个体接收到文本信息时，语言信息系统处理文本中的书面信息（语言），而非语言系统主要处理文本中视觉外观方面的信息（颜色、字体和大小等）。奥古斯丁等（Agostino et al.，1977）提出，根据刺激属性和任务特征的不同，一个子系统可以在没有另一个系统的情况下被激活，或者两个子系统可以被同时激活。因此，当某一信息能够同时激活语言系统和非语言系统时，两个系统共同处理信息可对人的认知、记忆和理解起到叠加作用，从而提高人的反应能力。

根据双重编码理论，如果某一对象能够激活个体的语言和非语言处理系统，两个子系统共同发挥作用有利于理解力和记忆力的提高。基于财务信息披露的可视化表达形式具有多样性，不同的可视化形式反映了刺激属性的不同，通过图表形式披露的可视化财务信息可以同时激活两个子系统，其中图形图像激活非语言处理系统，数字表格激活语言处理系统。因此，当非专业投资者接收到以上述方式披露的财务信息时，其处理信息的能力得到了提高，也使其更加确定自己的决策判断，从而提高其决策的准确性和信心。

2. DSS 用户校准设计理论

决策支持系统理论（decision support system，DSS）的概念来源于20 世纪 50 年代美国卡内基大学的一项组织决策理论的研究，其后随着计算机技术的发展，这一理论被应用于管理信息化系统的设计中。DSS用户校准设计理论实现了计算机应用中的决策支持系统与心理学中用户决策校准的结合。卡斯帕（Kasper，1996）的研究中阐释了 DSS 用户校准设计理论：用户校准主要取决于两种接口设计，一种是接口的符号表示，即可视性，另外一种接口设计则是接口的查询功能，即是否具有可访问性（交互性）。可视性是指系统使决策者能够通过符号（例如，图标、图形和动画）的有效呈现将问题可视化的能力。而符号表达的方式会影响决策者对某一问题的感知和信念，使用户更加准确地理解信息做出决策，并能增加他们的信心。可访问性强调的是对决策者和信息系统之间交互程度的控制，系统设计的交互功能可以使用户在系统中捕捉有用信息，从而使用户产生准确的知觉感知。DSS 用户校准设计理论还指出，接口的可视性和接口设计的可访问性可能会对用户的决策校准产生潜在的改进作用。

　　根据 DSS 用户校准设计理论，财务信息通过可视化方式披露使信息呈现更加形象直观，从而使非专业投资者较好地理解信息，也使他们对决策问题所依赖的信息有更明确的感知和认可，这就会在一定程度上提高非专业投资者决策的准确性和信心。财务信息实现交互性能够使非专业投资者自由匹配和自主选择信息，帮助非专业投资者寻求捷径进行有效决策，同样会起到提高决策准确性和信心的作用。以 DSS 用户校准设计理论作为理论基础，在财务背景下研究验证可视化和交互性的综合作用对非专业投资者决策校准的改进作用具有重要意义。

163

7.2　机理分析及假设提出

7.2.1　可视化对非专业投资者决策校准影响的机理分析

　　可视化信息可以有效弥补传统信息的不足，降低决策者理解信息的复杂度，提高决策者信息辨析的效率和精度，有助于决策者准确地分析决策（霍亮和朝乐门，2017）。财务信息披露形式下的决策者包括个人能力偏低的非专业投资者，研究指出个人能力水平低的决策者使用图形形式的信息比使用表格形式的信息决策准确性更高，并强调编制会计报告时应当考虑信息披露形式与决策者认知能力之间的匹配（毛洪涛等，2014）。卡迪纳尔（Cardinaels，2008）认为，成本会计知识较少的决策者使用图表中显示的信息执行定价和资源分配任务时，可以做出更准确的决策，并且与表格形式相比，以可视化图形形式披露的成本会计信息减少了知识不足的决策者的认知负荷。德桑蒂斯和贾文帕（Desantis & Jarvenpaa，1989）发现，当评估财务报表时，信息以可视化图形形式披露可以有效改善评估者的决策。这可能与人类的感官主要以视觉感知为主有关，以可视化图形形式披露的信息对个人能力不足的非专业投资者的决策帮助是十分有效的（Ware，2004）。派维奥（Paivio，1991）根据双重编码理论解释了可视化对决策的积极作用，可视化能够激活语言系统和非语言系统，产生信息叠加效应，通过提高决策者分析问题和解决问题的能力来提高其决策准确性。

除了研究可视化如何改善财务决策者的决策准确性，学者们还研究了可视化对财务决策者决策信心的影响。例如，斯文科（Schwenk，1986）基于双重编码理论分析发现，可视化通过激活语言和非语言处理系统为决策者带来更多的信息，增加了他们的判断力，并相应地增加他们的信心。此外，可视化可以带来更多的信息，而信息的增加对决策者的信心和准确性有着不同的影响。例如，奥斯坎普（Oskamp，1965）认为，随着信息的增加，决策者的信心不断增加，反而准确性没有显著增加，并且绝大多数决策者变得过于自信，这表明可视化对决策者的信心和准确性的影响存在一定差异。当决策者在判断过程中接收到更多信息时，他们信心的增加幅度会超过他们的准确性增加幅度，从而使信心和准确性的差距变大（Tsai et al.，2008），这种决策信心与决策准确性的偏差使决策校准变差。

非专业投资者进行决策时往往依赖特定的财务信息披露形式。维西（Vessey，1991）指出，可视化图形信息披露形式可以降低决策者的认知负荷，有利于提高决策者的信息处理和数据检索能力，当决策者接受的外部信息披露形式与其自身的认知模式匹配时，其决策的准确性会有所提高。由此可知，可视化图形信息披露形式符合特定决策者的认知模式，从而使其决策准确性得以改善。另外，个人能力较低或专业知识水平较差的决策者倾向于利用可视化图形信息作出决策，因为这可以减少经验不足所需的认知努力，更符合他们的认知策略和判断模式，从而提高其决策的准确性（Cardinaels，2008）。除了影响决策者的准确性，可视化信息相对增加了信息量，从而提高了他们的决策感知能力，进一步提高决策的信心水平（Schwenk，1986）。

双重编码理论详细阐释了可视化图形披露形式对非专业投资者决策准确性和决策信心的影响路径。当非专业投资者获取的财务信息以可视化图形形式呈现时，他们的非语言系统处理图形的表征信息，语言系统处理图形中的文本信息，两种信息处理路径共同作用，产生了信息叠加效应，一方面使财务信息更加具体形象化，能够提高非专业投资者理解财务信息的能力，另一方面文本信息和图形信息相结合增加了财务信息含量，满足了非专业投资者的判断决策模式。另外，DSS 用户校准设计理论也阐明了可视化方式能够增加非专业投资者的信息处理能力和信息感知。所以，能力相对匮乏的非专业投资者很可能通过可视化图形信息披露形式进行决策，以此增加其决策准确性和决策信心。

7.2.2　交互性对非专业投资者决策校准影响的机理分析

在信息可视化中，人机交互技术是信息可视化的重要组成部分，人机交互技术实现了数据挖掘和可视化分析的有机结合，交互的可视化方法是由数据到知识的转变（Keim et al.，2008）。研究信息可视化不仅需要考虑可视化的表达形式，还有必要考虑人机交互技术体现的交互性特征。关于交互性对非专业投资者决策校准的影响的文献，研究对象多为财务信息使用者。

道和特加登（Dull & Tegarden，1999）研究被试在实验室环境下做出预测判断的结果表明，交互性会影响经验不足的决策者决策的准确性。安德莉亚和罗宾（Andrea & Robin，2012）通过实验设计方法研究互联网财务报告信息呈现格式对投资者决策的影响时指出，与纸质信息相比，采用超链接交互形式呈现的财务报告能够提高投资者决策的有效性。聂萍和周戴（2011）评价 XBRL 网页呈现质量时发现，网络财务报告的编制需要考虑企业和信息使用者间的信息交互问题，网页呈现方式的改进有助于投资者决策准确性的提高。因为 XBRL 形式实现了信息的交互性，改善了投资者的信息获取和整合能力，从而降低了投资者搜寻和处理信息的成本（郑济孝，2015）。

根据 DSS 用户校准设计理论，可视化信息呈现形式不仅表现为信息的图形可视化，还表现为信息的交互性。交互性使财务信息具备可访问性、可筛选性和可过滤性，这些特性使投资者能够根据信息需求和信息偏好自主选择有助于决策的财务信息。因此，投资者使用 XBRL 的交互功能可以有效缩短判断决策时间，提高决策效率和决策准确性（Yoon et al.，2010）。此外，交互性对于决策者产生的信心增量作用也在实证研究中得到证实（Peterson & Pitz，1988；Koriat et al.，1980）。由于能力和经验所限，非专业投资者做出决策时受自身主观因素的影响较大，从而产生了他们特有的决策特征。而交互性能够对复杂的财务信息实现压缩重构，提高了非专业投资者控制财务信息的能力，有利于非专业投资者更好地理解和感知财务信息含量，最终会提高非专业投资者决策准确性和信心。

虽然图形可视化或交互性对非专业投资者的决策准确性和决策信心均具有增量效应，但决策准确性和决策信心的增量水平往往不一致，由此导致决策校准偏差。卡里恩多和黄（Caliendo & Huang，2008）指出，投资者在分析财务信息进行决策时，通常会持续高估资产平均回报率，并低估与收入有关不确定性，这一现象与投资者的过度自信倾向有关（杨德勇和彭博，2013）。当财务信息以可视化图形形式或通过交互性方式进行披露时，非专业投资者的过度自信倾向使其决策信心大幅度提高，而外部的财务信息披露形式无法完全弥补非专业投资者的认知偏差，其对决策准确性的提升效果有限，最终导致决策校准降低。

综上所述，可视化或交互性形式进行财务信息披露可以增加非专业投资者的理解力和判断力，从而提高其决策的准确性和信心，但其决策准确性和信心的提高往往存在一定差异，最终导致非专业投资者的决策校准水平较低，如图 7 - 1 所示。

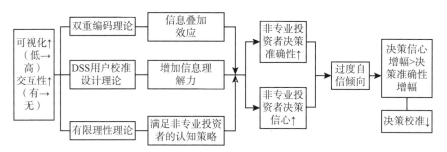

图 7 - 1 可视化和交互性对非专业投资者决策校准影响的机理分析

7.2.3 可视化财务信息披露形式下任务难度对非专业投资者决策校准影响的机理分析

根据有限理性理论，投资者决策时往往存在认知偏差，在不同任务下往往采用不同的认知策略。当非专业投资者面临一项较为简单的任务时，往往能够具备较高的信息理解能力和决策信心；而当任务难度较高时，非专业投资者会调整判断策略，采用简化信息以减少认知努力的方式获取信息进行决策，与任务难度较低时相比，其理解信息的能力有所下降，导致决策准确性降低，并且对任务难度的感知使其决策的信心无法大幅提高。但由于有限理性的非专业投资者普遍存在过度自信倾向，非专业投资者的决策信心下降幅度依然不够充分，导致他们的决策校准水平降低。

由此可知，在可视化财务信息披露形式下，任务难度的增加会降低非专业投资者决策的准确性、信心和校准，如图 7-2 所示。

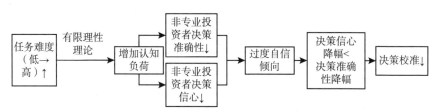

图7-2 可视化财务信息披露形式下任务难度对非专业投资者决策校准影响机理分析

7.2.4 可视化对非专业投资者决策准确性、信心及校准影响的假设

在可视化对非专业投资者决策准确性的影响方面，迪拉等（Dilla et al.，2010）认为可视化能够使投资者更好地获取和处理财务信息，帮助他们做出准确的决策。根据双重编码理论，当信息以图形图像和文本相结合形式作用于人脑时，会激活人脑中的语言处理系统和非语言处理系统，这两个系统可以同时发挥作用，对人们的记忆力和理解能力产生叠加效应。根据有限理性理论，投资者对可视化图形信息的依赖程度

可能取决于他们的知识水平和经验。邦巴萨和施罗德（Benbasat & Schroeder，1977）发现知识和经验较少的投资者更依赖于可视化图形支持的整体性决策策略而非文本信息支持的分析策略做出决策判断。可视化图形形式具有概述信息的作用，是更适合知识相对匮乏的投资者搜索信息的模式。

以图表与文本相结合形式披露的财务信息，视觉效果好，可视化水平较高，可以同时激活语言与非语言系统，符合经验和能力欠缺的非专业投资者的信息搜寻模式，起到提高其决策能力的作用；以纯文本形式或静态表格形式披露的财务信息可视化水平较低，仅能激活人脑中的语言处理系统，不利于非专业投资者寻求概述式信息，可能会影响其分析问题的能力。

基于理论分析结果和已有研究的佐证，本章预测可视化信息披露形式可以改善非专业投资者决策的准确性，因此，提出以下假设：

H1a：与低可视化相比，高可视化使非专业投资者具有较高的决策准确性。

在可视化影响非专业投资者的决策信心方面，阿默尔（Amer，1991）研究发现，与数字形式相比，当以图形形式披露信息时，决策者的信心更高。由于信心水平受支持决策的信息数量和质量的影响，而根据双重编码理论，可视化可以激活语言系统和非语言系统从而使决策者得到更多信息，信息数量的增加可以使决策者找到更多的证据验证自身决策的合理性，从而增加他们对自身认知的肯定，即增加决策者的主观信心；同时可视化信息披露形式通过激活语言系统和非语言系统增加了决策者的记忆力，从而使信息得到更好的保存，增加了决策者对信息质量的感知。可视化便于决策者后期对信息进行检索，对于容易检索的信息，决策者会更加自信（Kelley & Lindsay，1993）。

由于非专业投资者的认知能力有限，根据有限理性理论，他们在决策过程中过于看重自己知道的或容易得到的信息，而忽视对其他信息的关注，并不会对信息进行深入挖掘。可视化形式披露的财务信息具有较高的信息含量，增强了非专业投资者对信息的依赖。因此，他们决策的信心可能会因此得到提高，于是提出以下假设：

H1b：与低可视化相比，高可视化使非专业投资者具有较高的决策信心。

在可视化对非专业投资者的决策校准影响方面，奥尔伍德和蒙哥马利（Allwood & Montgomery，1987）研究发现，与决策准确性相比，决策信心更易受到决策者所处的情境影响。因此，在一定的情境下，决策者的信心会有明显的增加或减少，但准确性的变化可能较为缓慢甚至不变。豪等（Hall et al.，2007）研究发现，当决策者的信心增加时，准确性没有相应地提高。根据 DSS 用户校准设计理论，用户校准受到 DSS 设计中符号可见性的影响，符号可见性高代表可视化水平较高，可视化水平的提高使非专业投资者的判断力得到增加，决策的信心也随之提高。但由于有限理性的非专业投资者具有过度自信倾向，在可视化水平提高时产生的信心增幅会大于准确性的增幅，由此可能导致决策校准水平的降低。因此，提出以下假设：

H1c：与低可视化相比，高可视化使非专业投资者具有较低的决策校准。

7.2.5　交互性对非专业投资者决策准确性、信心及校准影响的假设

在交互性对非专业投资者的决策准确性影响方面，交互功能可以使非专业投资者自主过滤和筛选他们所需要的信息，改善和整合特定目的下的关键信息，从而更好地理解信息，改善他们的决策质量（Jiang & Benbasat，2007）。由于现代信息技术的发展，传统的静态图表并不能满足非专业投资者寻求关键信息做出有效决策的要求。互联网技术使可视化图表进行动态交互成为可能，作为可视化技术之一的信息交互技术，通过提供多功能的交互性信息披露方式使投资者轻易查找和分析信息，例如，搜索功能、超链接功能和列表框功能（Fortin & Dholakia，2005）。交互性的存在是以能够提供信息筛选、搜索、超链接和列表框等功能为判断标准的。根据 DSS 用户校准设计理论，人机交互在 DSS 设计中表现为数据的查询功能，由此产生的交互性会提高决策者对信息的理解，有助于产生更加准确的决策。交互性功能为认知能力有限的非专业投资者提供了获取有效信息的捷径，他们可以根据自身需求检索信息，这种交互性形式可能会使非专业投资者的决策准确性得到改进。因此，提出以下假设：

H2a：与无交互性相比，有交互性使非专业投资者具有较高的决策准确性。

在交互性对非专业投资者的决策信心影响方面，阿里（Ariely，2000）研究发现，交互功能控制的信息流使用户根据自己的喜好匹配关键信息，对他们分析的问题和研究的领域有更好的认知，并对自己的判断更加自信。根据 DSS 用户校准设计理论，交互性使决策者能够自由控制要检查的信息以及信息如何呈现给他们，而这种控制信息的能力使决策者更加肯定自己的决策，从而产生更多的信心。因此，考虑到非专业投资者的决策特征和认知水平，交互性可以使非专业投资者从不同角度搜索信息，并可以过滤冗余信息，比较同等信息，这些交互性作用可能会增加非专业投资者决策过程中对信息的认可程度。同可视化对决策者决策信心影响的预测类似，交互性可能会对非专业投资者的信心产生积极影响。因此，提出以下假设：

H2b：与无交互性相比，有交互性使非专业投资者具有较高的决策信心。

在交互性对非专业投资者的决策校准影响方面，科坦特拉等（Kottemann et al.，1994）通过调查计算机辅助决策，指出交互技术可能会增加决策者的努力和积极参与，增加决策者的信心，而不改进决策准确性，导致过度自信。根据 DSS 用户校准设计理论，非专业投资者在决策过程中可以利用交互性甄选信息，交互性增加了他们对信息的数量和质量的感知，使他们的主观信心不断上升。但交互性的熟练应用并不意味着决策准确性能够持续上升，因为有限理性下的非专业投资者在决策过程中往往存在着过度自信心理，这就导致决策准确性上升幅度小于决策信心的上升幅度。于是，交互性的存在使非专业投资者的决策校准降低。基于此，提出交互性会对非专业投资者的决策校准产生影响的假设：

H2c：与无交互性相比，有交互性使非专业投资者具有较低的决策校准。

7.2.6　可视化财务信息披露形式下任务难度对非专业投资者决策准确性、信心及校准影响的假设

在任务难度对非专业投资者决策准确性的影响方面，根据任务难度决策校准影响的研究，任务难度的高低影响决策者处理信息的质量，进

而影响他们的判断力，具体可量化为决策准确性。根据有限理性理论，由于非专业投资者的认知存在局限性，他们处理信息的能力有限，在特定的财务信息披露方式下，随着任务难度的增加，非专业投资者接收到大量信息，而他们的认知局限导致其无法快速处理好信息，甚至可能会忽略有效信息，从而影响决策的准确性（Speier，2003）。相反，当任务难度降低时，非专业投资者可以在有限的认知范围内处理相对简单的任务，其准确性相对于高任务难度时有所改善。基于此，提出以下假设：

H3a：与低任务难度相比，高任务难度下的非专业投资者具有较低的准确性。

在任务难度对非专业投资者决策信心的影响方面，埃夫克利德斯（Efklides，2008）研究发现任务难度较高的时候，非专业投资者判断力变差，导致他们的自身感知也变差，而低任务难度下，非专业投资者的判断力相对变好，自身感知决策的质量也会得以改善。根据有限理性理论，非专业投资者知识相对匮乏，认知能力有限。任务难度的不同会影响非专业投资者处理信息的质量，而对于自身判断力的感知又进一步影响了他们的决策信心，当非专业投资者完成一项任务时感觉很困难，他们会降低自己决策的信心水平。由此，提出以下假设：

H3b：与低任务难度相比，高任务难度下的非专业投资者具有较低的信心。

已有研究发现任务难度会对决策校准产生影响（Zhao & Linder-holm，2008）。这是因为任务难度对决策准确性和决策信心的影响效用不同。根据有限理性理论，在一个任务的最初阶段，当人们对这项任务的直接经验较少时，人们会根据他们过去相似的经历做出判断。当决策者感知到任务很困难时，他们的信心会有所下降，而当他们觉得任务很容易的时候，他们会提高信心。然而，由于决策者不能完全预测任务的难度，他们对信心的调整往往不足，导致最终的决策信心偏离了决策的准确性产生校准偏差。在高任务难度下，非专业投资者的认知偏差限制了他们理解信息的能力，准确性会降低，同时对任务难度的感知使他们决策的信心有所下调。但是由于非专业投资者具有过度自信倾向，其决策信心的下降幅度要小于决策准确性的下降幅度，因此在高任务难度下，非专业投资者决策准确性降幅与决策信心降幅之间的差异可能会使其决策校准水平降低。所以，提出以下假设：

H3c：与低任务难度相比，高任务难度下的非专业投资者具有较低的决策校准。

7.3 实 验 设 计

实验设计是根据预定目标制定合适的实验方案，以对实验的结果进行有效统计分析的数学原理和实施方法。本实验设计的被试间实验模拟上市公司信息披露形式，以某财经大学主修过财会课程的大四本科学生作为非专业投资者的代表，并运用调查问卷收集被试决策的一手数据。本实验采用被试间实验，使每个被试只接受一个实验条件的处理，可以避免不同实验条件对被试产生的影响，从而保证实验数据的真实性和可靠性。

7.3.1 实验案例的选取

本章选取三家信息技术服务行业的上市公司为实验案例。首先，为保证被试在实验中不受其他因素干扰并做出真实的决策，本实验在调查问卷中未透露三家上市公司的真实名称，而是代称为 A 公司、B 公司和 C 公司。其次，为使被试对实验案例有所了解以做出决策，调查问卷中为被试提供了公司的背景资料，已知三家上市公司同处于信息技术服务行业，2017 年末资产规模均在 30 亿~50 亿元之间，均具备良好的偿债能力，营运能力无较大差异且均维持在稳定水平上，三家公司在行业板块中均占有一定优势。最后，为了将财务信息以可视化或交互性形式呈现，实验中还披露了调整后的三家公司盈利能力指标的信息，调整指标的目的是使三家公司的盈利能力变化情况有所差异，满足实验任务要求。

7.3.2 实验变量选取

1. 自变量

第一个自变量为可视化，分为高可视化和低可视化两种水平。为了验证不同可视化水平产生的决策差异，高可视化水平以表格、折线图或柱形图结合的方式呈现，低可视化水平主要通过静态表格的方式呈现。

第二个自变量为交互性，分为有交互性水平和无交互性水平。为了验证不同交互性水平产生的决策差异，将存在筛选、过滤、列表框或超链接等交互功能的方式设定为有交互性水平，将不具备前述交互功能的方式确定为无交互性水平。

第三个自变量为任务难度，分为低任务难度水平和高任务难度水平。毛洪涛和冯华忠（2013）指出，任务相对复杂表现为信息量较多、信息指标间一致性差以及信息指标间的可变性高。因此将低任务难度水平定义为只分析和比较一家公司的盈利能力变化情况，将高任务难度定义为分析和比较三家不同公司的盈利能力变化情况。

2. 因变量

本章主要探究可视化对非专业投资者决策校准的影响，而决策校准又受到决策信心和准确性的制约，因此本章设置了三个因变量，分别为决策准确性、决策信心和决策校准。

第一个因变量为决策准确性，用被试回答正确问题的个数占问题总个数的比率来确定；第二个因变量为决策信心，用被试对所回答的每一问题信心评分值的平均百分比来确定；第三个变量为决策校准，为决策信心与决策准确性之间的差异，用被试回答问题的平均信心百分比与回答问题的准确比率之间的差值来衡量。决策校准偏差值越大，说明决策校准水平越低，校准绝对值越小；反之，说明决策校准水平越高。

基于此，设计 $2 \times 2 \times 2$ 被试间实验，如表 7 - 1 所示。

表 7 - 1　　　　　　　　　　2×2×2 被试间实验

项目	可视化	交互性	任务难度	
			低任务难度	高任务难度
可视化信息披露	低可视化	无交互性	低任务难度 + 低可视化 + 无交互性	高任务难度 + 低可视化 + 无交互性
		有交互性	低任务难度 + 低可视化 + 有交互性	高任务难度 + 低可视化 + 有交互性

续表

项目	可视化	交互性	任务难度	
			低任务难度	高任务难度
可视化信息披露	高可视化	无交互性	低任务难度＋高可视化＋无交互性	高任务难度＋高可视化＋无交互性
		有交互性	低任务难度＋高可视化＋有交互性	高任务难度＋高可视化＋有交互性

7.3.3 实验任务及实验对象

1. 实验任务

首先，根据实验目的，在调查问卷中给出上市公司的基本信息，并提供以不同可视化和交互性水平呈现的盈利能力指标信息，允许被试对动态图表或动态表格的信息进行操作，但无法对静态图表或静态表格的信息进行操作，要求被试通过分析回答与公司盈利能力情况相关的问题并对自己回答的每一问题正确的信心进行评分。其次，为保证实验控制的有效性，要求被试回答与操控检验有关的问题。最后，要求被试回答个人基本情况的相关问题。

2. 实验对象

本章选用某财经大学会计学院主修过财会相关课程的本科大四学生作为非专业投资者的代表。首先，是由于他们有基本的知识储备，已掌握了一定的财务会计知识，并且通过调查发现他们具备一定的股票分析能力，只是缺乏足够的投资经验。其次，与专业投资者相比，由于经验匮乏，非专业投资者的认知能力较为有限，并且已有研究表明商学院学生是非专业投资者的合理代表。最后，他们均学习了可视化分析实验课程，熟悉可视化信息界面并能适当运用可视化程序，确保了实验过程的顺利实施和所获实验数据的真实性。由此可知，将主修过财会相关课程、具备股票分析能力和可视化信息分析能力的会计学院本科大四学生作为非专业投资者的代表是合理的。

7.3.4　实验过程

第一步，为保证被试可以较好地了解实验规则，在进行实验之前需要对被试进行统一说明。告知提供给被试的是三家真实的上市公司的背景资料和盈利能力指标数据，实验任务是对一家或者三家公司的盈利能力进行分析比较，同时，告知被试不需要过多地对信息进行计算和思考，仅将脑海中的第一判断选择出来即可。此外，操作过程中对实验时间也进行了严格把控。

第二步，在阅读完三家公司的背景资料以及不同处理水平下的有关三家公司盈利能力的表格、图形后，被试需要就披露的盈利能力指标信息回答对应问题，并对回答每一问题时的信心进行评分。同时，为了保证被试对实验环境的感知和对实验任务的了解，还设置了操控性检验的相关问题，要求被试进行评分，如："请您为该界面呈现的会计信息的图表对比的清晰性打分？""请您为该界面提供的信息筛选和信息过滤功能打分？""您如何评价上述问题的任务难度？"

第三步，在被试完成主要问题的打分后，需要就基本个人信息进行回答，其中包括对于会计资知识、股票分析能力以及性别和年龄情况的相关问题。

7.3.5　实验问卷设计和回收

为了获取非专业投资者作为被试的一手数据，本章通过设计调查问卷进行数据收集。

1. 问卷设计

实验设计的问卷内容分为三部分：第一部分是在问卷中设计与被试决策准确性和信心有关的问题。为被试提供公司的基本信息，并以不同可视化和交互性水平披露盈利能力指标信息，根据不同的任务难度设置了不同的问题，要求被试分析并回答这些问题，还要对回答每一问题的信心打分。第二部分是让被试回答本实验操控检验相关的问题。第三部分是被试对个人基本信息的回答。本章采用 $2 \times 2 \times 2$ 被试间实验，分别

175

设计了八组问卷进行数据收集。八组问卷分别基于不同的可视化、交互性和任务难度进行设计。

2. 问卷回收

本次实验共发放问卷 208 份，回收 199 份，回收率达到 95.67%。将填写不完整和明显不符合逻辑的无效问卷进行剔除，最终共获得问卷 193 份，有效率为 92.79%。

实验设计的调查问卷设置了对被试会计知识掌握程度及股票分析能力两个问题的打分项，采用了 5 级李克特量表（1 = 很低，5 = 很好），对被试基本情况的调查结果如表 7 - 2 所示。

表 7 - 2　　　　　被试会计知识、投资分析能力调查情况

项目		低可视化无交互性	高可视化无交互性	低可视化有交互性	高可视化有交互性
低任务难度	人数	26	23	24	24
	会计知识	3.42	3.57	3.54	3.46
	投资分析能力	2.69	2.78	2.88	2.88
高任务难度	人数	23	25	24	24
	会计知识	3.61	3.54	3.56	3.79
	股票分析能力	2.91	2.92	3.04	2.96

数据显示，八组被试对于会计知识及股票分析能力的评估程度比较平均，没有明显的差异，说明被试对会计知识的掌握水平良好，并且普遍具备一定的股票分析能力，符合非专业投资者的特点。

7.4　实　验　结　果

本部分主要内容是对上述假设进行检验。首先，进行操控性检验，以确保实验中问卷设计问题衡量的合理性以及实验过程的有效性；其次，进行问卷信度和效度检验以及交互效应检验；再次，通过描述性统计和独立样本 T 检验验证假设是否成立，并且通过 LSD 检验做出进一

步分析；最后，通过稳健性检验进一步验证任务难度一定时可视化和交互性对非专业投资者决策校准的影响。

7.4.1　操控性检验

实验研究中操控检验的目的是验证实验控制是否成功。为了解被试对实验中自变量的感知情况，问卷中设置了相关问题。首先，实验设置了被试对可视化水平感知情况的问题，如"请您为该界面呈现的会计信息直观性打分"；其次，实验还设置了被试对交互性水平感知情况的问题，如"请您为该界面的信息筛选和过滤功能打分"；最后，实验中设置了被试对任务难度水平感知情况的问题，如"您如何评价上述问题的任务难度"。以上问题均采用李克特5级量表进行打分，1表示很低，5表示很高。表7-3和表7-4分别是被试对操控性问题评分的描述性统计和均值T检验结果。

表7-3　　　　　　　被试对操控性问题评分的描述性统计

项目		N	最小值	最大值	平均数
可视化	低可视化	97	1	3	1.77
	高可视化	96	3	5	4.15
交互性	无交互性	97	1	4	1.52
	有交互性	96	2	5	3.99
任务难度	低任务难度	97	1	4	2.08
	高任务难度	96	2	5	4.15

由表7-3非专业投资者对操控性问题评分的结果可知，在不同的可视化、交互性和任务难度水平下，非专业投资者的评分均值有明显差异。非专业投资者对高可视化、存在交互性和高任务难度的评分均高于对低可视化、无交互性和低任务难度的评分，说明非专业投资者能够判断不同的可视化、交互性和任务难度水平。

表 7 - 4 被试对操控性问题评分的独立样本 T 检验

项目	Levene 检验		T 检验				
	F	P	t	df	P	均值差值	标准误差值
可视化	0.109	0.741	-22.022	191	0.000	-2.373	0.108
交互性	0.228	0.634	-22.383	190	0.000	-2.467	0.110
任务难度			-17.711	186.503	0.000	-2.063	0.117

由表 7 - 4 中被试对可视化问题评分的检验结果可知，被试对高可视化组和低可视化组的评分具有显著差异，因此相比于低可视化组，被试认为高可视化组的可视化水平更高，说明被试能够感知实验对可视化水平的操控。

由表 7 - 4 中被试对交互性问题评分的检验结果可知，被试对无交互性组和有交互性组的评分有显著差异，因此相比于无交互性组，被试认为有交互性组的交互性更高，说明被试能够感知实验中操控的交互性水平。

由表 7 - 4 中被试对任务难度问题评分的检验结果可知，被试对高、低两种水平的任务难度评分具有显著差异，因此相比于低任务难度组，被试认为高任务难度组任务难度更高，说明被试能够感知实验对任务难度水平的操控。

以上操控性检验的结果表明，被试在实验中能够感知实验者对可视化、交互性和任务难度三个自变量的操控，本次实验对自变量进行了较好的控制。

7.4.2　问卷信度与效度检验

1. 信度检验

为了验证实验是否具有信度，利用克朗巴哈系数进行内部信度检验。首先，问卷中设计的"请您为该界面呈现的会计信息的直观性打分"与"请您为该界面呈现的会计信息的图表对比的清晰性打分"两个可视化问题的测试目标是相同的，能够进行内部信度检验。如表

7－5 所示，本研究共有 193 个有效数据没有缺失，总样本量为 193。检验结果如表 7－6 所示，克朗巴哈系数为 0.936，说明问卷中可视化问题存在较高的可信度，检验结果具有较高的一致性。

其次，问卷中还设计了"请您为该界面提供的会计信息披露形式的多样性打分"与"请您为该界面提供的信息筛选和信息过滤功能打分"两个针对同一测试目标的问题，内部信度检验的克朗巴哈系数为 0.896，如表 7－6 所示，说明交互性问题的内部信度是合理的，具有较高的内在一致性。

表 7－5　　　　　　　　　　数据汇总

项目	均值差值	N	%
数据	有效	193	100.00
	已排除[a]	0	0.00
	总计	193	100.00

表 7－6　　　　　　　　　　可靠性统计量

项目	克朗巴哈系数	项数
可视化	0.936	2
交互性	0.896	2

2. 效度检验

用 KMO 系数[①]进行结构效度分析。结构效度分析采用的方法是因子分析，具有较强的可操作性。由表 7－7 可知，KMO 系数为 0.810，代表问卷效度较高，这说明问卷中设计的问题能够较好地反映实验中所要考察的内容。

---

　　①　KMO 是做主成分分析的效度检验指标之一，其值在 0.5 以下不合适，0.5 到 0.6 之间为一般，在 0.6 到 0.7 之间可以，在 0.7 以上，表示比较合适。

表 7 – 7   **KMO 和 Bartlett 的检验**

取样足够度的 Kaiser – Meyer – Olkin 度量		0.810
Bartlett 的球形度检验	近似卡方	871.541
	df	105
	P	0.000

以上信度和效度检验的结果表明，实验具有较高的信度和效度，说明实验中的测验结果是可靠并且有效的。

7.4.3 交互效应的检验

1. 决策准确性的交互效应检验

本章的三个自变量分别为可视化（低可视化、高可视化）、交互性（无交互性、有交互性）和任务难度（低任务难度、高任务难度），为了检验三个自变量之间是否具有交互效应[①]，利用三因素方差分析加以验证。表 7 – 8 是决策准确性的交互效应检验结果。

表 7 – 8   **决策准确性主体间效应的检验**

项目	df	均方	F	P
校正模型	7	2993.991	25.373	0.000
截距	1	535866.493	4541.195	0.000
可视化	1	5939.039	50.330	0.000
交互性	1	5922.358	50.189	0.000
任务难度	1	9032.998	76.550	0.000
可视化×交互性	1	314.287	2.663	0.104
可视化×任务难度	1	35.274	0.299	0.585
交互性×任务难度	1	0.014	0.000	0.991
可视化×交互性×任务难度	1	7.881	0.067	0.796

① 当因子 A 的效应依赖于因子 B 所处的水平时，我们称 A 与 B 之间有交互效应。

由表 7-8 可知，可视化、交互性以及任务难度中至少有一个变量对非专业投资者的决策准确性起到了显著的影响作用。二阶和三阶均不存在交互效应。这说明在对非专业投资者决策准确性的影响方面，可视化、交互性和任务难度分别独立施加影响。

2. 决策信心的交互效应检验

由表 7-9 可知，可视化、交互性和任务难度对决策信心的影响均具有显著性，说明可视化、交互性和任务难度能够独立影响非专业投资者的决策信心。另外，可视化和交互性之间存在交互效应，说明非专业投资者的决策信心还受可视化和交互性两者共同作用的影响。

表 7-9　　　　　　　　决策信心主体间效应的检验

项目	df	均方	F	P
校正模型	7	2019.425	26.038	0.000
截距	1	864954.290	11152.414	0.000
可视化	1	4648.826	59.940	0.000
交互性	1	4819.586	62.142	0.000
任务难度	1	3174.514	40.931	0.000
可视化×交互性	1	1707.872	22.021	0.000
可视化×任务难度	1	9.727	0.125	0.724
交互性×任务难度	1	0.319	0.004	0.949
可视化×交互性×任务难度	1	0.360	0.005	0.946

3. 决策校准的交互效应检验

由表 7-10 可知，可视化和交互性不能单独对非专业投资者的决策校准产生显著影响，而任务难度能够独立影响非专业投资者的决策校准。可视化和交互性之间具有交互效应，这说明只有可视化和交互性的共同作用才会使非专业投资者的决策校准产生显著变化。

表 7 – 10 决策校准主体间效应的检验

项目	df	均方	F	P
校正模型	7	746.810	7.130	0.000
截距	1	39204.065	374.306	0.000
可视化	1	78.905	0.753	0.387
交互性	1	56.755	0.542	0.463
任务难度	1	1497.633	14.299	0.000
可视化 × 交互性	1	3487.441	33.297	0.000
可视化 × 任务难度	1	7.954	0.076	0.783
交互性 × 任务难度	1	0.198	0.002	0.965
可视化 × 交互性 × 任务难度	1	4.874	0.047	0.829

根据有限理性理论、双重编码理论和 DSS 用户校准设计理论，可视化和交互性能够单独发挥作用提高非专业投资者的决策准确性和决策信心。但是由于有限理性的非专业投资者进行决策时往往存在过度自信的倾向，与决策准确性相比，决策信心更具主观性，也更易受到外部因素的影响而产生变动，所以可视化和交互性的共同作用能够显著影响非专业投资者的决策信心而不影响其决策准确性。由此可知，可视化和交互性对非专业投资者决策校准具有交互效应而不具有独立效应可能是由可视化和交互性对非专业投资者决策准确性和决策信心的影响差异所致。

7.4.4 假设检验

本章采用均值 T 检验的方法对假设进行验证，本部分中均值 T 检验主要比较在不同的可视化水平、交互性水平和任务难度水平下，非专业投资者的决策准确性、信心和校准差异。

1. H1 检验

根据表 7 – 11 的数据显示，与低可视化组相比，非专业投资者在高可视化组的决策准确性和决策信心更高，决策校准也稍有提高。高、低可视化组中非专业投资者的决策准确性和决策信心差异较大，决策校准差异较小。

表 7 – 11　　　　　　　　不同可视化水平的描述性统计

可视化水平	N	准确性		信心		校准	
		平均数		平均数		平均数	
		统计量	标准误	统计量	标准误	统计量	标准误
低可视化	97	47.34%	13.41%	62.12%	12.67%	14.78%	10.43%
高可视化	96	58.13%	14.48%	71.82%	9.49%	13.68%	12.19%

根据表 7 – 12，H1 检验结果如下所示：

（1）在决策准确性方面，方差具有齐性，非专业投资者在高可视化组和低可视化组的决策准确性差异显著，这说明与低可视化相比，非专业投资者在高可视化下具有较高的决策准确性，即验证了 H1a。

（2）在决策信心方面，方差不具有齐性，非专业投资者在高可视化组和低可视化组之间的决策信心差异显著，说明非专业投资者在高可视化下的决策信心高于低可视下的决策信心，即验证了 H1b。

（3）在决策校准方面，方差具有齐性，非专业投资者在低可视化组与高可视化组之间的决策校准无显著差异，无法验证 H1c，该结果与 7.4.3 中以决策校准为因变量的主体间效应检验结果一致。虽然可视化无法单独影响非专业投资者的决策校准，但由于可视化和交互性共同作用对非专业投资者的决策校准显著，因此，这部分将在 7.4.5 部分对 H1c 做进一步分析。

表 7 – 12　　　　　以可视化水平为分组变量的独立样本 T 检验

项目	Levene 检验		T 检验				
	F	P	t	df	P	均值差值	标准误差值
准确性	1.224	0.270	−5.375	191	0.000	−10.79%	2.01%
信心			−6.023	177.909	0.000	−9.70%	1.61%
校准	1.645	0.201	0.674	191	0.501	1.10%	1.63%

2. H2 检验

根据表 7 - 13 的数据显示，与无交互性组相比，非专业投资者在有交互性组的决策准确性和决策信心更高，决策校准也稍有提高。

表 7 - 13　　　　　　　不同交互性水平的描述性统计

交互性水平	N	准确性		信心		校准	
		平均数		平均数		平均数	
		统计量	标准误	统计量	标准误	统计量	标准误
无交互性	97	47.20%	12.90%	61.94%	12.90%	14.74%	10.57%
有交互性	96	58.27%	14.83%	71.99%	8.96%	13.72%	12.07%

进一步，以交互性为分组变量的独立样本下检验结果如表 7 - 14 所示。

（1）在决策准确性方面，方差具有齐性，非专业投资者在有交互性组和无交互性组的决策准确性差异显著，说明提供交互性可以提高非专业投资者的决策准确性，即验证了 H2a。

（2）在决策信心方面，方差不具有齐性，非专业投资者在有交互性组和无交互性组之间的决策信心差异显著，说明提供交互性能够提高非专业投资者的决策信心，即验证了 H2b。

（3）在决策校准方面，方差具有齐性，非专业投资者在有交互性组与无交互性组之间的决策校准无显著差异，无法验证 H2c，这与可视化和交互性之间存在交互效应有关，因此针对 H2c 将在 7.4.5 部分做进一步分析。

表 7 - 14　　　　　　以交互性为分组变量的独立样本 T 检验

项目	Levene 检验		T 检验				
	F	P	t	df	P	均值差值	标准误差值
准确性	2.835	0.094	-5.535	191	0.000	-11.07%	2.00%
信心			-6.290	171.321	0.000	-10.05%	1.60%
校准	2.194	0.140	0.626	191	0.532	1.02%	1.63%

3. H3 检验

根据表 7 – 15 的数据显示，与低任务难度组相比，非专业投资者在高任务难度组的决策准确性和决策信心更高，决策校准更低，非专业投资者的决策信心降幅小于决策准确性降幅。

表 7 – 15　　　　　　　　不同任务难度水平的描述性统计

任务难度水平	N	准确性		信心		校准	
		平均数		平均数		平均数	
		统计量	标准误	统计量	标准误	统计量	标准误
低任务难度	97	59.38%	13.22%	70.75%	11.88%	11.37%	9.33%
高任务难度	96	45.97%	13.50%	63.10%	11.29%	17.13%	12.42%

根据表 7 – 16，H3 检验结果如下所示：

（1）在决策准确性方面，方差具有齐性，非专业投资者的决策准确性在高任务难度和低任务难度下具有显著差异，因此说明与低任务难度相比，非专业投资者在高任务难度下的决策准确性较低，即验证了 H3a。

（2）在决策信心方面，方差具有齐性，非专业投资者的决策信心在高任务难度组与低任务难度组之间的差异具有显著性，说明与低任务难度相比，非专业投资者的决策信心在高任务难度下较低，即验证了 H3b。

（3）在决策校准方面，方差不具有齐性，非专业投资者的决策校准在低任务难度组和高任务难度组具有显著差异，说明与低任务难度相比，非专业投资者的决策校准在高任务难度下更低，即验证了 H3c。

表 7 – 16　　　　　以任务难度为分组变量的独立样本 T 检验

项目	Levene 检验		T 检验				
	F	P	t	df	P	均值差值	标准误差值
准确性	0.162	0.687	6.971	191	0.000	13.41%	1.92%
信心	1.825	0.178	4.588	191	0.000	7.66%	1.67%
校准			−3.638	176.303	0.000	−5.76%	1.58%

假设主要通过描述性统计和均值 T 检验加以验证，假设检验的结果表明，可视化和交互性对非专业投资者的决策准确性和信心影响显著，但对其决策校准的影响不显著，因此 H1a、H1b 和 H2a、H2b 得证，H1c 和 H2c 在 7.4.5 部分做进一步分析；任务难度对非专业投资者的决策准确性、信心和校准影响均显著，H3 成立。

7.4.5 LSD 检验

由于上述 H1c 和 H2c 的检验结果不具有显著性，即无法验证可视化和交互性对非专业投资者决策校准产生的影响，以下将进一步分析可视化和交互性对非专业投资者决策校准如何产生影响。结合 7.4.3 部分交互效应的检验结果可知，可视化和交互性无法单独对非专业投资者的决策校准产生影响，但具有交互效应。对 H1c 和 H2c 的进一步分析利用多重比较的 LSD 检验来实现。

1. 低任务难度下不同处理组的比较分析

由表 7-17 可知，在低任务难度下，高可视化无交互性组的决策校准低于无交互性低可视化组的决策校准；低可视化有交互性组的决策校准比低可视化无交互性组的决策校准低；高可视化有交互性组比低可视化无交互性组的决策校准高。单独提高可视化或单独提供交互性时，非专业投资者的决策校准偏差增大，提高可视化并提供交互性时，非专业投资者的决策校准偏差减小。

表 7-17 低任务难度下描述性统计

组别	N	准确性		信心		校准	
		平均数		平均数		平均数	
		统计量	标准误	统计量	标准误	统计量	标准误
低可视化—无交互性	26	49.54%	9.20%	58.02%	8.58%	8.48%	6.39%
高可视化—无交互性	23	58.54%	10.51%	74.16%	9.92%	15.62%	8.29%

续表

组别	N	准确性		信心		校准	
		平均数		平均数		平均数	
		统计量	标准误	统计量	标准误	统计量	标准误
低可视化—有交互性	24	57.65%	13.65%	73.81%	10.75%	16.16%	10.18%
高可视化—有交互性	24	72.57%	7.15%	78.21%	6.06%	5.64%	7.99%

由表 7-18 可知，在低任务难度下，LSD 检验结果如下所示：

（1）低可视化无交互性组分别与高可视化无交互性组、低可视化有交互性组的决策校准差异显著，说明在低任务难度下，单独的提高可视化或者单独的提供交互性会使非专业投资者的决策校准水平降低，此时 H1c 和 H2c 均成立。

但低可视化无交互性组与高可视化有交互性组的决策校准差异不显著，说明在低任务难度条件下，提高可视化的同时增加交互性不会导致决策校准水平降低。结合表 7-17，可视化和交互性使非专业投资者的决策准确性和决策信心均大幅度提高，决策准确性和决策信心较为一致地提高使非专业投资者的决策校准偏差缩小，决策校准得到了改善。

（2）高可视化无交互性组与低可视化有交互性组的决策校准无显著差异，结合表 7-17 中的均值结果，说明在低任务难度下，单独提高可视化和单独提供交互性对非专业投资者决策校准的影响较为一致。

（3）高可视化有交互性组分别与高可视化无交互性组、低可视化有交互性组之间具有显著差异，结合表 7-17 中的均值结果，在高可视化无交互性基础上，提供交互性可使非专业投资者的决策校准提高；在低可视化有交互性基础上，提高可视化水平也可使非专业投资者的决策校准提高。这说明与单独提高可视化或单独提供交互性相比，提高可视化的同时提供交互性使非专业投资者的决策校准得到显著改善，而且非专业投资者决策校准的改善表现为决策校准偏差变小，即他们决策准确性和决策信心都得到了较为一致的提高。

表 7 – 18　　　　　　　低任务难度下决策校准的 LSD 检验

（A）组别	（B）组别	平均差异（A – B）	均值差值	P
低可视化—无交互性	高可视化—无交互性	– 7.14%	2.37%	0.003
	低可视化—有交互性	– 7.68%	2.35%	0.001
	高可视化—有交互性	2.84%	2.35%	0.230
高可视化—无交互性	低可视化—有交互性	– 0.54%	2.42%	0.825
	高可视化—有交互性	9.98%	2.42%	0.000
低可视化—有交互性	高可视化—有交互性	10.51%	2.39%	0.000

2. 高任务难度下不同处理组的比较分析

表 7 – 19 为高任务难度下，不同处理组非专业投资者的决策准确性、信心与校准的描述性统计，表 7 – 20 为高任务难度下，非专业投资者的决策校准在不同处理组多重比较的 LSD 检验结果。

188

表 7 – 19　　　　　　　高任务难度下决策校准描述性统计

组别	N	准确性		信心		校准	
		平均数		平均数		平均数	
		统计量	标准误	统计量	标准误	统计量	标准误
低可视化—无交互性	23	36.28%	10.14%	50.19%	10.19%	13.90%	9.21%
高可视化—无交互性	25	44.38%	11.40%	65.60%	9.88%	21.22%	13.27%
低可视化—有交互性	24	45.24%	11.41%	66.31%	7.25%	21.07%	11.66%
高可视化—有交互性	24	57.63%	12.25%	69.64%	6.62%	12.01%	12.81%

由表 7 – 19 可知，在高任务难度下，低可视化无交互性组与其他三组之间决策校准的差异与低任务难度下一致。

表 7 - 20   高任务难度下决策校准的 LSD 比较检验

（A）组别	（B）组别	平均差异 （A－B）	均值差值	P
低可视化—无交互性	高可视化—无交互性	－7.32%	3.43%	0.036
	低可视化—有交互性	－7.17%	3.47%	0.042
	高可视化—有交互性	1.89%	3.47%	0.586
高可视化—无交互性	低可视化—有交互性	0.15%	3.40%	0.965
	高可视化—有交互性	9.21%	3.40%	0.008
低可视化—有交互性	高可视化—有交互性	9.06%	3.43%	0.010

  由表 7 - 20 可知，在高任务难度下，非专业投资者在任意两组之间的决策校准差异显著性与低任务难度下基本保持一致。并且在高任务难度下，非专业投资者在任意两组之间的决策校准差异显著性与低任务难度下基本保持一致。

  LSD 检验结果表明，任务难度一定时，在可视化水平较低、不存在交互性的基础上，单独提高可视化水平或单独提供交互性会使非专业投资者的决策校准显著降低，H1c 和 H2c 成立；在可视化水平低、存在交互性的基础上，提高可视化水平会使非专业投资者的决策校准显著提高；在可视化水平高、存在交互性的基础上，提高交互性会使非专业投资者的决策校准显著提高。

7.4.6 稳健性检验

  为了确保实验结果的可靠性，本章对假设进行了稳健性检验。由于本章中三个因变量分别为非专业投资者的决策准确性、决策信心和决策校准，而决策校准是用决策准确性和决策信心之间的差异来衡量的，问卷中设计了替代性的问题来衡量非专业投资者的决策准确性，如用"请您为 A 公司盈利能力的总体情况进行打分？（1 很低，5 很高）"代替"经过上述分析和预测，您是否会选择购买 A 公司股票？"等问题来衡量问题的准确性，在设置的每个判断决策准确性的问题后增设被试对自己决策准确性的信心评分，如"您对第 23 题回答准确的信心为多少？（1 很低，5 很高）"。因此，通过对决策准确性设置替代性问题得到的决策准确性和决策信心的偏差重新衡量决策校准。

1. H1 的稳健性检验

由表 7 - 21 可知，与低可视化水平相比，高可视化下非专业投资者的决策准确性、信心均有所提高，决策校准略有提高。

表 7 - 21   不同可视化水平下的描述性统计

可视化水平	N	准确性		信心		校准	
		平均数		平均数		平均数	
		统计量	标准误	统计量	标准误	统计量	标准误
低可视化	97	73.42%	13.69%	60.48%	14.25%	12.94%	14.96%
高可视化	96	82.19%	8.14%	69.97%	14.88%	12.22%	11.64%

由表 7 - 22 可知，可视化水平的高低对非专业投资者决策的准确性、信心具有显著性，与假设检验结果相一致，可验证 H1a 和 H1b。可视化水平的高低对非专业投资者决策校准的影响不显著，因此无法直接验证 H1c。

表 7 - 22   以可视化为分组变量的独立样本 T 检验

项目	Levene 检验		T 检验				
	F	P	t	df	P	均值差值	标准误差值
准确性			- 5.414	156.630	0.000	- 8.76%	1.62%
信心	2.008	0.158	- 4.523	191	0.000	- 9.48%	2.10%
校准			0.373	180.964	0.710	0.72%	1.93%

2. H2 的稳健性检验

由表 7 - 23 可知，与无交互性相比，有交互性使非专业投资者的准确性、信心均有所提高，决策校准值稍有提高。

表 7 – 23   不同交互性水平下描述性统计

交互性水平	N	准确性		信心		校准	
		平均数		平均数		平均数	
		统计量	标准误	统计量	标准误	统计量	标准误
无交互性	97	73.89%	13.34%	61.25%	15.41%	12.63%	14.91%
有交互性	96	81.72%	9.14%	69.18%	14.16%	12.53%	11.73%

由表 7 – 24 可知，交互性对非专业投资者决策的准确性、信心具有显著性，与假设检验结果相一致，可验证 H2a 和 H2b。交互性的有无对非专业投资者决策校准的影响不显著，因此无法直接验证 H2c。

表 7 – 24   以交互性为分组变量的独立样本 T 检验

项目	Levene 检验		T 检验				
	F	P	t	df	P	均值差值	标准误差值
准确性			– 4.762	170.057	0.000	– 7.83%	1.64%
信心			– 3.724	189.965	0.000	– 7.93%	2.13%
校准	2.181	0.141	0.051	191	0.960	0.10%	1.93%

3. H3 的稳健性检验

由表 7 – 25 可知，与低任务难度相比，高任务难度下非专业投资者的准确性、信心和决策校准均有所降低。

表 7 – 25   不同任务难度水平下的描述性统计

任务难度水平	N	准确性		信心		校准	
		平均数		平均数		平均数	
		统计量	标准误	统计量	标准误	统计量	标准误
低任务难度	97	81.83%	11.98%	71.13%	15.45%	10.69%	11.22%
高任务难度	96	73.70%	10.77%	59.20%	12.59%	14.50%	15.08%

由表 7 – 26 可知，非专业投资者在高、低两种不同任务难度下的决

策准确性、信心和决策校准差异显著，该结果与假设检验相一致，即验证了 H3a、H3b 和 H3c。

表 7-26　　　以任务难度为分组变量的独立样本 T 检验

项目	Levene 检验		T 检验				
	F	P	t	df	P	均值差值	标准误差值
准确性	1.921	0.167	4.955	191	0.000	8.13%	1.64%
信心	0.021	0.886	5.877	191	0.000	11.93%	2.03%
校准			-1.987	175.482	0.048	-3.81%	1.92%

4. 任务难度一定条件下的稳健性检验

在不区分任务难度水平的条件下，可视化和交互性对非专业投资者决策校准的影响均不显著，为了检验不同可视化水平和交互性水平对非专业投资者决策校准的具体影响，本部分在控制任务难度水平的条件下进行多重比较的 LSD 检验。

（1）低任务难度下不同处理组的比较分析。

由表 7-27 可知，在任务难度较低时，单独提高可视化水平或单独提供交互性会使决策校准降低，但同时提供可视化和交互性会使非专业投资者的决策校准略有改进。单独提高可视化或单独提高交互性产生的校准差值大于同时提高可视化和交互性时的决策校准差值。

表 7-27　　　低任务难度下决策校准的描述性统计

可视化和交互性水平	N	平均数		标准差
		统计量	标准误	统计量
低可视化—无交互性	26	6.81%	10.71%	2.10%
高可视化—无交互性	23	15.22%	12.29%	2.56%
低可视化—有交互性	24	15.63%	9.24%	1.89%
高可视化—有交互性	24	5.63%	9.01%	1.84%

由表 7-28 可知，低任务难度下，非专业投资者决策校准在任意两

组之间的差异显著性与 7.4.5 部分中的差异显著性一致，因此，低任务难度下稳健性检验结果与 7.4.5 部分中的检验结果一致。

表 7 - 28　　　　　　低任务难度下决策校准的 LSD 检验

（A）组别	（B）组别	平均差异（A－B）	均值差值	P
低可视化—无交互性	高可视化—无交互性	－ 8.41%	2.97%	0.006
	低可视化—有交互性	－ 8.82%	2.94%	0.003
	高可视化—有交互性	1.18%	2.94%	0.688
高可视化—无交互性	低可视化—有交互性	－ 0.41%	3.03%	0.893
	高可视化—有交互性	9.59%	3.03%	0.002
低可视化—有交互性	高可视化—有交互性	－ 10.00%	3.00%	0.001

（2）高任务难度下不同处理组的比较分析。

由表 7 - 29 可知，在高任务难度下，单独提高可视化水平或单独提高交互性会使决策校准降低，但同时提高可视化和交互性会使非专业投资者的决策校准略有改进。

表 7 - 29　　　　　　高任务难度下决策校准的描述性统计

可视化和交互性水平	N	平均数		标准差
		统计量	标准误	统计量
低可视化—无交互性	23	8.77%	16.81%	3.51%
高可视化—无交互性	25	17.67%	12.59%	2.52%
低可视化—有交互性	24	18.40%	11.99%	2.45%
高可视化—有交互性	24	11.74%	11.90%	2.43%

由表 7 - 30 可知，在高任务难度下，非专业投资者在任意两组之间决策校准的差异显著性与 7.4.5 部分中的差异显著性一致，因此，高任务难度下稳健性检验结果与 7.4.5 部分中的检验结果一致。

表 7 – 30   高任务难度下决策校准的 LSD 检验

（A）组别	（B）组别	平均差异（A – B）	均值差值	P
低可视化—无交互性	高可视化—无交互性	– 8.90%	3.72%	0.019
	低可视化—有交互性	– 9.63%	3.76%	0.012
	高可视化—有交互性	1.55%	3.76%	0.681
高可视化—无交互性	低可视化—有交互性	– 0.74%	3.68%	0.842
	高可视化—有交互性	– 10.44%	3.68%	0.006
低可视化—有交互性	高可视化—有交互性	– 11.18%	3.72%	0.003

稳健性检验的结果表明，H1a、H2b、H2a、H2b 和 H3 均得到验证，但 H1c 和 H2c 只有在区分任务难度的前提下单独提高可视化或单独提高交互性时才能成立，与假设检验结果相一致。

7.5 小   结

随着互联网技术的发展，信息可视化的应用越来越广泛，信息披露形式不断得到改进。可视化信息披露形式既可以直观展现信息全貌，又可以轻易实现信息交互，有助于投资者寻找有效的财务信息进行决策。在财务会计领域，国内外学者关于可视化信息披露对决策准确性和决策信心影响的研究多以财务决策者为研究对象，而以非专业投资者为研究对象的则相对较少，并且很少有学者综合考虑可视化和交互性对决策者的准确性和信心之间校准的影响。所以，本章选取可视化财务信息披露的两个重要方面——可视化和交互性，采用实验设计方法研究不同任务难度下可视化和交互性对非专业投资者决策准确性和决策信心之间决策校准产生的影响。

研究以行为决策有限理性理论、双重编码理论和决策支持系统用户校准设计理论为基础，并梳理了决策校准、可视化财务信息披露对非专业投资者决策校准的影响以及非专业投资者决策特征方面的相关文献，提出了可视化、交互性和任务难度分别对非专业投资者决策准确性、信心和校准影响的三个假设。通过设计 2 ×2 ×2 被试间实验，考察了在不同可视化、交互性和任务难度组合的八种实验条件下，非专业投资者决策的信心、准确性和校准的变化，并利用设计的问卷收集实验数据。最终对假设进行检验。

结果表明，与低可视化相比，高可视化使非专业投资者具有较高的决策准确性和信心；与无交互性相比，有交互性使非专业投资者具有较高的决策准确性和信心；与低任务难度相比，高任务难度下的非专业投资者具有较低的决策准确性、信心和校准；在最小显著性差异检验中发现，任务难度一定时，单独提高可视化或单独提供交互性会使非专业投资者的决策校准降低，只有在提高可视化的同时提高交互性才能使非专业投资者的决策校准得到改善。

因此，建议上市公司和网站信息设计者要考虑不同种类用户的信息需求，针对认知能力有限的非专业投资者，尽量采用动态直观的交互式可视化方式披露财务信息，以此提高信息披露形式具备的信息含量。监管机构应当积极引导上市公司信息披露规范化，保障非专业投资者的合法权益。非专业投资者应选择符合他们认知水平的信息搜寻方式，尽可能利用可视化财务信息披露的形式挖掘有效信息，提高决策判断的信心和准确性，改善决策校准。

第8章 风险提示信息可读性对非专业投资者决策影响的实验研究

——基于"管理层讨论与分析"的证据

风险提示信息是管理层向投资者和社会公众公开披露公司未来经营发展所面临的不确定因素的信息,企业年度报告中的风险提示信息代表着公司管理层对公司发展过程中风险状况的总体判断,是投资者了解公司风险最直接的途径,能直接影响投资者对公司风险的判断。然而,管理层讨论与分析(Management Discussion and Analysis,MD&A)中条理地披露了宏观政策性风险、经营风险、环境风险、产品质量风险等风险类型、原因以及应对措施,满足了利益相关者的信息需求(魏哲等,2016),而且克里斯坦森等(Christensen et al.,2016)研究表明管理层讨论与分析中风险提示信息的信息含量更高。

风险提示信息包括风险信息(坏消息)和战略信息(好消息)。当公司在风险提示信息中过多披露财务风险、经营风险等信息(坏消息)时,虽然可有效地向利益相关者传递信息,但同时也打击了投资者信心,给公司带来损失。若公司在风险提示信息中披露的是技术类战略信息(好消息),则会吸引投资者,强化投资者信心;但也可能让竞争者获取技术及战略信息,导致企业竞争加剧。因此,管理层可能会基于自利的动机,为了满足公司发展或薪酬的需要,在管理层讨论与分析中策略性披露风险提示信息,影响投资者决策(易志高等,2018)。例如,2018年7月长春长生生物的疫苗造假事件,在疫苗事件爆发之前(2014年1月到2018年7月),长春长生公司对其负面风险提示信息没有任何披露,反而在MD&A中披露"长春长生生物丰富的产品组合使其在医药市场中具有难以复制、独特的竞争优势""增大研发投入"等正面风险提示信息(战略信息)掩盖公司真实风险,误导投资者。疫苗事件使得长春长生生物进入"一元股"行列，医药行业也受较大影响。

由于 MD&A 中风险提示信息主要是文本信息（薛爽等，2010；杨丹等，2018），孙文章（2019）指出文本信息可读性对投资者的决策具有重要影响，同理可预期，MD&A 中风险提示信息可读性也会对投资者产生重要影响。例如，浙江震元在风险提示信息中使用了较多的专业术语："4 + 7 带量采购结果全国逐步联动和落地实施，并发起医院饮片招标，此举将挤压公司工业板块药品和饮片的销售盈利空间下降，同时商业的绝对配送金额受到较大挑战……""后续带量采购、医联体及医共体二次议价等政策的出台，将对公司工业产品和商业纯销业务产生较大影响"，这些专业术语大大增加了投资者尤其是非专业投资者解读风险提示信息的难度。相比而言，同行业的天圣制药在其风险提示信息中却使用了简洁易懂的句子来披露风险提示信息，例如，"国家一贯推行的药品降价措施将会对药品价格产生一定的影响，进而影响公司的盈利水平""生产工艺改进的滞后影响公司的成本控制和产品性能的改进"。由此可见，管理层会利用可读性策略性披露风险提示信息，因此投资者对公司未来风险的判断和决策受风险提示信息可读性的影响（Bryan，1997）。

可见，管理者在发布风险提示信息时有很大的自由裁量权。为了给投资者提供良好的市场环境，国内外监管机构都制定了相关的披露准则。例如，1988 年，美国证券交易委员会（United States Securities and Exchange Commission，SEC）就发布了简明英语规则（Rule 421d），要求公司以"清晰、简洁"为目标，遵循简明英语规则披露信息，并不断完善。2014 年，我国修订的《公开发行证券的公司信息披露内容与格式准则第 2 号——年度报告的内容与格式》中要求提高报告的可读性，做到语言平实、通俗易懂。2020 年实施的修订后的《中华人民共和国证券法》进一步强化了信息披露的要求，强调应充分披露投资者做出价值判断和投资者决策必需的信息。

若投资者能够充分利用风险提示信息，便能做出较理性的投资决策，但非专业投资者受自身认知水平和投资经验的限制，容易受到管理层对风险提示信息操纵的影响。鉴于此，本章研究 MD&A 中风险提示信息的可读性、风险提示信息的消息性质对非专业投资者决策的影响，旨在能够为监管层和政策层提供决策依据。

197

8.1 概念界定与理论基础

8.1.1 相关概念界定

1. 风险提示信息

我国在《公开发行证券的公司信息披露内容与格式准则第 2 号——年度报告的内容与格式》中要求我国上市公司应当在 MD&A 中加入"重大风险提示"来披露风险提示信息。同时，将风险提示信息定义为上市公司围绕经营状况，依据相关性和重要性的原则披露可能会影响当前经营以及未来拓展业务的风险因素，即风险提示信息既包括风险因素和事项，又包含各风险因素的影响程度、解释说明和应对措施。

相关学者对风险提示信息作出了界定。例如，薛爽等（2010）认为风险提示信息是企业发布预警信号的重要窗口，是信息使用者获取关于公司未来风险状况的重要途径，包括风险事项、风险发生概率、影响程度、风险管理举措等。杨雨馨（2019）认为风险提示信息是企业在社会政策等外部因素的基础上，结合内部生产经营的现状，对企业在未来经营发展过程中面临的不确定性信息所进行的科学预测和提示报警。张继勋和屈小兰（2011）将风险提示信息界定为对公司未来的不确定性因素或事件，提前给予相应的提醒、明示或解释。何捷和陆正飞（2020）认为风险即不确定性，风险提示信息是面向未来的、与企业未来业绩具有相关性的信息。王雄元和高曦（2018）将风险提示信息比喻为信息使用者打开"黑箱"的钥匙，即风险提示信息能够反映公司风险状况。王雄元等（2017）认为风险提示信息既包括已知风险因素和事项的进一步说明和解释，又包含未知风险与突发事件，即未来展望的风险提示信息中包含已面临或将要面临的风险及向利益相关者传达风险信息的行为。

基于上述研究，依据我国《公开发行证券的公司信息披露内容与格式准则第 2 号——年度报告的内容与格式》的要求，本章内容将风险提示信息定义为：既包括风险因素和事项，又包含各风险因素的影响程度、解释说明和应对措施，即上市公司年度报告第四节管理层讨论与分析"重大风险提示"中的所有内容。

2. 风险提示信息消息性质

有学者将消息性质划分为好消息，坏消息和中性消息，例如陈等（Chen et al.，2013）将管理层盈利预测与分析师共识进行比较，若管理层盈利预测值高于分析师共识为好消息，若管理层盈利预测值低于分析师共识为坏消息；除此之外的为中性消息。但也有学者采用二分法，仅区分好消息与坏消息，例如戴德明等（2005）根据管理层发布的盈利预告区分好坏消息，将预盈和预增定义为好消息，而预警和预亏定义为坏消息。蔡宁（2012）的研究中指出可以用两种方法区分好坏消息：一种是根据内容来区分，若预告的公司业绩变动超过行业均值则为好消息，否则为坏消息；另一种是根据盈利预测信息披露前后 3 个交易日的市场反应来区分，若未来可能使股价上涨则为好消息，反之为坏消息。

基于此，通过对 MD&A 中"重大风险提示"的消息性质进行梳理，发现管理层在披露风险提示信息时会使用好消息和坏消息的词汇，较少使用中性词汇，所以本章节采用二分法定义风险提示信息消息性质，即将未来可能使股价上涨的风险提示信息定义为好消息，而未来可能使股价下跌的风险提示信息定义为坏消息。

3. 风险提示信息可读性

关于可读性的定义有很多，最早在 1949 年戴尔和乔尔（Dale & Chall，1949）将可读性定义为一篇文章被阅读和理解的难易程度，后来，相关学者将可读性理解为阅读者理解速度、理解力和提高兴趣三要素之和（Asheim，1958）。克莱尔（Klare）提出，可读性指的是"写作风格易于理解"，将可读性定义为理解撰写风格的难易程度，同样，泰菲（Tekfi，1987）认为可读性是确保给定的作品以作者所希望的方式到达并影响其读者。所以，可读性通过影响读懂书面内容的能力即主观判断和处理信息时的轻松程度即认知流畅性两个方面影响信息使用者（Rennekamp，2012；Miele & Molden，2010）。

关于可读性的度量方法有很多，学者们主要采用迷雾指数（Fog Index)、易读性指数（Flesch Reading Ease）和金凯德指数（Flesch – Kincaid Indices）从句子长度和复杂词汇的使用频率来衡量文章的可读性。2014 年，拉夫兰和麦当劳（Loughran & McDonald，2014）认为句子长度和复杂性不是影响信息可读性的重要因素，揭示了迷雾指数的弱点，提出以电子文档的大小作为可读性的衡量方法。除此之外，还有学者提出按照抽象概念的难度和密度（Ojemann，1934）、完形填空法来度量（Taylor，1953）。

基于此，本章将从专业词汇、句子长短、逆连接词语个数几个方面来定义风险提示信息可读性，即专业词汇较少、句子较短且逆连接词语个数较少的表述是可读性高的风险提示信息，专业词汇较多、句子较长且逆连接词语个数较多的表述是可读性低的风险提示信息。

8.1.2 相关理论基础

1. 印象管理理论

基于社会心理学的范畴，戈夫曼（Goffman，1959）提出心理学印象管理学的概念，指通过操纵信息来干涉外界对自身的评价，形成印象的过程。国内外相关学者普遍认为印象管理理论通过选择性的展示自身好的一面达到留下好印象的目的，具有"策略性"和"偏向性"。由于文字具有灵活性，因此监管机构无法对文本信息的语言表达方式制定统一、严格的标准，给足智多谋的"经济人"进行印象管理提供可能性。20 世纪 80 年代，印象管理理论被赋予新的含义，即管理层通过操纵文本信息，策略性引导信息使用者对企业价值的判断，此举广泛应用在会计信息披露等研究领域（Schwenk，1990）。

MD&A 中的印象管理行为主要通过自利性归因和操纵文本可读性两种手段进行策略性披露，即足智多谋的"经济人"通过策略性披露，"弱化"自身劣势，强调自身优势，增强股东的信任感。

自利性归因行为是指足智多谋的"经济人"在解释公司业绩产生原因时，通过归因行为来美化自身形象。麦金斯特里（Mckinstry，1996）的研究表明当企业业绩较好时，管理层倾向于把正面的业绩归因于主观努力，而当企业业绩较差时，管理层倾向于归因于客观、个人无法控制的因素。在中国，孙蔓莉等（2005）研究了中国上市公司年报中的业绩归因，发现管理层倾向于把正面业绩归因于自己经营有方，突出自身管理工作的绩效，以增进股东的信任感，争取更高的报酬，而把负面业绩归因于不可抗力等外部客观环境，以推卸自己管理不善、决策失误的责任，逃避股东的处罚，说明中国上市公司管理层在发布文本信息时也存在自利性归因的现象。

除此之外，印象管理理论认为足智多谋的"经济人"基于自利的目的，有动机利用自由裁量权对报告的篇幅、专业词汇数量等文本信息进行操纵（Ajina et al.，2016），即通过操纵文本可读性的方式，影响投资者尤其是非专业投资者的决策判断。也就是说，当公司业绩好、管理层希望信息使用者能够充分了解公司信息作出科学的判断时，足智多谋的"经济人"运用简单、通俗的语言披露文本信息，即发布可读性水平高的文本信息，提高信息使用者对信息的理解；当公司业绩较差时，足智多谋的"经济人"会使用更多的专业术语粉饰涉及自身责任的经营管理问题，即发布可读性水平低的文本信息，降低信息使用者对信息的理解（王克敏等，2018；孙文章，2019；Bochkay & Levine，2019；张琛等，2019）。所以，公司的管理层可以通过操纵报告的阅读难易水平的方式，影响信息使用者对文本信息的理解程度，尤其是业绩差的公司，足智多谋的"经济人"倾向于加大文本信息可读性的难度，将坏消息模糊化来保护企业形象，防止造成更大的损失。

基于印象管理理论，一方面，足智多谋的"经济人"有动机通过自利性归因的手段操纵文本信息的消息性质，即当足智多谋的"经济人"需要发布好消息时，倾向于向信息使用者充分传递自身努力程度；当足智多谋的"经济人"需要发布坏消息时，便有动机通过美化涉及自身责任的经营管理问题的手段，将公司未来的风险归咎于宏观政策变动，引发人们对事件好的记忆，从而影响投资者决策。另一方面，足智多谋的"经济人"有动机通过操纵文本可读性的手段操纵企业披露文本信息的文本特征，即当企业经营状况良好时，足智多谋的"经济人"会倾向于使用通俗明了的语言披露更多更详细的风险提示信息以期信息使用者能够认可企业价值；当企业经营状况糟糕时，足智多谋的"经济人"披露风险提示信息时会采用复杂的句式以及专业的词汇，提高信息使用者的解读成本，干扰投资者决策的科学性（李燕媛和

201

李晓东，2009）。

2. 加工流畅理论

加工流畅性属于信息加工理论。斯文科（Schwenk，1990）最早于1990年对信息加工流畅性作出说明，指出加工流畅性是指"获取信息的难易程度"，换言之，当加工流畅性与信息使用者获取信息准确性呈正相关关系时，获取信息需要付出的成本就越低。奥本海默（Oppenheimer，2008）将加工流畅性定义为信息使用者在信息加工的过程中对难易程度的评价，并将加工流畅性分为提取流畅性、概念流畅性和知觉流畅性，具体而言，信息使用者思维触发的信息流畅性为信息提取流畅性，受长期刺激进行加工精细化的流畅性为概念流畅性，受短期刺激感知信息表征特点或呈现方式的流畅性为知觉流畅性（Oppenheimer & Frank，2008）；奥特和奥本海默（Alter & Oppenheimer，2009）又将加工流畅性细分为感知流畅性、语言流畅性、空间流畅性等；又有学者创新性地将加工流畅性分为概念流畅性、知觉流畅性、理解流畅性和意象流畅性。基于此，本章在借鉴上述研究中的主流方式后，将信息加工流畅性分为提取流畅性、概念流畅性和知觉流畅性。

那么，加工流畅性是如何对信息使用者产生作用的呢？它的作用理论模型是流畅度 – 归因模型（Bornstein & D'Agostino，1994），具体来说，信息使用者本能地将加工流畅程度高的信息归因为更加真实的信息。之后，这个机制也得到了学者的证实，例如，彼得罗切利和惠特迈尔（Petrocelli & Whitmire，2017）在研究中发现，相比于加工流畅程度较低的信息，信息使用者更加相信加工流畅程度较高的信息。

基于加工流畅理论，当风险提示信息的可读性较高时，语言更简练，非专业投资者在提取信息或者加工信息时更流畅，依据流畅性 – 归因模型，非专业投资者本能地将此类信息归因为真实的信息，对股价判断更高；当披露的风险提示信息可读性低时，非专业投资者对此类信息的加工处理流畅度低，将此类信息归因为不真实的信息，对股价判断更低。

3. 双系统作用模型

20世纪80年代，柴肯等（Chaiken et al.，1980）认为人类对不同信息的加工决策会存在两种不同的信息加工过程，即基于直觉判断的启发式系统性模型（Heuristic System）和基于理性分析的分析式系统模型（Analytic System）的双系统作用模型。双系统作用模型的核心理论是一致的：当信息使用者做决定时，他可能选择投入大量的精力对信息进行理性的分析从而做出合理的决策，也有可能通过各种经验或直观的判断轻松地做出较笼统的判断，两模型的差异在于，什么情况决策者会使用哪种信息处理途径。基于直觉判断的启发式系统性模型认为，信息使用者在选择信息处理途径时，更期望会降低自己的认知负荷，将复杂的问题简单化（Amos & Kahneman，1986），从而使自己决策的过程简单化，同时决策者依靠大致印象或是主观判断可能缺少理性的分析从而忽略重要的细节，造成决策偏差（Chen et al.，1990）。然而，若信息使用者采用基于理性分析的分析式系统模型处理信息，则会对已获得的相关信息进行全面、理性的推敲，并不断获取新信息调整决策，会花费时间和精力判断信息，决策结果比较精确（Petty et al.，1976）。

信息使用者选择基于直觉判断的启发式系统性模型还是基于理性分析的分析式系统模型对相关信息进行加工受多种因素的影响。但佩蒂等（Petty et al.，1976）发现，信息使用者对信息加工模型的选择关键是被目标特征（如文本信息的复杂性）和判断特征（如文本信息处理能力）制约，即信息使用者本身的态度以及信息的吸引程度都会直接影响信息使用者对信息理解的渴望程度，从而决定信息加工路线，若信息使用者认为任务的复杂性较高或自身能力不足时，更倾向于采用基于直觉判断的启发式系统性模型（MacGregor et al.，2010）。

基于双系统作用模型，当非专业投资者在面对不同消息性质的风险提示信息时，受到自身认知水平和投资经验的限制，非专业投资者可能没有足够的能力来辨别管理层发布的自利性归因的信息，使非专业投资者更加偏好于基于直觉判断的启发式系统性模型，即主要依赖第一印象和语义的暗示对风险提示信息进行加工，因而出现决策偏差。除此之外，当管理层使用抽象、专业性较强、可读性较低的语言来披露风险提示信息时，非专业投资者受任务难度高和认知能力的影响，更加偏好于基于直觉判断的启发式系统性模型对风险提示信息进行加工，缺少理性系统的分析，导致决策偏差。

8.2 机理分析及假设提出

8.2.1 可读性和消息性质对非专业投资者决策的影响

1. 可读性对非专业投资者决策的影响

对非专业投资者来说，信息的可读性越强，他们认为此类信息更值得信任（于琴和张兵，2020），非专业投资者就更容易了解公司信息、预测公司未来业绩（张继勋等，2016）；若信息的可读性较低，非专业投资者面临的信息不对称程度上升（Miller，2010），非专业投资者难以提取到准确的信息（丁慧，2018），可能会减少对该公司的股票交易（Miller，2010；Hwang & Kim，2017；张娟和黄志忠，2020）或者是造成更高的风险溢价（Ertugrul et al.，2017），甚至对公司以及管理层产生怀疑，潜意识中产生负面情绪，降低决策的准确性（Core，2001；Fields & Lys，2001）。特别是任宏达和王琨（2018）的研究表明，管理层越多使用含糊不清的词语（可读性低的文本信息），则非专业投资者正确评估公司的风险和价值就越困难。这时，非专业投资者对外部信息的需求进一步提高（Scott et al.，2016），使分析师跟踪数量上升（丘心颖等，2016），同时信息的复杂性和不确定性也会导致分析师的分歧度上升和准确度下降。

那么，可读性是怎样影响非专业投资者做出决策的？相关学者的研究表明，可读性一般通过影响非专业投资者对信息加工流畅性和对信息的处理路径，进而影响非专业投资者决策。首先，可读性影响非专业投资者对信息的加工流畅性（Li，2008）。加工流畅性是投资者个人处理公司披露信息难易程度的主观感受，心理学研究证明，可读性高的文本信息可以提高非专业投资者对公司披露文本信息的加工流畅，进而影响他们的决策判断（谢德仁和林乐，2015）。例如，雷纳坎普（Rennekamp，2012）发现，当公司发布的信息不一致时，非专业投资者对可读性高的文本信息加工更加的顺畅，认为此类信息更加真实，减少了非专业投资者对基于直觉判断的启发式系统性模型的依赖。而可读性低的文本信息意味着非专业投资者要花费更多的时间从篇幅较长、内容复杂的信息中挑选出有价值的文本信息，降低了非专业投资者加工文本信息的流畅程度，影响非专业投资者的决策和判断（Li，2008；Davis & Sweet，2012；Adelberg et al.，1979）。其次，可读性还会影响非专业投资者对信息的加工路径。双系统作用模型提出，目标特征（如文本信息的复杂性）和判断特征（如文本信息处理能力）会影响两个加工路线的相互作用。根据双系统作用模型，当文本信息可读性较低时，非专业投资者受目标特征和判断特征的影响，会更偏向于基于直觉判断的启发式系统性模型，基于某些肤浅的线索或简单的"经验法则"做出决策，从而出现决策误差（Chaiken et al.，1980）。然而，随着文本信息可读性的提高，具有较强判断特征的非专业投资者将提高预测结果的准确性，而判断特征较弱的非专业投资者准确性不会提升（Cui，2016）。所以对于判断特征较弱的非专业投资者来说，面对可读性较低的文本信息时，任务难度高会使非专业投资者偏向于基于直觉判断的启发式系统性模型，造成投资偏差。

205

2. 消息性质对非专业投资者决策的影响

非专业投资者的判断与决策还会受到不同消息性质的影响（Hirst et al.，2004）。积极正面的信息往往能够使非专业投资对公司形成良好的印象，他们会对管理层传递出的好消息做出显著迅速正向的反应（李秀丽，2019），但非专业投资者对坏消息的反应程度超过同等程度对好消息的反应程度，加剧股价崩盘的风险（Segal & Segal，2016；Courtis，1998）。例如，李岩琼和姚颐（2020）的研究证实管理层披露越多关于研发的信息（好消息）越容易获得研发补助。李世刚和蒋尧明（2020），唐跃军等（2008）通过词典法发现，管理层发布好消息可以增强信息使用者对公司的积极印象，有利于非专业投资者认可公司，从而做出对公司有利的决策。戴维斯等（Davis et al.，2012）通过使用字典法进行文本分析发现，管理层披露的好消息可以向非专业投资者提供有关于公司未来前景较理想的信息，提高公司的未来收益。而梅尤等（Mayew et al.，2015）在控制财务变量和市场变量后发现，在管理层讨论与分析中披露负面信息会给非专业投资者提供企业未来经营不确定性较高的信号，增加财务危机。李秉成等（2019）以银行业为样本的研究表明，管理层讨论与分析中披露负面信息会引起市场恐慌，可能会导致非专业投资者出现风险预判，增强市场异质性的信念。于琴和张兵（2020）的研究发现，随着负面消息的增加，股票流动性会降低。

虽然文本信息的消息性质会影响非专业投资者做出决策，但是这种情况的发生程度主要取决于非专业投资者自身专业能力限制和理性认知偏差。非专业投资者是非理性的（毛洪涛等，2014），受自身专业能力的限制，管理层发布的消息性质极容易影响非专业投资者的判断（方先明和高爽，2018）。另外，当非专业投资者想要在规定时间内做出决策时，受信息不完备等因素的影响可能会出现认知偏差，一方面，非专业投资者会对自己已获得信息的准确性过度高估或是不愿意针对新信息调整原有的决策（Poshakwale & Mandal，2014）；另一方面，当非专业投资者处于信息不确定的环境时可能存在羊群效应，即非专业投资者单纯的跟随他人的决策，不考虑自己所掌握的信息（Rogers & Van，2011）。因此，文本信息的消息特征对非专业投资者的影响较大。所以，如果非专业投资者对管理层披露的消息内容认知不清，则会依据夸大业绩以及掩盖风险的信息做出积极反应（Ajina et al.，2016；史永东等，2009）。

8.2.2　风险提示信息中消息性质影响非专业投资者决策的假设

有效的管理层讨论与分析应当具有无偏性，即在披露内容和形式方面不偏不倚，不存在"报喜不报忧"的现象，能够客观真实地反映公司真实的经营情况、公司业绩和未来面临的风险与挑战（Yuthas & Rogers，2002）。但现有学者指出，基于印象管理理论中的自利性归因动机，上市公司往往在文本信息的披露过程中使用大量积极乐观的词汇来描述未来发展前景。

一方面，印象管理理论认为，管理层在解释公司业绩时普遍存在自利性归因的倾向，即管理层预计未来业绩较好（好消息）时，倾向于把正面业绩归因于自己经营有方，向信息使用者充分传递自身努力程度，传递利好信号。当管理层预计未来业绩较差（坏消息）时，倾向于把负面业绩归因于不可抗力等外部客观环境，降低股价崩盘风险（Bloomfield，2008；Godfrey et al.，2009）。另一方面，印象管理理论认为管理层出于对声望的追求，往往会在文本信息的披露过程中使用大量积极乐观的词汇来描述未来发展前景，尤其是当管理层预测公司未来业绩较差时，会较少地表达具有实际意义的不利信息，避重就轻，以此掩盖一些失误的投资决策，"弱化"负面风险提示信息产生的影响（Van Lang，2012）。而且拉夫兰和麦当劳（Loughran & Mcdonald，2014）的研究证实，好消息并不一定代表企业良好的经营现状，也可能是足智多谋的"经济人"用来掩饰决策失误的手段。此结论在我国同样被证实，例如周波、张程和曾庆生在考虑消息的真实程度后发现，当真实程度低时，内容越积极，年报公布后的崩盘风险越大，这说明过于积极的消息可能是足智多谋的"经济人"进行印象管理的结果，并非是对公司前景的看好（周波等，2019）。

尤其对于认知水平和投资经验不足的非专业投资者来说，管理层语言的态度和感情会影响他们个人处理信息的方式。双系统作用模型提出，两种不同的信息处理路径可能会导致不同的结果。若信息使用者采用基于理性分析的分析式系统模型加工处理信息，则会对已获得的相关信息进行全面、理性的推敲，并不断获取新信息调整决策，会花费时间和精力判断信息，决策结果比较精确（Petty et al.，1976）；若信息使用者选择基于直觉判断的启发式系统性模型加工处理信息，会降低自己的认知负荷，将复杂的问题简单化（Amos & Kahneman，1986），从而使自己决策的过程简单化（Demaline，2020），同时决策者依靠大致印象或是主观判断可能缺少理性的分析从而忽略重要的细节，造成决策偏差（Chen et al.，1990）。因此，当非专业投资者在面对不同消息性质的风险提示信息时，受到自身认知水平和投资经验的限制，非专业投资者可能没有足够的能力来辨别管理层发布的自利性归因的风险提示信息，使非专业投资者更加偏好于基于直觉判断的启发式系统性模型来加工处理风险提示信息，即主要依赖第一印象和语义的暗示，因而出现决策偏差，基于此，本研究提出假设：

H1：与风险提示信息的坏消息相比，风险提示信息中的好消息会使非专业投资者对未来股价有更乐观的预计。

207

8.2.3 风险提示信息可读性影响非专业投资者决策的假设

除了风险提示信息的消息性质会对非专业投资者的决策产生影响之外，风险提示信息的可读性也很重要。印象管理理论认为管理层还可能通过操纵文本可读性的方式操纵文本信息的文本特征，从而影响信息使用者对公司的评价（Gu & Dodoo，2020），即当公司业绩好、管理层希望信息使用者能够充分了解公司信息作出科学的判断时，足智多谋的经济人出于利己主义会使用可读性较高的语言传递风险提示信息，尽可能地确保信息使用者会对此类消息做出积极的判断；相反，当公司业绩差、管理层试图美化涉及自身责任的经营管理问题时，管理层出于利己主义会使用可读性较低的语言传递风险提示信息，加大投资者的阅读难度，从而达到稀释公司负面消息影响的目的（Cui，2016；Godfrey et al.，2009；Kadous & Mercer，2012）。因此，可读性较低的风险提示信息使投资者不能对企业有清晰的认知和深入的了解，很容易被企业所迷惑，从而造成决策失误（Tan et al.，2015）。

根据双系统作用模型，信息使用者对信息加工模型的选择关键是受到目标特征（如文本信息的复杂性）和判断特征（如文本信息处理能力）两个因素的制约。当足智多谋的"经济人"使用抽象、专业性较强、可读性较低的语言来披露风险提示信息时，增加了信息使用者阅读和理解风险提示信息的难度，尤其对于非专业投资者而言，任务难度较大，超过自身认知水平，可能会因畏惧高认知负荷的分析式处理路径，进而会选择时间、资源、精力耗费较少的基于直觉判断的启发式系统性模型来加工风险提示信息，难以对复杂的风险提示信息做出高质量的分析。此外，当管理层使用抽象、专业性较强、可读性较低的语言来披露风险提示信息时，非专业投资者受认知能力的影响，更加偏好于基于直觉判断的启发式系统性模型来加工风险提示信息，虽然能够有效降低非专业投资者的认知负荷，以较少的知识和资源及时地对风险提示信息做出判断，但由于非专业投资者大多依靠大致印象或者是主观判断来处理风险提示信息，缺少理性系统的分析，忽略风险提示信息的重要细节，可能导致决策失误。基于此，提出假设：

H2：与可读性高的风险提示信息相比，非专业投资者对可读性低的风险提示信息股价决策偏差更大。

8.2.4　理解程度与加工流畅度中介效应的假设

为剖析风险提示信息可读性与风险提示信息消息性质是如何影响非专业投资者决策判断的，本章节引入中介变量理解程度和加工流畅度。

风险提示信息中好消息的出现使管理层披露风险提示信息的正面情绪被"放大"，容易使非专业投资者对公司产生更多的好感和信心（李世刚和蒋尧明，2020；唐跃军等，2008），认知负荷的降低使非专业投资者对风险提示信息处理的过程中更偏好基于直觉判断的启发式系统性模型，被管理层的正面情绪干扰，即依赖风险提示信息的消息性质而不是风险提示信息内容本身进行决策（MacGregor et al.，2010）。也就是说，非专业投资者没有真正理解管理层披露的风险提示信息内容，只是对风险提示信息正面的信息作出幅度更大的正面反应，从而出现决策偏差。基于此，提出假设：

209

H3：非专业投资者被风险提示信息的好消息削弱了对好消息内容的理解程度，从而对股价做出更高的评价。

加工流畅度是个体对加工信息难易程度的判断，认知心理学的研究结果表明，人们大多喜欢主观上认为易懂的读物，当读者在思考问题时，读者对该读物是否易懂的感受会转换为读者对思考问题的感受。在管理学领域，雷纳坎普（Rennekamp，2012）的研究表明，当公司披露信息的可读性较高时，信息使用者会认为此类信息更加真实，更值得被信赖，信息使用者更愿意基于管理层披露的信息做出判断并对此判断充满自信。谭等（Tan et al.，2015）的研究发现，信息使用者对可读性低和负面消息的处理符合"加法原则"，即信息使用者会对晦涩难懂的盈余信息可信性做出负面的评价。不仅如此，与加工流畅度较低的信息相比，信息使用者会将加工流畅度较高的信息赋予更高的权重，即他们认为可以信任加工流畅度较高的信息并对公司发展充满信心，作出更积极的决策（Häfner & Stapel，2010；Kantowitz，2000）。这意味着管理层披露风险提示信息的可读性直接影响加工流畅度，即加工流畅度越高，信息使用者更倾向于做出正面的判断（Alter & Oppenheimer, 2009）。基于此，提出假设：

H4：风险提示信息的可读性越高，非专业投资者加工处理信息越流畅，使非专业投资者对未来股价判断更高。

8.3　实　验　设　计

实验研究是为了检验某种因果关系，控制无关变量，从而在"纯化"状态下，达到某种研究目的的方法。

根据被试者参与水平的不同，可以将多变量实验设计分为被试间实验（又称组间实验）、被试内实验（又称组内实验）。具体来说，被试间实验（又称组间实验）是指每位被试者只接受一个实验水平的处理，而被试内实验（又称组内实验）是指被试者接受所有实验水平的处理。相比而言，被试间实验能够更好地控制学习效应等无关变量，因此本章以某财经大学会计学院 MBA 学生代表非专业投资者，采取设计被试间实验来达到更好地控制学习效应的目的。

8.3.1　实验案例的选取

为给被试者提供较为真实的风险提示信息环境，实验材料根据真实的上市公司风险提示信息进行改编，并保证该公司披露的风险提示信息包含好消息与坏消息，符合本章的研究内容。为了避免被试的主观猜测，在实验问卷中将该公司简称为 M&N，确保被试者是依据问卷中提供的材料做出的真实判断，而不是根据对该公司的刻板印象或是声誉做出预测，以确保结果的可靠性。

M&N 是一家以健康体检为核心，集健康咨询、健康评估、健康干预于一体的专业体检和医疗服务集团。本实验选取该公司管理层讨论与分析中的风险提示信息及部分财务数据，保证被试者在了解 M&N 的大致现状后完成后续任务。

8.3.2　实验变量的选取

1. 自变量的选取

第一个自变量是风险提示信息消息性质，本章节对风险提示信息消息性质设计好消息和坏消息两个水平。首先，手工整理上市公司管理层讨论与分析中风险提示部分的消息性质，梳理发现，在风险提示部分中既包含未来可能使股价上涨的好消息又包含未来可能使股价下跌的坏消息。我们在巨潮资讯网手工收集深市主板 361 家上市公司 2019 年年报。其次，阅读第四节的风险提示信息并通过手工整理消息类型发现，公司自愿披露的、未来可能使股价上涨的类似于"技术革新风险、新业务拓展风险"的好消息出现 862 次，而未来可能使股价下跌的类似于"诉讼风险、破产风险、存货滞销危机"等坏消息出现 685 次，因此说明管理层在披露风险提示信息时会使用好消息和坏消息的词汇，较少使用中性词汇，说明本章采用二分法将消息性质分为好消息和坏消息是合适的。

第二个自变量是不同可读性水平下的风险提示信息，将该变量设计可读性高的风险提示信息和可读性低的风险提示信息两个水平。本章节对风险提示信息可读性的界定主要从专业词汇、句子长短和逆连接词语个数划分，专业词汇较少、句子较短且逆连接词语个数较少的表述是可读性高的风险提示信息，专业词汇较多、句子较长且逆连接词语个数较多的表述是可读性低的风险提示信息。

2. 因变量的说明

非专业投资者会根据实验材料中的风险提示信息作出判断，即被试者在阅读不同风险提示信息后对股价的评价可以合理反映风险提示信息消息性质、风险提示信息可读性对其决策影响。本实验对因变量有两种衡量方式：其一是请非专业投资者在阅读风险提示信息后，预测 M&N 未来股价上升还是下降；其二是请非专业投资者在阅读风险提示信息前后，分别评价 M&N 的股价（具体数值）。

3. 实验组合

选择 2×2 的被试间实验，分 4 组进行，相应设计 4 类实验问卷，具体如表 8 – 1 所示。

表 8 – 1 　　　　　　　关于风险提示信息 2 × 2 被试间实验的组合

项目		变量 1：风险提示信息消息性质	
		好消息	坏消息
变量 2：风险提示 信息可读性	可读性高的风险提示信息	好消息 × 可读性高	坏消息 × 可读性高
	可读性低的风险提示信息	好消息 × 可读性低	坏消息 × 可读性低

4. 中介变量

借鉴崔（Cui，2016）的相关研究，引入理解程度和认知流畅性作为中介变量。一方面，好消息的出现使管理层披露风险提示信息的正面情绪被"放大"，而且自身能力的不足也使非专业投资者偏好启发式系统模型，使非专业投资者依据管理层披露信息的消息性质而不是信息内容做出判断，出现决策偏差。为此，设计有关于理解程度的问题，即"上述问题很难理解吗"，用分数的大小来衡量非专业投资者的理解力（1 到 7 级量表评分，分值越大说明越容易理解）。

另一方面，还引入加工流畅性来研究风险提示信息可读性是否会影响非专业投资者的判断和决策。雷纳坎普（Rennekamp，2012）的研究表明，当公司披露文本信息的可读性较高时，信息使用者对公司风险提示信息的处理就会更流畅，信息使用者更愿意基于管理层披露的信息做出判断并对此判断充满自信。这意味着无论管理层披露的是好消息还是坏消息，可读性直接影响加工流畅性，从而影响非专业投资者的投资决策。因此，设计"您对上述风险提示信息加工决策过程流畅吗"这个问题，用分数的大小来衡量非专业投资者的加工流畅性（1 到 7 级量表评分，分值越大说明流畅性越高）。

8.3.3　实验任务

为了模拟现实的风险提示信息环境，本实验先让非专业投资者根据给出 M&N 公司部分数据信息以及不同水平的风险提示信息对当前股价做出判断，共需两次阅读和判断任务。然后，要求非专业投资者回答其

212

他问题。

8.3.4　实验对象及过程

1. 实验对象

本次实验用某财经大学 MBA 学生代表非专业投资者对不同水平的风险提示信息做出判断。原因如下：一是某财经大学 MBA 学生有一定的专业基础，部分同学有阅读风险提示信息的习惯，只是缺乏投资经验；二是将此次实验作为一次随堂测验，保证被试者遵循实验要求；三是对非专业投资者调查访谈有难度，而国内外学者证明 MBA 学生代表非专业投资者具有合理性（Edens & Malecki，2020；张继勋等，2019；Asay & Rennekamp，2018；Hales et al.，2019；Libby & Rennekamp，2016；Maia & Walied；2019；Asay et al.，2018）。

2. 实验过程

第一步，为了让被试者了解实验规则，在实验之前统一进行说明。实验开始阶段，将实验材料随机发放给被试者，实验时间为 10 分钟，并告知此次实验作为一次随堂测验，请各位被试者认真作答，实验结束后立即收回材料。

第二步，告知被试者在实验中的角色是一名潜在投资者，之后提供 M&N 公司背景信息，包括 M&N 公司简要介绍和主要财务信息，当前的股价为 20 元/股，实验任务是被试者就 M&N 披露的相关信息进行第一次股价的判断，被试者仅需依赖直觉对 M&N 公司的股价做出判断。

第三步，让被试者根据给出的 M&N 公司部分数据信息以及根据 M&N 公司不同水平的风险提示信息对当前股价再次做出判断。在此过程中，为确保被试者对 M&N 公司的评价具有连续性，在问题中加入"基于第 1 题对 M&N 公司的评价和以上风险提示信息"提醒被试者。

第四步，要求被试者在阅读给定的风险提示信息后回答有关中介变量——理解程度和加工流畅程度的问题。

第五步，要求被试者填写相关个人信息，以了解被试者会计素养水平以及是否关注管理层讨论与分析中的风险提示信息等基本信息。

8.3.5 实验问卷设计与回收

1. 实验问卷设计

本实验问卷共三部分。首先，给出 M&N 公司简介和部分数据信息，请被试者依据 M&N 的基本资料对股价做出初步的判断。其次，为了模拟真实的情况，问卷中的文本信息参照 M&N 披露的风险提示信息，结合《上市公司信息披露管理办法》以及《中华人民共和国证券法》中的相关规定改编出消息性质、可读性在不同水平下的风险提示信息，请被试者阅读给定的风险提示信息再次对股价做出判断，并回答相应问题。最后请被试者回答其他关于基本信息的问题。

2. 实验问卷回收

根据研究内容，共发放 150 份问卷，共回收 136 份问卷，回收率达到 90.67%；其中，回答不合逻辑以及填写不完整共 16 份问卷，获得有效问卷达 120 份，即有效回收问卷 88.24%。在实验中，要求被试者回答"您是否关注 MD&A 中的风险提示信息"以及"您如何评价自己的会计素养"两个问题以了解被试者会计素养水平以及是否关注 MD&A 中的风险提示信息，具体结果如表 8 - 2 所示。

表 8 - 2 的数据显示，四组被试者对会计素养得分的均值为 4.10，说明四组被试者的会计素养较高，有相关专业知识为基础进行决策判断，另外会计素养标准差仅为 0.76，说明四组被试者会计素养程度较为均衡。对风险提示信息关注程度的均值为 4.03，说明四组被试者比较关注管理层讨论与分析中的风险提示信息，另外风险提示信息关注程度标准差仅为 0.79，说明四组被试者对风险提示信息关注程度较为均衡，也证明了本实验研究风险提示信息的必要性。

表 8 - 2　被试者关注风险提示信息程度、会计素养程度调查情况

分组	人数	会计素养分数均值	会计素养分数标准差	关注风险提示信息分数均值	关注风险提示信息分数标准差
好消息×可读性高	30	4.16	0.58	4.10	0.61
好消息×可读性低	30	4.10	0.84	4.03	0.89

续表

分组	人数	会计素养分数均值	会计素养分数标准差	关注风险提示信息分数均值	关注风险提示信息分数标准差
坏消息 × 可读性高	30	4.10	0.84	3.97	0.93
坏消息 × 可读性低	30	4.03	0.76	4.00	0.74
合计	120	4.10	0.76	4.03	0.79

8.4　实验结果

本节内容主要通过 SPSS 软件对假设进行检验，包含操控性检验、信度效度检验、交互效应检验、假设检验和稳健性检验。

8.4.1　操控性检验

首先，为了检验被试者是否能分辨不同水平下风险提示信息的消息性质，问卷中要求被试者预测下年度 M&N 的业绩如何变化（1 = 业绩大幅下滑，4 = 稳定发展，7 = 业绩大幅上升）。若被试者在阅读风险提示信息后，对该问题打分低则认为此类风险提示信息是坏消息，打分高则认为此类风险提示信息是好消息。表 8 - 3 和表 8 - 4 分别是被试者在阅读风险提示信息后预测 M&N 业绩变化的描述性统计结果和单样本 T 检验结果。

表 8 - 3　　　被试者对不同风险提示信息反应的描述性统计

项目	N	极小值	极大值	均值	均值标准差	标准差
风险提示信息中的好消息	60	1	6	4.13	0.133	1.033
风险提示信息中的坏消息	60	1	7	3.13	0.259	2.004
可读性高的风险提示信息	60	1	7	4.07	0.260	2.016
可读性低的风险提示信息	60	1	7	2.80	0.220	1.705

表 8 – 4   被试者对不同风险提示信息反应的单样本 T 检验

项目	检验值 = 4					
	T	df	显著性	均值标准差	95% 置信区间	
					下限	上限
风险提示信息中的好消息	1.000	59	0.321	0.133	– 0.13	0.40
风险提示信息中的坏消息	– 3.350	59	0.001	– 0.867	– 1.38	– 0.35
可读性高的风险提示信息	0.256	59	0.799	0.067	– 0.45	0.59
可读性低的风险提示信息	– 5.450	59	0.000	– 1.200	– 1.64	– 0.76

根据表 8 – 3 的数据显示，当被试者阅读风险提示信息中的好消息时，预测下年度业绩的均值为 4.13，说明被试者对公司未来发展充满信心，即被试者能够判断出此类风险提示信息为好消息。当被试者阅读风险提示信息中的坏消息后预测下半年业绩的均值为 3.13，说明被试者不看好该公司未来的发展，即被试者能够判断出此类风险提示信息为坏消息。然后，把 4（稳定发展）作为检验统计量，根据表 8 – 4 的结果显示，坏消息下的 P 值为 0.001（小于 0.05），因此拒绝原假设，说明被试者阅读风险提示信息中的坏消息后对未来业绩的预测与"稳定发展"有显著差异。但被试者阅读风险提示信息中的好消息后，对未来业绩预测的 P 值远远高于 0.05，说明被试者阅读风险提示信息中的好消息后对未来业绩的预测与"稳定发展"没有显著差异。这些结果表明实验对风险提示信息消息性质的操控是成功的。

同样地，为了检验被试者是否能分辨不同水平下风险提示信息的可读性，问卷中要求被试者评价阅读 M&N 风险提示信息的难度，即被试者在阅读风险提示信息后，对该问题打分低则认为阅读此类风险提示信息的难度较大，反之则难度较小。表 8 – 3 和表 8 – 4 分别是被试者在阅读风险提示信息后预测 M&N 业绩变化的描述性统计结果和单样本 T 检验结果。

根据表 8 – 3 的数据显示，当被试者阅读可读性水平较高的风险提示信息时，被试者认为阅读 M&N 此类风险提示信息难度均值为 4.07，即被试者能判断出此类风险提示信息的可读性水平较高。当被试者阅读可读性水平较低的风险提示信息时，被试者认为阅读 M&N 此类风险提示信息难度均值为 2.80，即被试者能判断出此类风险提示信息的可读性水平较低。然后，把 4（难度中等）作为检验统计量，根据表 8-4 的结果显示，被试者阅读 M&N 可读性水平高的风险提示信息后，评价阅读难度的 P 值为 0.799（大于 0.05），说明当被试者在阅读可读性水平高的风险提示信息后认为此类风险提示信息与"难度中等"没有显著差异；但被试者阅读 M&N 可读性水平低的风险提示信息后，评价阅读难度的 P 值为 0.000（远小于 0.05），说明被试者阅读可读性水平低的风险提示信息与"难度中等"有显著差异。这些结果表明实验对风险提示信息可读性的操控是成功的。

8.4.2 信度和效度检验

1. 信度检验

为了检验实验问卷中针对风险提示信息消息性质和风险提示信息可读性的两个问题是否有内在一致性，我们运用克朗巴哈系数（Cronbach's）[①]进行信度检验。信度检验通常是检验同一被试者多次测量相同问题的结果是否一致（外部信度），或者是检验不同问题是否具有目的的一致性（内部信度）。结合国内外研究现状，借鉴阿萨，利比和伦嫩坎普（Asay，Libby & Rennekamp，2018）的做法，检验问卷的内部信度。

问卷中"您预测下年度 M&N 的业绩如何变化？"与"您如何评价上述信息的风险水平？"这两个问题都是对风险提示信息消息性质的测试，表 8-5 是测试风险提示信息消息性质两个问题的信度统计分析表。

表 8-5　　　风险提示信息消息性质信度分析的克朗巴哈 α 系数

项目		N *	%
样本量	有效样本量	120	100.00
	已排除样本量	0	0.00
	合计样本量	120	100.00

---

① 克朗巴哈系数的取值在 0~1 之间，一般认为，结果小于 0.3 时不可信，0.3 到 0.5 之间说明问卷较为可信，0.5 到 0.7 之间说明问卷是可信的，0.7 以上的问卷可信度较高。

项目	N	%
风险提示信息消息性质克朗巴哈系数 α（Cronbach's）	0.589	
项数	2	

表 8-5 信度统计分析表的结果显示，对风险提示信息消息性质两个问题检验的克朗巴哈系数为 0.589（大于 0.5），说明非专业投资者可以对关于风险提示信息消息性质两个相似的问题做出相似的判断，即证实测试风险提示信息的消息性质两个问题的内在效度比较理想。

同样地，问卷中"您认为上述风险提示信息难以阅读吗？"与"您认为上述风险提示信息读起来困难吗？"这两个问题都是对风险提示信息可读性的测试，表 8-6 是测试风险提示信息可读性两个问题的信度统计分析表。表 8-6 信度统计分析表的结果显示，对风险提示信息可读性两个问题检验的克朗巴哈系数为 0.715（大于 0.7），说明非专业投资者可以对关于风险提示信息可读性两个相似的问题做出相似的判断，证实测试风险提示信息可读性的两个问题的内在效度比较理想。

表 8-6　　　　风险提示信息可读性信度分析的克朗巴哈 α 系数

项目		N	%
样本量	有效样本量	120	100.00
	已排除样本量	0	0.00
	合计样本量	120	100.00
风险提示信息可读性克朗巴哈系数 α（Cronbach's）		0.715	
项数		2	

2. 效度检验

本节利用因子分析的方法来检验关于风险提示信息问卷的效度，即通过研究变量之间的内部依赖关系，检验观测数据中的基本结构。因此，在剔除"您的性别""您的年龄"等主观题目后，使用因子分析的方法，利用 KMO 系数①对问卷的效度进行检验，具体检验结果如表 8 – 7 所示。表 8 – 7 中，效度检验结果为 0.726（大于 0.7），说明效度检验结果较好。

表 8 – 7　　　　　　　　　　问卷效度检验结果

Kaiser – Meyer – Olkin 系数		0.726
Bartlett 球形度检验	近似卡方	815.763
	df	66
	显著性	0.000

3. 交互效应检验

为了检验风险提示信息的消息性质（好消息、坏消息）与风险提示信息可读性（可读性高的风险提示信息、可读性低的风险提示信息）是否存在交互效应，运用两因素方差分析进行验证。表 8 – 8 是风险提示信息的消息性质与风险提示信息可读性两因素方差分析的结果。

表 8 – 8　　　　　　风险提示信息的消息性质与风险提示信息
可读性两因素方差分析结果

数据	Ⅲ型平方和	df	均方	F	显著性
校正模型	1539.716ª	31	49.668	1.586	0.049
截距	21.162	1	21.162	0.676	0.413
风险提示信息可读性	464.920	6	77.487	2.474	0.029
风险提示信息消息性质	617.435	6	102.906	3.285	0.006
风险提示信息可读性 × 风险提示信息消息性质	487.488	19	25.657	0.819	0.679
误差	2756.650	88	31.326		
总计	4358.000	120			
校正模型	4296.367	119			

注：a. $R^2 = 0.358$（调整 $R^2 = 0.132$）。

———————

① KMO 是做因子分析的效度检验指标之一，其值小于 0.5 为不合适，0.5 到 0.6 之间为一般，0.6 到 0.7 之间为合适，大于 0.7 表示效果很好。

　　风险提示信息的消息性质与风险提示信息可读性方差分析的结果如表 8 - 8 和图 8 - 1 所示，三者校正模型的 P 值为 0.049，小于 0.05，因此，风险提示信息的消息性质、风险提示信息可读性和两自变量的交互项——风险提示信息消息性质×风险提示信息可读性，这三项中至少有一项对股价预测有显著影响。具体来看，风险提示信息可读性的 P 值为 0.029（小于 0.05）；风险提示信息的消息性质的 P 值为 0.006（小于 0.05）；风险提示信息的消息性质 × 风险提示信息可读性的 P 值为 0.679，大于 0.05，明显不显著。因此，风险提示信息的消息性质与风险提示信息可读性分别影响被试者对股价的判断，但两自变量的交互项——风险提示信息的消息性质与风险提示信息可读性之间的交互效应不存在。

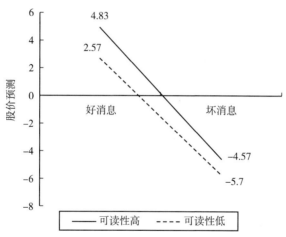

**图 8 - 1　风险提示信息可读性和风险提示信息
消息性质对股价预测的交互影响**

8.4.3　假设检验与分析

1. H1 的检验与分析

　　H1 认为，与风险提示信息的坏消息相比，风险提示信息中的好消息会使非专业投资者对公司发展充满信心，对未来股价有更乐观的预计。问卷中要求被试者对 M&N 公司股价的变动方向做出预测（ - 3 =

M&N 股价下跌到最低，0 = M&N 股价不变，3 = M&N 股价上涨到最高），被试者对此问题打出的分值即为被试者对 M&N 公司未来业绩做出的预测，具体的检验结果如表8-9和表8-10所示。

表8-9是非专业投资者对不同风险提示信息预测结果的描述性统计，表8-10是风险提示信息以消息性质作为分组变量的独立样本 T 检验。表8-9的数据显示，非专业投资者对风险提示信息中好消息决策的均值为0.61，显著高于非专业投资者对风险提示信息中坏消息决策的均值 -0.52。结果表明，在风险提示信息的披露中，相较于坏消息，非专业投资者更容易对管理层披露的好消息充满信心，对风险提示信息中好消息的股价的判断更高，说明 H1 得到初步验证。

表8-9　　被试者对不同风险提示信息预测结果的描述性统计

项目	N	均值	标准差	均值的标准误
对风险提示信息中好消息预测的股价变动方向	62	0.61	2.075	0.264
对风险提示信息中坏消息预测的股价变动方向	58	-0.52	1.985	0.261
对可读性高的风险提示信息的决策偏差绝对值	59	3.90	2.923	0.380
对可读性低的风险提示信息的决策偏差绝对值	61	5.74	3.995	0.512

另外，在表8-10中，Levene 检验 F 值为0.028，P 值为0.868，大于0.05，表明方差有齐性，所以检验结果应该看假设方差相等一行的 t 值（3.045）和 P 值（0.003），表8-10的结果表明，非专业投资者对风险提示信息中好消息和坏消息股价变动方向的判断有显著差异，也说明表8-9中与风险提示信息的坏消息相比，非专业投资者对风险提示信息中的好消息的股价预测均值更大这一情况显著。

表 8 – 10　　　　　　　　将风险提示信息消息性质作为分组
变量的独立样本 T 检验结果

项目		Levene 检验		T 检验				95% 置信区间	
		F	P	t	df	P	标准差	下限	上限
股价变动方向	假设方差相等	0.028	0.868	3.045	118	0.003	0.371	0.395	1.865
	假设方差不相等			3.049	117.940	0.003	0.371	0.396	1.864

综上可知，由于非专业投资者更偏好于启发式的信息处理路径加工风险提示信息，依赖管理层语义的暗示做出决策，对风险提示信息中的好消息充满信心，使非专业投资者在管理层发布好消息时比管理层发布坏消息时会对股价的预测更高，H1 得到验证。

2. H2 的检验与分析

H2 认为，与可读性高的风险提示信息相比，非专业投资者对可读性低的风险提示信息股价决策偏差更大，具体的检验结果如表 8 – 9 和表 8 – 11。

根据表 8 – 9，非专业投资者在阅读可读性较高的风险提示信息后，决策偏差绝对值的均值为 3.90，但非专业投资者在阅读可读性较低的风险提示信息后，决策偏差绝对值的均值高达 5.74，说明与可读性高的风险提示信息相比，非专业投资者对可读性低的风险提示信息股价决策偏差更大。结果表明，当足智多谋的"经济人"使用抽象、专业性较强、可读性较低的语言来披露风险提示信息时，非专业投资者因畏惧高认知负荷的分析式处理路径，进而会选择依靠基于直觉判断的启发式系统性模型的大致印象或者是主观判断对风险提示信息进行加工，导致决策失误，H2 得到初步验证。

另外，表 8 – 11 中，Levene 检验的 F 值为 10.060，P 值为 0.002（小于 0.05），所以检验结果应该看假设方差不相等一行的 t 值（－2.885）和 P 值（0.005），表 8 – 11 的结果表明，非专业投资者对不同可读性水平下风险提示信息决策偏差存在显著差异，同时说明表 8 – 9 中与可读性高的风险提示信息相比，非专业投资者对可读性低的风险提示信息的股价决策偏差更大这一情况显著。

表 8 - 11　　　以风险提示信息可读性水平分类的独立样本 T 检验结果

项目		Levene 检验		T 检验				95% 置信区间	
		F	P	t	df	P	标准差	下限	上限
决策偏差	假设方差相等	10.060	0.002	-2.870	118	0.005	0.641	-3.108	-0.570
	假设方差不相等			-2.885	109.940	0.005	0.638	-3.103	-0.576

综上可知，受任务复杂性和认知能力的影响，当管理层使用专业性较强、可读性较低的语言来披露风险提示信息时，由于非专业投资者在自身专业水平和投资经验方面的不足，更偏好于启发式的信息处理路径，依赖大致印象做出决策，缺乏高质量系统的分析，因此风险提示信息可读性越低则非专业投资者决策偏差越大，H2 成立。

3. 中介效应检验

为进一步分析上述假设，本节引入中介变量——理解程度和加工流畅程度，参考巴伦和肯尼（Baron & Kenny）的四步分析法进行检验，如图 8 - 2 所示。

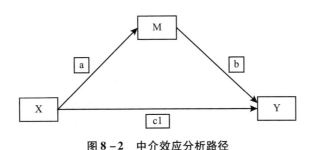

图 8 - 2　中介效应分析路径

首先，验证自变量（X）与因变量（Y）是否存在相关关系，Y =

$cX + i_1$（模型 1），其中 $c = ab + c1$。

其次，验证自变量（X）与中介变量（M）是否存在相关关系，$M = aX + i_2$（模型 2）。

再次，验证中介变量（M）与因变量（Y）是否存在相关关系，在回归时，只算 M 与 Y 是否相关是不够的，可能两者都与自变量（X）相关，所以要设 M 为自变量，X 为控制变量，$Y = c1X + bM + i_3$（模型 3）。

最后，如果模型 3 的回归中，X 与 Y 的关系不显著，而 M 与 Y 的关系显著，说明中介变量（M）是 X 与 Y 关系中的完全中介。如果 X 与 Y 的关系显著，而 M 与 Y 的关系也显著，则中介变量（M）是 X 与 Y 关系中的部分中介，M 只可以解释 X 与 Y 关系的一部分。

（1）非专业投资者对不同消息性质水平下风险提示信息预测的路径分析。

本章 H3 认为，非专业投资者被风险提示信息的好消息削弱了对好消息内容的理解程度，从而对股价做出更高的评价。如果中介变量存在，则应首先验证消息性质与股价预测之间是否存在相关性，其次验证消息性质与理解程度是否存在相关性，最后在模型 3 中看消息性质与股价预测之间关系、理解程度与股价预测之间关系。检验结果如表 8 - 12 所示，总结成中介模型的示意图，如图 8 - 3 所示。

表 8 - 12　　　　消息性质、理解程度及股价预测相关性检验

Panel A：消息性质与股价预测相关性检验				
模型		非标准化系数		t	P
		B	标准误差		
1	消息性质	0.938	0.067	14.055	0.000
因变量：股价预测					
Panel B：消息性质与理解程度相关性检验				
模型		非标准化系数		t	P
		B	标准误差		
2	消息性质	- 0.525	0.077	- 6.808	0.000
因变量：理解程度					

Panel C：三者相关性检验					
3	消息性质	0.834	0.077	10.829	0.000
	理解程度	-0.199	0.078	-2.553	0.012
因变量：股价预测					

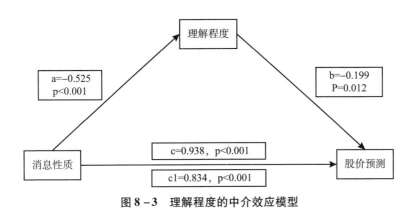

图8-3　理解程度的中介效应模型

风险提示信息消息性质与非专业投资者对股价判断的非标准化系数为0.938且p<0.001，说明风险提示信息消息性质与非专业投资者对股价判断之间存在显著的正向关系，即非专业投资者对风险提示信息中好消息股价的判断更高，再次验证了H1。其次，风险提示信息消息性质与理解程度的非标准化系数为a=-0.525且p<0.001，说明风险提示信息的消息性质与理解程度之间存在显著的负向关系，说明好消息使管理层披露风险提示信息的正面情绪被"放大"，给予非专业投资者更多的信心，促使非专业投资者对公司的风险提示信息进行加工处理时采用基于直觉判断的启发式系统性模型的信息加工路径，更容易受到管理层乐观态度的迷惑，没有真正理解管理层披露的信息内容。最后，风险提示信息消息性质与非专业投资者对股价判断的非标准化系数为c1=0.834且p<0.001，说明理解程度是风险提示信息消息性质与非专业投资者股价判断的部分中介。

（2）非专业投资者对不同可读性水平下风险提示信息预测的路径分析。

本节引入中介变量加工流畅度来分析风险提示信息可读性对非专业投资者决策影响的作用机理，并提出H4：风险提示信息的可读性越高，非专业投资者对信息的加工处理信息越流畅，使非专业投资者对未来股价判断更高。如果中介变量存在，则应首先验证风险提示信息可读性与股价预测之间是否存在相关性，其次验证风险提示信息可读性与加工流畅度是否存在相关性，最后在模型 3 中看风险提示信息可读性与股价预测之间关系、加工流畅度与股价预测之间关系。检验结果如表8-13 所示，总结成中介模型的示意图，如图 8-4 所示。

表 8-13　　　　　　风险提示信息可读性、加工流畅度及
股价预测相关性检验

Panel A：风险提示信息可读性与股价预测相关性检验				
模型	非标准化系数		t	P
	B	标准误差		
1　风险提示信息可读性	0.631	0.300	2.105	0.037
因变量：股价预测				
Panel B：风险提示信息可读性与加工流畅度相关性检验				
模型	非标准化系数		t	P
	B	标准误差		
2　风险提示信息可读性	0.237	0.081	2.933	0.004
因变量：加工流畅度				
Panel C：三者相关性检验				
3　风险提示信息可读性	0.377	0.299	1.263	0.209
加工流畅度	1.073	0.329	3.265	0.001
因变量：股价预测				

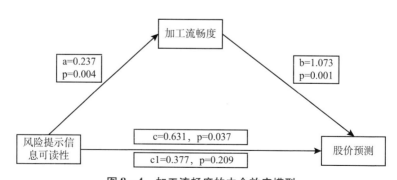

图 8-4　加工流畅度的中介效应模型

风险提示信息可读性与非专业投资者对股价判断的非标准化系数为
0.631 且 p = 0.037（小于 0.05），说明风险提示信息可读性与非专业投
资者对股价判断之间存在显著的正向关系，即风险提示信息可读性越
高，则非专业投资者对股价的判断越高，再次验证了 H2。其次，风险
提示信息可读性与加工流畅度的非标准化系数为 0.237 且 p = 0.004
（小于 0.05），说明风险提示信息的可读性与加工流畅度之间存在显著
的正向关系，即非专业投资者认为加工顺畅的可读性较高的风险提示信
息可以被信任，从而作出更积极的决策。最后，风险提示信息可读性与
非专业投资者对股价判断的非标准化系数为 $c1 = 0.377$ 且 $p = 0.209$
（大于 0.05），说明加工流畅度是风险提示信息可读性与非专业投资者
对股价判断的完全中介。

8.4.4　稳健性检验

1. 对 H1 的稳健性检验

H1 认为与风险提示信息的坏消息相比，好消息会使非专业投资
者对公司发展充满信心，对未来股价有更乐观的预计。对 H1 的稳健
性检验采用替换变量的方式，即将因变量替换为非专业投资者在阅读
风险提示信息后对 M&N 公司股价判断的差值。具体的检验结果如表
8 – 14 和表 8 – 15 所示。

表 8 – 14　　　被试者对不同风险提示信息预测的描述性统计

项目	N	均值	标准差	均值的标准误
对风险提示信息中好消息预测的股价判断差值	62	0.53	5.527	0.702
对风险提示信息中坏消息预测的股价判断差值	58	-2.05	6.259	0.822
对可读性高的风险提示信息的决策偏差	59	3.46	2.423	0.316
对可读性低的风险提示信息的决策偏差	61	5.13	3.981	0.510

表 8 – 15 将风险提示信息消息性质作为分组变量的
独立样本 T 检验结果

项目		Levene 检验		T 检验				95% 置信区间	
		F	P	t	df	P	标准差	下限	上限
股价判断差值	假设方差相等	0.743	0.391	2.401	118	0.018	1.076	0.453	4.715
	假设方差不相等			2.391	113.872	0.018	1.081	0.443	4.725

表 8 – 14 是非专业投资者对不同风险提示信息预测结果的描述性统计，表 8 – 15 是风险提示信息以消息性质作为分组变量的独立样本 T 检验结果。表 8 – 14 的数据显示，非专业投资者对风险提示信息中好消息决策的均值为 0.53，显著高于非专业投资者对风险提示信息中坏消息决策的均值 – 2.05。结果表明，在风险提示信息的披露中，相较于坏消息，非专业投资者更容易对管理层披露的好消息充满信心，从而对风险提示信息中好消息股价的判断更高。在风险提示信息以消息性质分组变量的独立样本 T 检验结果中，Levene 检验的 F 值为 0.743，P 值为 0.391（大于 0.05），所以检验结果应该看假设方差相等一行的 t 值（2.401）和 P 值（0.018），表 8 – 13 的检验结果表明，非专业投资者对风险提示信息中好消息和坏消息股价的判断有显著差异，也说明表 8 – 14 中与风险提示信息的坏消息相比，非专业投资者对好消息股价预测均值更大这一情况显著。

综上可知，由于非专业投资者更偏好于启发式的信息处理路径，依赖管理层语义的暗示做出决策，对风险提示信息中的好消息充满信心，使非专业投资者在管理层发布好消息时比管理层发布坏消息时会对股价的预测更高，H1 通过稳健性检验。

2. 对 H2 的稳健性检验

H2 认为与可读性高的风险提示信息相比，非专业投资者对可读性低的风险提示信息股价决策偏差更大。对 H2 的稳健性检验采用替换变量的方式，即将因变量替换非专业投资者在阅读风险提示信息后第二次

228

对 M&N 公司股价判断变化与非专业投资者在阅读基本信息后第一次对
M&N 公司股价判断变化间差值的绝对值。

表 8 - 14 的结果显示，非专业投资者在阅读可读性较高的风险提示
信息后，决策偏差绝对值的均值为 3.46，但非专业投资者在阅读可读
性较低的风险提示信息后，决策偏差绝对值的均值高达 5.13，说明与
可读性高的风险提示信息相比，非专业投资者对可读性低的风险提示信
息股价决策偏差更大。结果表明，当足智多谋的"经济人"使用抽象、
专业性较强、可读性较低的语言来披露风险提示信息时，非专业投资者
因畏惧高认知负荷的分析式处理路径，进而会选择依靠大致印象或者是
主观判断的启发式的信息处理路径，导致决策失误。

表 8 - 16 中 Levene 检验的 F 值为 18.820，P 值小于 0.01，说明方
差有差异，检验结果应该看假设方差不相等一行的 t 值（ - 2.792）和
P 值（0.006），表 8 - 16 的结果表明，非专业投资者对不同可读性水平
下风险提示信息决策偏差存在显著差异，同时说明表 8 - 14 中与可读性
高的风险提示信息相比，非专业投资者对可读性低的风险提示信息股价
决策偏差更大这一情况显著。

表 8 - 16　以风险提示信息可读性水平分类的
独立样本 T 检验结果

项目		Levene 检验		T 检验					
		F	P	t	df	P	标准差	95% 置信区间	
								下限	上限
决策偏差	假设方差相等	18.820	0.000	- 2.770	118	0.007	0.604	- 2.870	- 0.477
	假设方差不相等			- 2.792	99.651	0.006	0.599	- 2.863	- 0.484

由此可见，与可读性高的风险提示信息相比，非专业投资者对可读
性低的风险提示信息股价决策偏差更大，H2 通过稳健性检验。

8.5　小　　结

　　由于年报中的定量信息难以满足市场参与者了解公司现状以及预测未来的需求，因此，上市公司越来越多地披露文本信息，而且国内外相关学者已证实管理层讨论与分析的信息具有文本增量的作用，其中风险提示信息作为管理层讨论与分析的一部分具有信息增量的作用不可忽视。由于管理层对文本信息有较大的自由裁量权，这种行为会影响投资者的判断和决策，因此成为学者们研究的热点问题。现有关于管理层讨论与分析的研究大多集中于对整体的研究，少量关于风险提示信息的文献大多从实证的角度，研究风险提示信息的影响因素与业绩预测的关系，鲜有文献以非专业投资者为主体，研究非专业投资者对不同水平下风险提示信息判断决策的差异。本章采用实验研究方法，以风险提示信息为实验素材，对风险提示信息的两个关键特征——风险提示信息消息性质和风险提示信息可读性对非专业投资者决策的影响展开研究。

　　首先，以印象管理理论、加工流畅理论和双系统作用模型为基础，提出风险提示信息的两个关键特征——风险提示信息可读性和风险提示信息消息性质影响非专业投资者决策的假设；其次，设计 2×2 的被试间实验，用来检验风险提示信息在不同消息性质（好消息和坏消息）和可读性水平（可读性高的风险提示信息和可读性低的风险提示信息）下对非专业投资者决策的影响；最后，为了对风险提示信息消息性质和风险提示信息可读性进一步研究，引入理解程度和认知流畅性两个中介变量，并提出中介效应假设。

　　结果显示，风险提示信息中的好消息会使非专业投资者对公司未来发展充满信心，从而对风险提示信息中的好消息做出更加积极的判断；而风险提示信息中的坏消息会使非专业投资者不看好公司未来的发展，从而做出更加消极的判断。当风险提示信息的可读性较低时，非专业投资者受任务的复杂性和自身认知能力水平的限制，更偏好基于直觉判断的启发式信息处理路径，从而导致更大的决策偏差；反之，可读性较高的风险提示信息会使非专业投资者的决策偏差更小。中介效应检验表明，理解程度是风险提示信息消息性质与非专业投资者决策判断的部分中介，加工流畅度是风险提示信息的可读性与非专业投资者决策判断的完全中介。这说明当管理层在风险提示信息中发布好消息时，非专业投资者主要依赖第一印象和语义的暗示，对正面的信息作出更大的正面反应，降低了对风险提示信息内容的理解程度，从而出现决策偏差；当管理层使用抽象、专业性较强、可读性较低的语言来披露风险提示信息时，受任务的复杂性和自身认知能力水平的限制，非专业投资者对此类风险提示信息加工流畅性减弱，依靠大致印象进行判断，缺少理性系统的分析最终可能导致决策失误。

综上，建议非专业投资者要不断提高自身的专业能力，提高对风险提示信息的关注程度，提升甄别风险提示信息的水平和对风险提示信息的解读质量，要客观、全面地看待上市公司披露的风险提示信息。同时建议上市公司尽量使用简单浅白的语言，提高风险提示信息的形式质量。建议政策制定者制定明确、详细的风险提示信息形式披露相关准则，制定用语规范准则和奖惩机制，为信息使用者提供有利的政策环境。

第9章 研究结论及建议

9.1 研究结论

信息表达方式不同会影响信息使用者的决策判断，上市公司信息披露内容及形式都会直接影响着投资者的判断和认知成本，投资者的专业经验会影响其认知水平和解决问题的能力。本书通过探究上市公司信息披露对非专业投资者决策判断的影响，得出了以下研究结论：

（1）在原则导向和规则导向下，较为信任当前财务报告系统的非专业投资者所做出的判断和决策没有显著性差异。根据映像理论，如果非专业投资者分析财务信息后得到的结果与已经锚定的初值估计相符，那么投资者便会相信获取的财务信息，并且极有可能做出投资决策。再加上信息不对称与认知偏差的存在，非专业投资者通常不会再去研究财务信息的披露方式，也不会质疑会计准则导向。因此，在不同的会计准则导向下，拥有信任的非专业投资者做出的投资决策是没有显著性差异的。在原则导向和规则导向下，缺失信任的非专业投资者做出的判断和决策有显著性差异，并且会更倾向于原则导向。由映像理论可知，如果非专业投资者分析财务信息后得到的结果与已经锚定的初值估计不相符，那他们对于财务信息的信任度就会下降。此外，原则导向的会计准则要求在披露财务信息时要运用较多的专业判断，注重对企业经济实质的反映。而规则导向的会计准则太过于细化，导致管理层等构造交易来规避这些规则，可能会使财务信息不能很好地反映企业的真实情况。因此，在信任缺失的情况下，非专业投资者会更倾向于选择原则导向会计准则。

（2）综合收益的财务报告模式没有显著影响非专业投资者取得和评估相关信息，即不论在 115SCOE 还是在 130IS 模式下，非专业投资者均可以取得 UGL 信息，并且可以正确的判断 UGL 波动性的大小。此外，通过分别分析参与者对波动性与企业管理绩效、股票风险与股票价格三方面的数据，研究非专业投资者对信息权重和绩效的判断发现，在波动性与管理绩效研究中，130IS 模式下 UGL 所占权重显著相关，115SCOE 模式下并不显著，但在与股票风险及股票价格的研究中，并非与预期假设的信息的权重与判断结果显著相关。

（3）较高披露频率的报告会导致非专业投资者的盈利预测的准确性更低、离散程度更高。由较高频率的报告所产生的信息序列可能会增加投资者的认知负担，降低决策的质量，并会使非专业投资者倾向于用简单的思维方式来进行判断，从而使其对未来盈利的预测不那么精确。在较高披露频率和较低披露频率情况下，非专业投资者都产生了近因效应。当面对较短的信息片段时，非专业投资者可能更重视后面的信息，发生近因效应；当面对较长的信息片段时，本章认为近因效应产生的原因可能与假设的情形不符，或非专业投资者掌握的理论知识会纠正其在判断过程中出现的偏差。当收益变动方向和收益数据序列发生变化时，被试者盈利预测的准确性也会受到影响。此外，当改变收益变动方向和收益数据序列这两个因素时，被试者仍然具有在较高信息披露频率情况下的预测误差绝对值、离散程度更高的特点。

（4）信息的逐步呈现方式下，非专业投资者会主观认同估值任务比综合呈现方式更加容易。这说明信息呈现方式确实会对非专业投资者决策判断产生影响。究其原因，可能是逐步呈现方式将大的信息集合分解成了小的信息子集，符合非专业投资者 SbS 反应模式，缓解认知超载，进而能更好地帮助其进行决策，信念修正会更显著。而综合呈现方式会加重"集聚效应"和"稀释效应"，非专业投资者的信念修正会减少。相比好消息的披露，坏消息的披露会对非专业投资者的信念修正产生更大程度上的影响，在位于好坏交替的"拐点"时更明显。这说明好坏信息的披露顺序也会对非专业投资者的股价投资产生作用。这可能是由于非专业投资者对于损失的恐惧远超过利得产生的吸引，使他们过分关注于坏消息的披露。尤其是当持续好消息披露后突然披露坏消息，这种"对比效应"会使非专业投资者对上市公司的信心下降，所以在

"拐点"时信念修正差异会更明显。

（5）通过探究图形和表格形式的会计信息对专业投资者和非专业投资者判断和决策的影响，发现在简单任务下，图形形式的会计信息对非专业投资者产生影响，但是对专业投资者并没有影响。根据认知适配理论和具象结合理论，非专业投资者由于知识背景弱、投资经验少等特征通常采用启发式策略或知觉策略，而专业投资者由于具有扎实的专业知识和较完善的思维模式倾向于采用分析策略。图形形式的呈报格式支持知觉策略，而表格形式支持分析策略。对于非专业投资者来说，倾向于使用图形形式的呈报信息来减少认知努力，当给其提供表格形式的信息时，会产生更多的认知负荷从而影响决策的准确性和效率；而专业投资者采用分析性策略，在简单任务下，不管是图形呈报格式还是表格的呈报格式都能够从中快速提取有用的数据来进行判断和决策。在复杂任务下，图形形式的会计信息对两类投资者均产生影响。复杂任务情境下涉及更高的认知负荷，需要复杂的输入过程。投资者为了减少认知努力，会倾向于使用知觉策略，而图形是支持知觉策略的。因此，在复杂任务情境下，图形形式的信息呈报格式会影响专业投资者和非专业投资者的判断与决策。

（6）信息技术的发展为信息披露形式的创新提供了契机，可视化财务信息披露形式应运而生。财务信息可视化水平的提高使非专业投资者的决策信心和准确性得到提高。根据有限理性理论可知，非专业投资者寻求概览式信息进行决策更加符合他们的认知策略，可有效弥补个人能力不足产生的认知偏差。可视化的提高能够产生信息叠加效应，并提高非专业投资者理解财务信息的能力，增加非专业投资者对问题的感知和对自身决策的信任。可视化的提高符合非专业投资者的认知判断方式，从而使他们的决策准确性和决策信心得到显著提高。提供交互性使非专业投资者具有较高的决策准确性和决策信心。根据有限理性理论，这种存在交互性的路径方式更符合非专业投资者的认知简化模式，从而提高其决策的准确性；同时，非专业投资者能够自主选择信息并进行决策也是他们对信息感知的进一步深化，从而增加决策的信心。在可视化财务信息披露形式下，任务难度提高使非专业投资者决策准确性、决策信心和决策校准降低，且任务难度的增加对信心和决策准确性产生的变化幅度不同，通常决策信心的下降幅度小于决策准确性的下降幅度，非专业投资者过度自信倾向明显，从而决策校准会有所降低。而单独提高可视化或单独提供交互性并不能提高非专业投资者的决策校准，反而会使其决策校准降低。

（7）通过探究风险提示信息的消息性质和风险提示信息可读性对非专业投资者判断和决策的影响，一方面，发现与风险提示信息的坏消息相比，风险提示信息的好消息会使非专业投资者对未来股价有更乐观的预计，更支持投资。风险提示信息消息性质通过影响理解程度，从而影响非专业投资者的决策判断。也就是说，风险提示信息中的好消息使非专业投资者对未来股价判断更高，是因为风险提示信息中的好消息使非专业投资者降低了对风险提示信息内容的理解，即好消息使管理层披露风险提示信息的正面情绪被"放大"，给予非专业投资者更多的信心，使非专业投资者对公司的风险提示信息采用基于直觉判断的启发式系统性模型的信息加工路径，容易受到管理层乐观态度的迷惑，没有真正理解管理层风险提示信息披露的内容，只是对正面的信息做出幅度更大的正面反应。另一方面，风险提示信息在不同可读性水平下，对非专业投资者的判断产生不同影响。与可读性高的风险提示信息相比，非专业投资者对可读性低的风险提示信息的股价决策偏差更大。风险提示信息可读性通过影响加工流畅度，从而影响非专业投资者的决策。也就是说，可读性较高的风险提示信息使非专业投资者对未来股价判断更高，这是因为可读性较高的风险提示信息使非专业投资者加工决策更加顺畅，即非专业投资者认为加工顺畅的风险提示信息可以被信任，从而做出更积极的决策。

9.2　研究建议

通过本书的系统研究发现我国资本市场健康发展以及非专业投资者理性决策中存在诸多问题。一方面，我国资本市场自20世纪90年代初建立以来，发展十分迅速，但是我国资本市场与西方成熟的资本市场相比仍然存在很大差距，导致我国资本市场存在诸多问题，如监管体制不完善、市场化程度不高等。我国资本市场的设立，监管政策的建立等都是由政府出面，与成熟市场相比，行政色彩较浓。此外，行政干预过多，自律组织弱化等问题，导致投资者对政府和政策的依赖程度较高，由此股票价格受到国家政策的影响也较高。另一方面，我国投资者中非专业投资者大约占90%，与专业投资者相比，非专业投资者在理性程度、投资经验等方面存在不足。具体而言，非专业投资者缺少专业知识及成熟的经验，在分析上市公司披露的信息时，没有清晰的投资理念、投资原则、操作方法，受外界影响相对较大（如国家政策、外部环境、大盘趋势、板块热点、资金流向等因素），且由于投资经验、专业水平等自身禀赋的不同，对上市公司信息的把控水平差别较大，因此导致评估结果差异较大。

所以，接下来从政策制定者、监管机构、非专业投资者和上市公司的角度提出以下建议，以提升上市公司信息披露质量、引导非专业投资者做出合理的决策判断。

1. 政策制定者

对于政策制定者而言，不仅要致力于提高上市公司披露信息的内容质量，还应制定明确、详细的信息披露形式的相关准则，致力于提升上市公司信息的形式质量；同时，为提升会计信息的解读质量，政策制定者应了解非专业投资者之间存在认知差异，且有针对性地对专业能力不同的非专业投资者普及会计、投资等相关知识，提升其信息处理的能力，帮助其识别上市公司的信息披露策略，选择适合自身认知水平的信息反应模式，防止非专业投资者盲目从众、追求短期利益。

与此同时，政策制定者应当注意到较高的披露频率报告对信息使用者会产生一定的影响。这些影响包括增加他们的认知负担、使他们对未来情况预测的误差更大、对一些本应关注的信息关注不足等。与较低披露频率的报告相比，虽然较高披露频率报告的数据更为充分，但其所包含的信息并不一定会带来正向的作用。而较低披露频率的报告虽然数据量相对较少，但这种更为精简的信息反而可能更容易使非专业投资者看出数据中的模式。因此政策制定者在设置和规定企业的信息披露频率时，应进行全方位的考虑，找出最适合的信息披露频率。

此外，由于风险提示信息的消息性质和风险提示信息可读性会对非专业投资决策产生影响，因此对于政策制定者而言，可以考虑提供关于风险提示信息撰写的详细指导或应用指南，制定具体用语规范准则，强制要求上市公司使用"简明易懂"的语言，客观真实地披露风险提示信息，提高风险提示信息的文本特征；也可以制定奖惩机制，对符合风险提示信息披露要求的公司给予奖励，对不符合风险提示信息披露要求的公司做出惩罚，以便规范上市公司的风险提示信息披露。

2. 监管机构

监管机构应该增强对上市公司信息披露的监管力度，提高上市公司信息披露的违法成本，创造透明、健康的信息披露环境。具体来看，监管机构应考虑可视化财务信息披露形式对非专业投资者决策校准产生的积极作用，并要加强对上市公司财务信息披露形式的监管，避免上市公司利用财务信息披露形式蒙蔽非专业投资者。由于风险提示信息的好消息会降低对风险提示信息内容的理解，而风险提示信息可读性通过影响加工流畅度，影响非专业投资者的决策，因此对于监管机构来说，应提高对风险提示信息的重视程度，加强监督，可以适当地对过多在风险提示信息中披露好消息或使用烦冗词汇披露风险提示信息的公司进行处罚。

3. 非专业投资者

非专业投资者应理解上市公司有可能通过信息披露策略来误导资本市场走向，即应意识到信息披露频率会对自身判断与决策产生影响，也应意识到上市公司会通过改变信息呈现方式和信息披露顺序操纵信息披露，还应树立风险意识，提高对文本信息尤其是风险提示信息的辨别能力，挖掘管理层风险提示信息披露的真实动机。因此，非专业投资者在进行判断决策时，不能简单地认为较高披露频率的报告中的数据能提供更有用的信息，相对地，非专业投资者应该同时关注不同披露频率报告的信息，全面了解公司情况。同时，非专业投资者应多利用高可视化且具有交互性的财务信息披露工具理解上市公司的财务信息，既要保证获取信息全貌又要关注重点信息，使其决策准确性和决策信心较为一致地提高，改善决策校准，提升投资决策质量。

非专业投资者要意识到自身的非理性行为，一方面，可以通过对相关知识的学习和认知的反馈纠正机制，纠正自身的行为偏差，提高会计信息的解读质量，使决策过程越来越理性，以获得稳定的投资收益；另一方面，若非专业投资者在学习过程中意识到自身能力过于欠缺，可以选择将资金交由更专业的机构投资者进行管理，既可获得较为稳定的收益，又可提高证券市场理性水平，促进证券市场平稳发展。

4. 上市公司

上市公司应承担起更多的社会责任，从及时性和重要性上提升对外披露信息的质量。特别是对于自愿性信息进行披露时，对其内容进行严格审核，对披露时限进行合理把控。同时，也应意识到公允、及时的信息披露可以树立良好的公司形象，并在一定程度上对行业披露环境的优化起到积极作用。上市公司和网站设计者应当区分不同种类的财务信息需求者，提供多样化的财务信息披露形式，以满足不同财务信息需求者的决策需要。上市公司和网站设计者应当尽量为证券市场上广泛存在的非专业投资者提供交互可视化的财务信息披露形式，以提高非专业投资者的决策校准水平。公司管理层应了解风险提示信息对非专业投资者产生的影响，在撰写风险提示信息时应严格履行证监会的相关规定，在保证风险提示信息内容完整的前提下，尽量使用浅白清晰的语言进行风险提示信息披露；同时，在披露风险提示信息时，尽量使用中性词汇，提高非专业投资者对风险提示信息内容的理解程度，不刻意使用晦涩的语言披露风险提示信息，提高非专业投资者对风险提示信息的加工流畅度。

9.3 研 究 展 望

尽管本书系统分析了上市公司信息披露对非专业投资者决策判断的影响，但仍有诸多不足，在提出这些不足的基础上，本书也提出了一些改进建议：

（1）从实验对象来看，本书部分研究中以硕士研究生作为非专业投资者的替代者，尽管其具有专业优势，且具有较高的综合素养，也符合实验研究的规范要求，但关于学生是否能够担当现实生活中的决策者也一直受到质疑，这在一定程度上影响了实验结果的普适性。因此，在未来的研究中，可以选择邀请职场相关人士或者 MBA 的学员作为实验对象，模拟更具体、更真实的决策场景，以期取得更有价值的研究成果。并且从成本与效益因素考虑，MBA学员是较为理想的选择，他们既具有丰富的工作经历，又更容易组织以进行实验。

（2）进一步完善投资者分类。本书根据国外大量文献将投资者分为专业投资者和非专业投资者，虽然能够代表不同类型的投资者特征。但是根据国内相关文献分析，本书没有深入考虑行为者解决问题的能力，例如推理能力、分析能力等特征。专业投资者与非专业投资者通常根据知识背景、工作经验等进行分类，而忽略了个人解决问题的能力差异。对此，在未来的研究中，应该注重对投资者特征进行多元化的分析，全面考虑知识背景、工作经验、分析策略、认知模式等因素的影响。

对于现有的研究内容，仍存在诸多研究细节可继续深入。例如在图形形式的会计信息对投资者判断和决策的影响研究中，从实验任务设计来看，本书设计了两个任务，一是对当前盈利成果的判断，二是对未来盈利的预测，仅仅是从任务复杂程度进行设计，而任务特征不仅包含任务复杂程度，还包括任务类型等其他特征，没有考虑到任务空间性与符号性的特征，而根据复杂性进行分类本就具有一定的片面性。对此，在未来的研究中，应注重任务类型对决策价值的影响，避免任务类型划分过于复杂且不易理解，只在对任务类型进行划分时建立较为统一的标准，使研究成果对实践工作更具指导意义。

参 考 文 献

［1］卞娜、马连福、高丽：《基于投资者关系的投资者行为国外理论研究综述》，载于《管理学报》2013 年第 10 期。

［2］卞世博、贾德奎、阎志鹏：《招股说明书负面语调与 IPO 表现》，载于《系统管理学报》2020 年第 6 期。

［3］蔡宁：《信息优势、择时行为与大股东内幕交易》，载于《金融研究》2012 年第 5 期。

［4］曹越、吕亦梅、伍中信：《其他综合收益的价值相关性及其原因——来自中国资本市场的经验证据》，载于《财贸研究》2015 年第 6 期。

［5］曾建光、伍利娜、谌家兰：《XBRL、代理成本与绩效水平——基于中国开放式基金市场的证据》，载于《会计研究》2013 年第 11 期。

［6］曾庆生、周波、张程等：《年报语调与内部人交易："表里如一"还是"口是心非"?》，载于《管理世界》2018 年第 34 卷第 9 期。

［7］曾爱民、魏志华、张纯等：《企业社会责任："真心"抑或"幌子"?——基于高管内幕交易视角的研究》，载于《金融研究》2020 年第 9 期。

［8］常江：《散户投资特征分析及保护建议》，载于《管理观察》2008 年第 11 期。

［9］陈日清：《投资者过度自信行为与中国 A 股波动性》，载于《投资研究》2014 年第 2 期。

［10］陈庭强、王冀宁：《基于认知心理学的证券投资者认知与行为偏差形成机理研究》，载于《系统科学学报》2011 年第 19 卷第 2 期。

［11］陈为、张嵩、鲁爱东：《数据可视化的基本原理与方法》，科学出版社 2013 年版。

［12］陈艺云：《基于信息披露文本的上市公司财务困境预测：以中文年报管理层讨论与分析为样本的研究》，载于《中国管理科学》2019 年第 27 卷第 7 期。

［13］陈志娟、郑振龙、马长峰、林苍祥：《个人投资者交易行为研究——来自台湾股市的证据》，载于《经济研究》2011 年第 46 卷第 1 期。

［14］陈宁、秦璇、方军雄：《财务报表格式调整、凸显效应与会计信息质量改善——基于 2007 年资产减值会计准则变更的证据》，载于《会计研究》2021 年第 2 期。

［15］程小可、龚秀丽：《新企业会计准则下盈余结构的价值相关性——来自沪市 A 股的经验证据》，载于《上海立信会计学院学报》2008 年第 22 卷第 4 期。

［16］程小可、孙乾：《董秘任期与信息披露质量》，载于《经济管理》2020 年第 12 期。

［17］崔迪、郭小燕、陈为：《大数据可视化的挑战与最新进展》，载于《计算机应用》2017 年第 37 卷第 7 期。

［18］董小红、周雅茹、戴德明：《或有事项信息披露影响企业违约风险吗？》，载于《现代财经（天津财经大学学报）》2020 年第 11 期。

［19］戴德明、毛新述、姚淑瑜：《上市公司预测盈余信息披露的有用性研究——来自深圳、上海股市的实证证据》，载于《中国会计评论》2005 年第 2 期。

［20］丁慧、吕长江、黄海杰：《社交媒体、投资者信息获取和解读能力与盈余预期——来自"上证 e 互动"平台的证据》，载于《经济研究》2018 年第 53 卷第 1 期。

［21］董梁、于会会：《我国股票市场投资者六种非理性心理研究》，载于《现代管理科学》2003 年第 11 期。

［22］方先明、高爽：《上市公司管理层修正公告披露策略的市场反应》，载于《中国工业经济》2018 年第 2 期。

［23］傅绍正、曾琦、胡国强：《延期披露年报、审计意见改善与资本市场信息披露》，载于《中国软科学》2021 年第 2 期。

［24］盖地、高潮：《其他综合收益列报的价值相关性分析——基于沪市 A 股上市公司的数据》，中国会计学会会计基础理论专业委员会

2012 专题学术研讨会，2012 年。

[25] 高锦萍、张天西：《XBRL 财务报告分类标准评价——基于财务报告分类与公司偏好的报告实务的匹配性研究》，载于《会计研究》2006 年第 11 期。

[26] 高利芳、曲晓辉：《会计准则执行的理论解释：整合与建构》，载于《当代财经》2011 年第 4 期。

[27] 葛家澍、程春晖：《论财务业绩报告的改进——财务业绩报告的发展趋势》，载于《会计之友》2000 年第 8 期。

[28] 葛家澍：《关于高质量会计准则的几个问题》，载于《会计研究》2002 年第 10 期。

[29] 葛家澍：《损益表（收益表）的扩展——关于第四财务报表》，载于《上海会计》1999 年第 1 期。

[30] 管毅平：《经济学信息范式刍论》，载于《经济研究》1999 年第 6 期。

[31] 郭红、马甜、陈炎炎：《XBRL 对会计信息质量的影响》，载于《经济师》2013 年第 4 期。

[32] 韩梅芳、王玮：《融资融券业务与股票风险：抑制或助推？——基于信息传递的视角》，载于《投资研究》2015 年第 8 期。

[33] 何捷、陆正飞：《定性的未来供应链风险披露与分析师关注行为研究》，载于《会计研究》2020 年第 6 期。

[34] 贺康、万丽梅：《政治关联与管理层语调操纵——声誉约束观还是资源支持观?》，载于《中南财经政法大学学报》2020 年第 5 期。

[35] 宏达、王琨：《社会关系与企业信息披露质量——基于中国上市公司年报的文本分析》，载于《南开管理评论》2018 年第 21 卷第 5 期。

[36] 胡冰：《关于供给侧结构性改革背景下处置僵尸企业的探讨》，载于《西南金融》2016 年第 12 期。

[37] 胡珺、彭远怀、宋献中等：《控股股东股权质押与策略性慈善捐赠——控制权转移风险的视角》，载于《中国工业经济》2020 年第 2 期。

[38] 胡威：《管理层盈利预测精确度影响因素及其经济后果研究——来自中国 A 股市场的经验证据》，载于《财经问题研究》2011

年第 11 期。

[39] 胡元木、谭有超：《非财务信息披露：文献综述以及未来展望》，载于《会计研究》2013 年第 3 期。

[40] 黄宏斌、刘倩茹、冯皓：《数字经济时代"互联网＋"是上市公司逆袭的利器吗？——基于自媒体新产品信息披露的研究》，载于《外国经济与管理》2021 年第 5 期。

[41] 黄宏斌、刘倩茹、熊慧银：《基于流量效应的上市公司自媒体营销信息披露对经营绩效的影响》，载于《管理学报》2021 年第 2 期。

[42] 霍亮、朝乐门：《可视化方法及其在信息分析中的应用》，载于《情报理论与实践》2017 年第 40 卷第 4 期。

[43] 蒋艳辉、冯楚建：《MD&A 语言特征、管理层预期与未来财务业绩——来自中国创业板上市公司的经验证据》，载于《中国软科学》2014 年第 11 期。

[44] 金鑫、吴祥：《证券分析师的信息来源研究：基于 A 股市场的证据》，载于《华东经济管理》2013 年第 27 卷第 6 期。

[45] 坎特威茨、罗迪格、埃尔姆斯等：《实验心理学：掌握心理学的研究》，郭秀艳等译，华东师范大学出版社 2001 年版。

[46] 李爱梅、田婕、李连奇：《"易得性启发式"与决策框架对风险决策倾向的影响》，载于《心理科学》2011 年第 4 期。

[47] 李斌、徐富明、王伟等：《锚定效应的种类、影响因素及干预措施》，载于《心理科学进展》2010 年第 1 期。

[48] 李秉成、苗霞、聂梓：《MD&A 前瞻性信息能提升财务危机预测能力吗？——基于信号传递和言语有效理论视角的实证分析》，载于《山西财经大学学报》2019 年第 41 卷第 5 期。

[49] 李春涛、张计宝、张璇：《年报可读性与企业创新》，载于《经济管理》2020 年第 42 卷第 10 期。

[50] 李欢、罗婷：《管理层业绩预测的机会主义行为——来自高管股票交易的证据》，载于《南开管理评论》2016 年第 19 卷第 4 期。

[51] 李慧云、刘镝：《市场化进程、自愿性信息披露和权益资本成本》，载于《会计研究》2016 年第 1 期。

[52] 李劲松、严进：《判断校准及其影响因素》，载于《心理学动

态》1999 年第 4 期。

[53] 李劲松：《专长和任务特征因素对预测判断的影响》，载于《人类工效学》2001 年第 2 期。

[54] 李尚荣：《综合收益价值相关性研究——兼议我国会计准则持续趋同策略》，财政部财政科学研究所博士学位论文，2012 年。

[55] 李世刚、蒋尧明：《上市公司年报文本信息语调影响审计意见吗?》，载于《会计研究》2020 年第 5 期。

[56] 李心丹、王冀宁、傅浩：《中国个体证券投资者交易行为的实证研究》，载于《经济研究》2002 年第 11 期。

[57] 李秀丽：《沪市公司财务报表信息响应时滞特性研究》，载于《会计研究》2019 年第 5 期。

[58] 李岩琼、姚颐：《研发文本信息：真的多说无益吗? ——基于分析师预测的文本分析》，载于《会计研究》2020 年第 2 期。

[59] 李燕媛、李晓东：《"管理层评论"信息质量原则的国际比较与启示》，载于《会计研究》2009 年第 1 期。

[60] 李志文、余佩琨、杨靖：《机构投资者与个人投资者羊群行为的差异》，载于《金融研究》2010 年第 11 期。

[61] 李小朔、张嘉伟、滕蕙阳：《进入者威胁：同行 IPO 冲击下的公司信息披露策略——来自上市公司业绩预告策略性披露的实证证据》，载于《山西财经大学学报》2021 年第 6 期。

[62] 李姝、杜亚光、张晓哲：《同行 MD&A 语调对企业创新投资的溢出效应》，载于《中国工业经济》2021 年第 3 期。

[63] 刘珍瑜、刘浩：《季度经营信息披露与会计信息质量提升——基于监管创新的信息间作用研究》，载于《财经研究》2021 年第 4 期。

[64] 李洋、王春峰、房振明等：《真实披露还是策略披露：中国上市公司业绩预告行为研究》，载于《预测》2021 年第 1 期。

[65] 李小胜：《盈余信息披露、投资者行为与市场内幕交易》，载于《经济理论与经济管理》2021 年第 1 期。

[66] 鲁清仿、杨雪晴：《管理层能力对信息披露质量的影响研究》，载于《科研管理》2020 年第 7 期。

[67] 逯东、宋昕倍、龚祎：《控股股东股权质押与年报文本信息可读性》，载于《财贸研究》2020 年第 5 期。

［68］罗进辉、彭逸菲、陈一林：《年报篇幅与公司的权益融资成本》，载于《管理评论》2020年第1期。

［69］李晓溪、饶品贵、岳衡：《年报问询函与管理层业绩预告》，载于《管理世界》2019年第8期。

［70］栗煜霞、李宏贵：《上市公司季度盈余信息含量的实证研究》，载于《证券市场导报》2004年第9期。

［71］梁上坤、徐灿宇、王瑞华：《董事会断裂带与公司股价崩盘风险》，载于《中国工业经济》2020年第3期。

［72］廖理、贺裴菲、张伟强、沈红波：《中国个人投资者的过度自信和过度交易研究》，载于《投资研究》2013年第32卷第8期。

［73］林树、俞乔：《有限理性、动物精神及市场崩溃：对情绪波动与交易行为的实验研究》，载于《经济研究》2010年第8期。

［74］林钟高、杨雨馨：《年报风险提示信息影响审计意见类型吗？——来自高管任期周期性特征的经验证据》，载于《会计研究》2019年第3期。

［75］刘维奇、刘新新：《个人和机构投资者情绪与股票收益——基于上证A股市场的研究》，载于《管理科学学报》2014年第17卷第3期。

［76］刘晓星、张旭、顾笑贤、姚登宝：《投资者行为如何影响股票市场流动性？——基于投资者情绪、信息认知和卖空约束的分析》，载于《管理科学学报》2016年第19卷第10期。

［77］刘亚琴、李开秀：《信任行为、市场效率与金融监管：有限理性视角下的信任研究前沿》，载于《中央财经大学学报》2017年第3期。

［78］刘永泽、唐大鹏、张成：《其他综合收益项目的认定标准与列报问题分析——基于我国资本市场数据》，载于《现代财经（天津财经大学学报)》2011年第8期。

［79］鲁桂华、张静、刘保良：《中国上市公司自愿性积极业绩预告：利公还是利私——基于大股东减持的经验证据》，载于《南开管理评论》2017年第20卷第2期。

［80］毛洪涛、冯华忠：《会计信息呈报格式的决策价值研究述评——基于权变理论的视角》，载于《会计与经济研究》2013年第

3 期。

[81] 毛洪涛、何熙琼、苏朦：《呈报格式、个人能力与管理会计信息决策价值：一项定价决策的实验研究》，载于《会计研究》2014 年第 7 期。

[82] 毛洪涛、张正勇、陈幸、叶建明：《信息使用者需求、财务报告改进与高质量会计准则——SEC 咨询委员会财务报告改进意见评介》，中国会计学会会计基础理论专业委员会专题学术研讨会，2010 年。

[83] 毛洪涛、何熙琼、苏朦：《信息决策价值：一项定价决策的实验研究》，载于《会计研究》2014 年第 7 期。

[84] 毛志宏、王鹏、季丰：《其他综合收益的列报与披露——基于上市公司 2009 年年度财务报告的分析》，载于《会计研究》2011 年第 7 期。

[85] 毛新述、王斌、林长泉、王楠：《信息发布者与资本市场效率》，载于《经济研究》2013 年第 10 期。

[86] 马宏、刘心怡：《公司信息披露选择与市值管理行为——基于中小板公司股权质押的经验证据》，载于《证券市场导报》2020 年第 12 期。

[87] 孟庆斌、杨俊华、鲁冰：《管理层讨论与分析披露的信息含量与股价崩盘风险——基于文本向量化方法的研究》，载于《中国工业经济》2017 年第 12 期。

[88] 聂萍、周戴：《基于 XBRL 环境网络财务报告网页呈现质量实证研究》，载于《会计研究》2011 年第 4 期。

[89] 潘琰、林琳：《公司报告模式再造：基于 XBRL 与 Web 服务的柔性报告模式》，载于《会计研究》2007 年第 5 期。

[90] 裴平、张谊浩：《中国股票投资者认知偏差的实证检验》，载于《管理世界》2004 年第 12 期。

[91] 钱爱民、张晨宇：《股权质押与信息披露策略》，载于《会计研究》2018 年第 12 期。

[92] 齐岳、廖科智、王治皓：《市场关注度、治理有效性与社会责任信息披露市场反应》，载于《管理学报》2020 年第 10 期。

[93] 钱爱民、朱大鹏：《财务报告文本相似度与违规处罚——基

于文本分析的经验证据》，载于《会计研究》2020年第9期。

［94］钱明、徐光华、沈弋等：《民营企业自愿性社会责任信息披露与融资约束之动态关系研究》，载于《管理评论》2017年第12期。

［95］丘心颖、郑小翠、邓可斌：《分析师能有效发挥专业解读信息的作用吗？基于汉字年报复杂性指标的研究》，载于《经济学（季刊）》2016年第4期。

［96］权小峰、吴世农：《投资者关注、盈余公告与管理层公告择机》，载于《金融研究》2010年第11期。

［97］任广乾、李建标、李政等：《投资者现状偏见及其影响因素的实验研究》，载于《管理评论》2011年第23卷第11期。

［98］阮睿、孙宇辰、唐悦等：《资本市场开放能否提高企业信息披露质量？——基于"沪港通"和年报文本挖掘的分析》，载于《金融研究》2021年第2期。

［99］邵世凤：《基于"决策有用观"的全面收益报告探讨》，载于《经济研究导刊》2011年第30期。

［100］沈振宇：《会计准则制定导向悖论》，载于《财经研究》2004年第30卷第6期。

［101］史永、张龙平：《XBRL财务报告实施效果研究——基于股价同步性的视角》，载于《会计研究》2014年第3期。

［102］史永东、李竹薇、陈炜：《中国证券投资者交易行为的实证研究》，载于《金融研究》2009年第11期。

［103］史永东、王谨乐、胡丹：《中国股票市场个人投资者和机构投资者的过度自信差异研究》，载于《投资研究》2015年第34卷第1期。

［104］孙蔓莉、王化成、凌哲佳：《关于公司年报自利性归因行为的实证研究》，载于《经济科学》2005年第2期。

［105］孙彤、薛爽：《管理层自利行为与外部监督——基于信息披露的信号博弈》，载于《中国管理科学》2019年第27卷第2期。

［106］孙文章：《董事会秘书声誉与信息披露可读性——基于沪深A股公司年报文本挖掘的证据》，载于《经济管理》2019年第7卷第41期。

［107］谭松涛、王亚平：《股民过度交易了么？——基于中国某证

券营业厅数据的研究》，载于《经济研究》2006 年第 10 期。

[108] 唐亚军、吉利、汪丽：《呈报格式多样性、信息交互及管理会计报告决策价值研究》，载于《西藏大学学报（社会科学版)》2014 年第 2 期。

[109] 唐跃军、吕斐适、程新生：《大股东制衡、治理战略与信息披露——来自 2003 年中国上市公司的证据》，载于《经济学（季刊)》2008 年第 2 期。

[110] 田高良、贝成成、施诺：《控股股东股权质押与公司自愿性披露》，载于《西安交通大学学报（社会科学版)》2021 年第 2 期。

[111] 田利辉、王可第：《社会责任信息披露的"掩饰效应"和上市公司崩盘风险——来自中国股票市场的 DID – PSM 分析》，载于《管理世界》2017 年第 11 期。

[112] 汪炜、蒋高峰：《信息披露、透明度与资本成本》，载于《经济研究》2004 年第 7 期。

[113] 王春峰、张亚楠、房振明：《基于过度自信的交易量驱动因素建模研究》，载于《中国管理科学》2010 年第 4 期。

[114] 王嘉鑫、张龙平：《管理层语调操纵、职业谨慎与审计决策——基于年报文本分析的经验证据》，载于《中南财经政法大学学报》2020 年第 4 期。

[115] 王克敏、王华杰、李栋栋：《年报文本信息复杂性与管理者自利——来自中国上市公司的证据》，载于《管理世界》2018 年第 34 卷第 12 期。

[116] 王磊、季思颖、黎文靖：《企业社会责任、盈余公告择机与信息效率》，载于《山西财经大学学报》2017 年第 39 卷第 4 期。

[117] 王晓庄、白学军：《判断与决策中的锚定效应》，载于《心理科学进展》2009 年第 1 期。

[118] 王鑫：《综合收益的价值相关性研究——基于新准则实施的经验证据》，载于《会计研究》2013 年第 10 期。

[119] 王雄元、高曦、何捷：《年报风险信息披露与审计费用——基于文本余弦相似度视角》，载于《审计研究》2018 年第 5 期。

[120] 王雄元、高曦：《年报风险披露与权益资本成本》，载于《金融研究》2018 年第 1 期。

［121］王雄元、李岩琼、肖忞：《年报风险信息披露有助于提高分析师预测准确度吗?》，载于《会计研究》2017年第10期。

［122］王英允、彭正银、高敬忠：《投资者注意力与管理层业绩预告择机——积极监督抑或过度压力》，载于《经济管理》2019年第41卷第2期。

［123］王重鸣、邓靖松：《信任形成过程的映像理论观点》，载于《应用心理学》2005年第11卷第1期。

［124］王秀丽、齐荻、吕文栋：《控股股东股权质押与年报前瞻性信息披露》，载于《会计研究》2020年第12期。

［125］文雯、乔菲、陈胤默：《控股股东股权质押与管理层业绩预告披露》，载于《管理科学》2020年第6期。

［126］王晓祺、宁金辉：《强制社会责任披露能否驱动企业绿色转型?——基于我国上市公司绿色专利数据的证据》，载于《审计与经济研究》2020年第4期。

［127］王运陈、贺康、万丽梅等：《年报可读性与股票流动性研究——基于文本挖掘的视角》，载于《证券市场导报》2020年第7期。

［128］魏哲、罗婷、张海燕：《管理层归因行为研究——基于业绩预告修正的分析》，载于《中国会计评论》2016年第4期。

［129］吴世农、黄志功：《上市公司盈利信息报告、股价变动与股市效率的实证研究》，载于《会计研究》1997年第4期。

［130］吴悠悠：《散户、机构投资者宏微观情绪：互动关系与市场收益》，载于《会计研究》2017年第11期。

［131］夏常源、贾凡胜：《控股股东股权质押与股价崩盘："实际伤害"还是"情绪宣泄"》，载于《南开管理评论》2019年第5期。

［132］夏纪军、张来武、雷明：《利他、互利与信任》，载于《经济科学》2003年第4期。

［133］肖浩、王明辉：《公司信息披露频率、股价特质性波动与公司治理》，载于《现代管理科学》2014年第4期。

［134］肖浩、詹雷、王征：《国外会计文本信息实证研究述评与展望》，载于《外国经济与管理》2016年第38卷第9期。

［135］肖浩、王明辉：《公司信息披露频率、股价特质性波动与公司治理》，载于《现代管理科学》2014年第4期。

［136］谢德仁、林乐：《管理层语调能预示公司未来业绩吗？——基于我国上市公司年度业绩说明会的文本分析》，载于《会计研究》2015 年第 2 期。

［137］谢香兵：《会计 - 税收差异、未来盈余增长与投资者认知偏差——基于我国上市公司的经验证据》，载于《会计研究》2015 年第 6 期。

［138］徐浩峰：《信息与价值发现过程——基于散户微结构交易行为的实证研究》，载于《金融研究》2009 年第 2 期。

［139］许罡：《企业社会责任报告强制披露对资产误定价的影响：信息揭示还是掩饰?》，载于《经济与管理研究》2020 年第 7 期。

［140］肖翔、赵天骄、贾丽桓：《社会责任信息披露与融资成本》，载于《北京工商大学学报（社会科学版）》2019 年第 5 期。

［141］薛爽、肖泽忠、潘妙丽：《管理层讨论与分析是否提供了有用信息？——基于亏损上市公司的实证探索》，载于《管理世界》2010 年第 5 期。

［142］杨丹、黄丹、黄莉：《会计信息形式质量研究——基于通信视角的解构》，载于《会计研究》2018 年第 9 期。

［143］杨明增：《经验对审计判断中锚定效应的影响》，载于《审计研究》2009 年第 2 期。

［144］杨志强、唐松、李增泉：《资本市场信息披露、关系型合约与供需长鞭效应——基于供应链信息外溢的经验证据》，载于《管理世界》2020 年第 7 期。

［145］叶陈刚、徐伟、冯银波：《会计准则模式、会计专业能力与盈余管理行为》，载于《中国审计评论》2017 年第 1 期。

［146］伊志宏、朱琳、陈钦源：《分析师研究报告负面信息披露与股价暴跌风险》，载于《南开管理评论》2019 年第 5 卷第 22 期。

［147］易玄、谢志明、樊雅琦：《审计信任、合格境外机构投资者及其审计师选择——来自中国资本市场的检验》，载于《审计研究》2016 年第 4 期。

［148］易志高、潘子成、李心丹等：《公司策略性媒体披露行为研究最新进展与述评》，载于《外国经济与管理》2018 年 40 卷第 11 期。

［149］尹海员：《投资者情绪对股票流动性影响效应与机理研究》，载于《厦门大学学报（哲学社会科学版）》2017 年第 4 期。

［150］应唯、王丁、黄敏：《XBRL 财务报告分类标准的架构模型研究》，载于《会计研究》2013 年第 8 期。

［151］于忠泊、田高良、齐保垒等：《媒体关注的公司治理机制——基于盈余管理视角的考察》，载于《管理世界》2011 年第 9 期。

［152］余佩琨、李志文、王玉涛：《机构投资者能跑赢个人投资者吗?》，载于《金融研究》2009 年第 8 期。

［153］翟淑萍、王敏、白梦诗：《财务问询函能够提高年报可读性吗？——来自董事联结上市公司的经验证据》，载于《外国经济与管理》2020 年第 42 卷第 9 期。

［154］张琛、陈彦彤、成飞：《管理层讨论与分析中环境信息披露有效性研究——基于所有权性质与媒体治理的视角》，载于《经济问题》2019 年第 10 期。

［155］张继德、廖微、张荣武：《普通投资者关注对股市交易的量价影响——基于百度指数的实证研究》，载于《会计研究》2014 年第 8 期。

［156］张继勋、蔡闫东、倪古强：《社会责任披露语调、财务信息诚信与投资者感知——一项实验研究》，载于《南开管理评论》2019 年 22 卷第 1 期。

［157］张继勋、贺超、韩冬梅：《社会责任负面信息披露形式、解释语言积极性与投资者投资判断——一项实验证据》，载于《南开管理评论》2016 年第 19 卷第 6 期。

［158］张继勋、屈小兰：《管理层风险提示信息、诚信度与投资者决策——一项实验证据》，载于《证券市场导报》2011 年第 9 期。

［159］张继勋、杨明增：《审计判断中代表性启发法下的偏误研究——来自中国的实验证据》，载于《会计研究》2008 年第 1 期。

［160］张继勋、张丽霞：《会计估计的准确性、行业共识信息与个体投资者的决策》，载于《南开管理与评论》2012 年第 15 卷第 3 期。

［161］张继勋、周冉、孙鹏：《内部控制披露、审计意见、投资者的风险感知和投资决策：一项实验证据》，载于《会计研究》2011 年第 9 期。

［162］张继勋等：《会计和审计中的实验研究方法》，南开大学出版社 2008 年版。

[163] 张丽霞：《盈余预告信息性质、管理层时机披露策略与投资者的反应》，载于《山西财经大学学报》2016年第38卷第9期。

[164] 张维迎、柯荣住：《信任及其解释：来自中国的跨省调查分析》，载于《经济研究》2002年第10期。

[165] 张程、曾庆生、梁思源：《市场能够甄别管理层的"靖言庸违"吗？——来自年报语调与内部人交易的经验证据》，载于《财经研究》2021年第4期。

[166] 钟凯、董晓丹、陈战光：《业绩说明会语调与分析师预测准确性》，载于《经济管理》2020年第8期。

[167] 翟淑萍、王敏、白梦诗：《财务问询函能够提高年报可读性吗？——来自董事联结上市公司的经验证据》，载于《外国经济与管理》2020年第9期。

[168] 周波、张程、曾庆生：《年报语调与股价崩盘风险——来自中国A股上市公司的经验证据》，载于《会计研究》2019年第11期。

[169] 周佰成、周阔：《招股说明书可读性影响IPO抑价了吗?》，载于《外国经济与管理》2020年第3期。

[170] 赵璨、陈仕华、曹伟：《"互联网+"信息披露：实质性陈述还是策略性炒作——基于股价崩盘风险的证据》，载于《中国工业经济》2020年第3期。

[171] 赵现明、张天西：《财务信息呈报格式与决策者行为：研究综述及启示》，载于《经济与管理研究》，2009年第11期。

[172] 赵子夜、杨庆、杨楠：《言多必失？管理层报告的样板化及其经济后果》，载于《管理科学学报》2019年第22卷第3期。

[173] 郑济孝：《XBRL格式财务报告对基金市场有效性的影响研究》，载于《会计研究》2015年第12期。

[174] 周斌：《浅析全面收益报告在我国的应用》，载于《武汉大学学报（哲学社会科学版）》2009年第3期。

[175] 周波、张程、曾庆生：《年报语调与股价崩盘风险——来自中国A股上市公司的经验证据》，载于《会计研究》2019年第11期。

[176] 周嘉南、黄登仕：《损失厌恶能否解释"好消息提前，坏消息延后"》，载于《管理科学学报》2009年第12卷第6期。

[177] 周铭山、周开国、张金华：《我国基金投资者存在处置效应

吗？——基于国内某大型开放式基金交易的研究》，载于《投资研究》2011 年第 10 期。

［178］周玮、卢兴杰、杨丹：《实验研究下的行为财务会计综述》，载于《会计研究》2011 年第 5 期。

［179］朱孟楠、梁裕珩、吴增明：《互联网信息交互网络与股价崩盘风险：舆论监督还是非理性传染》，载于《中国工业经济》2020 年第 10 期。

［180］朱晓婷、杨世忠：《会计信息披露及时性的信息含量分析——基于 2002～2004 年中国上市公司年报数据的实证研究》，载于《会计研究》2006 年第 11 期。

［181］左大勇、陆蓉：《理性程度与投资行为——基于机构和个人基金投资者行为差异研究》，载于《财贸经济》2013 年第 10 期。

［182］Agostino P. R., Neill B. J., Paivio A. Memory for Pictures and Words as a Function of Level of Processing：Depth or Dual Coding? *Memory and Cognition*, Vol. 5, No. 2, 1997, pp. 252－256.

［183］Ajina A., Laouiti M., Msolli B. Guiding through the Fog：Does annual report readability reveal earnings management. *Research in International Business and Finance*, Vol. 38, No. 7, 2016, pp. 509－516.

［184］Alastair L. Individual Investors and Financial Disclosure. *Journal of Accounting Economics*, Vol. 56, No. 1, 2013, pp. 130－147.

［185］Andrea S. K., Robin R. P. Internet Financial Reporting：The Effects of Information Presentation Format and Content Differences on Investor Decision Making. *Computers in Human Behavior*, Vol. 28, No. 4, 2012, pp. 1178－1185.

［186］Arnold V., Bedard J. C., Phillips J. R., etc. The Impact of Tagging Qualitative Financial Information on Investor Decision Making：Implications for XBRL. *International Journal of Accounting Information Systems*, Vol. 13, No. 1, 2012, pp. 2－20.

［187］Asay H. S, Libby R., Rennekamp K. M. Do features that associate managers with a message magnify investors' reactions to narrative disclosures. *Accouning, Organisation and Society*, Vol. 68, No. 1, 2018, pp. 1－14.

[188] Asay H. S, Rennekamp K. M. Do Features that Associate Managers with a Message Magnify Investors' Reactions to Narrative Disclosures? *Accounting, Organizations and Society*, Vol. 68, 2018, pp. 1 – 14.

[189] Ashton A. H. , Ashton R. H. Sequential Belief Revision in Auditing. *The Accounting Review*, Vol. LXIII, No. 4, 1988, pp. 623 – 641.

[190] Bailey W. J. , Sawers K. M. In GAAP We Trust: Examining How Trust Influences Nonprofessional Investor Decisions Under Rules – Based and Principles – Based Standards. *Behavioral Research in Accounting*, Vol. 24, No. 24, 2012, pp. 25 – 46.

[191] Baron R. M. , Kenny D. A. The Moderator Mediator Variable Distinction in Social Psychological Research Conceptual, Strategic and Statistical Considerations. *Journal of personality and social psychology*, Vol. 51, No. 6, 1986, pp. 1173.

[192] Biddle G. , Choi J. H. Is Comprehensive Income Useful? *Journal of Contemporary Accounting Research and Economics*, No. 2, 2006, pp. 1 – 30.

[193] Bloomfield R. J. The " Incomplete Revelation Hypothesis" and Financial Reporting. *Accounting Horizons*, Vol. 16, No. 3, 2002, pp. 233.

[194] Bloomfield R. , Hales J. Predicting the Next Step of a Random Walk: Experimental Evidence of Regime – Shifting Beliefs. *Journal of Financial Economics*, Vol. 65, No. 3, 2002, pp. 397 – 414.

[195] Bochkay K. , Levine C. B. Using MD&A to Improve Earnings Forecasts. *Journal of Accounting, Auditing & Finance*, Vol. 34, No. 3, 2019, pp. 458 – 482.

[196] Braun G. P. , Haynes C. M. , Lewis T. D. , etc. Principles-based vs. Rules-based Accounting Standards: The Effects of Auditee Proposed Accounting Treatment and Regulatory Enforcement on Auditor Judgments and Confidence. *Research in Accounting Regulation*, Vol. 27, No. 1, 2015, pp. 45 – 50.

[197] Bushee B. J. , Gow I. D. , Taylor D. J. A. Linguistic Complexity in Firm Disclosures: Obfuscation or Information? *Journal of Accounting Research*, Vol. 56, No. 1, 2018, pp. 85 – 121.

[198] Bushman R. M. , Piotroski J. D. , Smith A. J. What Determines

Corporate Transparency. *Journal of Accounting Research*, Vol. 24, No. 2, 2004, pp. 207 – 252.

[199] Campbell J. L. , Chen H. , Dhaliwal D. S. , etc. The Information Content of Mandatory Risk Factor Disclosures in Corporate Filings. *Review of Accounting Studies*, Vol. 19, No. 1, 2014, pp. 396 – 455.

[200] Chung J. , Monroe G. S. A Research Note on the Effects of Gender and Task Complexity on an Audit Judgment. *Behavioral Research in Accounting*, Vol. 13, No. 1, 2001, pp. 111 – 125.

[201] Chung J. , Monroe G. The Effects of Experience and Task Difficulty on Accuracy and Confidence Assessments of Auditors. *Accounting and Finance*, Vol. 40, No. 2, 2000, pp. 135 – 151.

[202] Cohen J. R. , Krishnamoorthy G. , Peytcheva M. , etc. How Does the Strength of the Financial Regulatory Regime Influence Auditors' Judgments to Constrain Aggressive Reporting in a Principles – Based Versus Rules – Based Accounting Environment? *Accounting Horizons*, Vol. 27, No. 3, 2013, pp. 579 – 601.

[203] Daigle R. J. , Pinsker R. E. , Pitre T. J. The Impact of Order Effects on Nonprofessional Investor's Belief Revision When Presented a Long Serise of Disclosures in an Experimental Market Setting. *Accounting Horizons*, Vol. 29, No. 2, 2015, pp. 313 – 326.

[204] Dale E. , Chall J. S. The Concept of Readability. *Elementary English*, Vol. 26, No. 1, 1949, pp. 19 – 26.

[205] Davis A. K, Piger J. M, Sedor L. M. Beyond the Numbers: Measuring the Information Content of Earnings Press Release Language. *Contemporary Accounting Research*, Vol. 29, No. 2, 2012, pp. 845 – 868.

[206] Davis A. K, Sweet I. T. Managers' Use of Language Across Alternative Disclosure Outlets: Earnings Press Releases versus MD&A. *Contemporary Accounting Research*, Vol. 29, No. 3, 2012, pp. 804 – 837.

[207] De B. W. F. M. , Thaler R. Does the Stock Market Overreact? *Journal of Finance*, Vol. 40, No. 3, 1985, pp. 793 – 805.

[208] Deaves R. , Luders E. , Schroder M. The Dynamics of Overconfidence: Evidence from Stock Market Forecasters. *Journal of Economic Behav-*

255

ior and Organization, Vol. 75, No. 3, 2010, pp. 402 –412.

[209] Dehning P. B. , Ratliff A. Comprehensive Income: Evidence on the Effectiveness of FAS 130. *Journal of American Academy of Business*, Vol. 4, No. 1/2, 2004, pp. 228 –232.

[210] Demaline C. Disclosure Readability of Firms Investigated for Books-and-records Infractions An Impression Management Perspective. *Journal of Financial Reporting & Accounting*, Vol. 18, No. 1, 2020, pp. 131 – 145.

[211] Desanctis G. , Jarvenpaa S. L. Graphical Presentation of Accounting Data for Financial Forecasting. *Accounting Organizations and Society*, Vol. 14, No. 6, 1989, pp. 509 –525.

[212] Dhaliwal D. , Subramanyam K. R. , Trezevant R. Is Comprehensive Income Superior to Net Income as A Measure of Firm Performance. *Journal of Accounting and Economics*, Vol. 26, No. 1 – 3, 1999, pp. 43 –67.

[213] Dhaliwal D. , Subramanyam K. , Trezevant R. Is Comprehensive Income Superior to Net Income as a Measure of Firm Performance? *Journal of Accounting and Economics*, No. 26, 1999, pp. 43 –47.

[214] Dholakia R. R. , Zhao M. Retail Website Interactivity: How Does It Influence Customer Satisfaction and Behavioral Intentions? *International Journal of Retail and Distribution Management*, Vol. 37, No. 10, 2009, pp. 821 –838.

[215] Dilla W. , Janvrin D. J, Raschke R. Interactive Data Visualization: New Directions for Accounting Information Systems Research. *Journal of Information Systems*, Vol. 24, No. 2, 2010, pp. 1 –37.

[216] Dilla W. N. , Janvrin D. J. , Jeffrey C. The Impact of Graphical Displays of Pro Forma Earnings Information on Professional and Nonprofessional Investors' Earnings Judgments. *Behavior Research Accounting*, Vol. 25, No. 1, 2013, pp. 37 –60.

[217] Dilla W. , Diane J. J. , Robyn R. Interactive Data Visualization: New Directions for Accounting Information Systems. *Journal of Information Systems*, Vol. 24, No. 2, 2010, pp. 1 –79.

[218] Donelson D. C. , Mcinnis J. , Mergenthaler R. D. Explaining Rules – Based Characteristics in U. S. GAAP: Theories and Evidence. *Journal of Accounting Research*, Vol. 54, No. 3, 2016, pp. 827 – 861.

[219] Du N. , Kevin S. , John M. The Effects of Comprehensive Income on Investors' Judgments. *Accounting Research Journal*, Vol. 28, No. 3, 2015, pp. 284 – 299.

[220] Dull R. B. , Graham A. W. , Baldwin A. A. Web-based Financial Statements: Hypertext Links to Footnotes and Their Effect on Decisions. *International Journal of Accounting Information Systems*, Vol. 4, No. 3, 2003, pp. 185 – 203.

[221] Dull R. B. , Tegarden D. P. A Comparison of Three Visual Representations of Complex Multidimensional Accounting Information. *Journal of Information Systems*, Vol. 13, No. 2, 1999, pp. 117 – 131.

[222] Eagly A. H. , Chaiken S. *The Psychology of Attitudes*. Harcourt Brace Jovanovich College Publishers, 1993.

[223] Edens W. , Malecki A. L. Research skills, perceptions and attitudes of incoming MBA students. *Journal of Business & Finance Librarianship*, Vol. 25, No. 1 – 2, 2020, pp. 73 – 81.

[224] Efklides A. Metacognition: Defining Its Facets and Levels of Functioning in Relation to Self-regulation and Co-regulation. *European Psychologist*, Vol. 13, No. 4, 2008, pp. 277 – 287.

[225] Einhorn H. J. , Hogarth R. M. *Decision Making under Ambiguity: A Note*. Munier B. R. , Theory and Decision Library, Series B: Mathematical and Statistical Methods, 1988, pp. 327 – 336.

[226] Elliott W. B. , Hodge F. D. , Kennedy J. J. , etc. Are M. B. A. Students a Good Proxy for Nonprofessional Investors? *Accounting Review*, Vol. 82, No. 1, 2007, pp. 139 – 168.

[227] Epley N. , Gilovich T. Putting Adjustment back in the Anchoring and Adjustment Heuristic: Differential Processing of Self-generated and Experimenter-provided Anchors. *Psychological Science*, Vol. 5, No. 12, 2001, pp. 391 – 396.

[228] Ertugrul M. , Lei J. , Qiu J. Annual Report Readability, Tone

Ambiguity, and the Cost of Borrowing. *Journal of Financial and Quantitative Analysis*, *Vol.* 52, No. 2, 2017, pp. 811 – 836.

[229] Feldman R., Govindaraj S., Livnat J., etc. Management's Tone Change, Post Earnings Announcement Drift and Accruals. *Review of Accounting Studies*, Vol. 15, No. 4, 2010, pp. 915 – 953.

[230] Fengchun T., Traci J. H., Joseph S. V., etc. The Effects of Visualization and Interactivity on Calibration in Financial Decision – Making. *Behavioral Research in Accounting*, No. 26, 2014, pp. 25 – 58.

[231] Fernández B., Garcia – Merino T., Mayoral R., etc. Herding, Information Uncertainty and Investors' Cognitive Profile. *Qualitative Research in Financial Markets*, Vol. 3, No. 1, 2011, pp. 7 – 33.

[232] Fields T. D, Lys T. Z, Vincent L. Empirical research on accounting choice. *Journal of Accounting and Economics*, Vol. 31, No. 1, 2001, pp. 255 – 307.

[233] Foster G. Quarterly Accounting Data: Time – Series Properties and Predictive – Ability Results. *Accounting Review*, Vol. 52, No. 1, 1977, pp. 1 – 21.

[234] Frederickson J. R., Miller J. S. The Effects of Pro Forma Earnings Disclosures on Analysts' and Nonprofessional Investors' Equity Valuation Judgments. *Accounting Review*, Vol. 79, No. 3, 2004, pp. 667 – 686.

[235] Gerd G., Wolfgang G. Heuristic Decision Making. *The Annual Review of Psychology*. No. 62, 2011, pp. 451 – 482.

[236] Ghani E., Laswad F., Tooley S. The Role of Presentation Format on Decision-makers' Behaviour in Accounting. *International Business Research*, Vol. 2, No. 1, 2009, pp. 183 – 195.

[237] Ghani E., Laswad F., Tooley S. The Role of Presentation Format on Decision-makers' Behavior in Accounting. *International Business Research*, Vol. 2, No. 1, 2009, pp. 183 – 195.

[238] Glenberg A. M., Thomas S., William E. Enhancing Calibration of Comprehension. *Journal of Experimental Psychology*: *Gerenal*, Vol. 116, No. 1, 1987, pp. 119 – 136.

[239] Gneezy U., Potters J. An Experiment on Risk Taking and Evalu-

ation Periods. *Quarterly Journal of Economics*, Vol. 112, No. 2, 1997, pp. 631 – 645.

［240］Gigerenzer G. , Todd P. M . Fast and frugal heuristics: The adaptive toolbox, 1999.

［241］Gu S. , Dodoo R. N. A. The Impact of Firm Performance on Annual Report Readability Evidence from Listed Firms in Ghana. *Journal of Economics Business & Accountancy*, Vol. 22, No. 3, 2020, pp. 444 – 454.

［242］Gu Z. Y. , Li Z. Q. , Yang Y. G. Monitors or Predators: The Influence of Institutional Investors on Sell – Side Analysts. *The Accounting Review*, Vol. 88, No. 1, 2013, pp. 137 – 169.

［243］Habib A. , Hasan M. M. Business strategies and annual report readability. *Accounting and Finance*, Vol. 60, No. 3, 2018, pp. 2513 – 2547.

［244］Hackenbrack K. Implications of Seemingly Irrelevant Evidence in Audit Judgment. *Journal of Accounting Research*, No. 30, 1992, pp. 126 – 136.

［245］Hales J. , Kuang X. J. , Venkataraman S. 'Who Believes the Hype? An Experimental Examination of How Language Affects Investor Judgments': Erratum. *Journal of Accounting Research*, Vol. 57, No. 1, 2019, pp. 291.

［246］Hall C. C. , Ariss L. , Todorov A. The Illusion of Knowledge: When more Information Reduces Accuracy and Increases Confidence. *Organizational Behavior and Human Decision Processes*, Vol. 103, No. 1, 2007, pp. 277 – 290.

［247］Havard T. M. An Experimental Evaluation of the Effect of Data Presentation on Heuristic Bias in Commercial Valuation. *Journal of Property Research*, Vol. 18, No. 1, 2001, pp. 51 – 67.

［248］Healy P. M. , Palepu K. G. Information Asymmetry, Corporate Disclosure, and the Capital Markets: A Review of the Empirical Disclosure Literature. *Journal of Accounting and Economics*, Vol. 31, No. 1 – 3, 2001, pp. 405 – 440.

［249］Herrmann D. , Kang T. , Kim J. International Diversification and Management Earnings Guidance: The Effects of Reg. FD. *Journal of International Accounting Research*, Vol. 1, No. 9, 2010, pp. 1 – 22.

[250] Hirst D. E., Hopkins P. E, Wahlen J. M. Fair Values, Income Measurement, and Bank Analysts' Risk and Valuation Judgments. *The Accounting Review*, Vol. 79, No. 2, 2004, pp. 454 – 472.

[251] Hirst D. E., Hopkins P. E. Comprehensive Income Reporting and Analysts' Valuation Judgments. *Journal of Accounting Research*, No. 36, 1998, pp. 47 – 75.

[252] Hirst D. E., Hopkins P. E. Comprehensive Income Reporting and Analysts' Valuation Judgments. *Journal of Accounting Research*, Vol. 36, No. 3, 1998, pp. 47 – 75.

[253] Hogarth R. M., Einhorn H. J. Order Effects in Belief Updating: The Belief-adjustment Model. *Cognitive Psychology*, Vol. 24, No. 1, 1992, pp. 1 – 55.

[254] Hope O. K., Hu D. H. L. The Benefits of Specific Risk-factor Disclosures. *Review of Accounting Studies*, Vol. 21, No. 4, 2016, pp. 1005 – 1045.

[255] Huang X., Teoh S. H., Zhang Y. Tone Management. *The Accounting Review*, Vol. 89, No. 3, 2014, pp. 1083 – 1113.

[256] Hunton J. E., Wright A. M., Wright S. The Potential Impact of More Frequent Financial Reporting and Assurance: User, Preparer, and Auditor Assessments. *Journal of Emerging Technologies in Accounting*, Vol. 4, 2007, pp. 47 – 67.

[257] Hwang B., Kim H. H. It Pays to Write well. *Journal of financial economics*, Vol. 124, No. 2, 2017, pp. 373 – 394.

[258] Jain R., Jain P., Jain C. Behavioral Biases in the Decision Making of Individual Investors. *Iup Journal of Management Research*, Vol. 14, 2015.

[259] Jordan C. E., Clark S. J. Reporting Preferences under the Comprehensive Income Standard. *CPA Journal*, No. 5, 2014, pp. 34 – 39.

[260] Kelton A. S., Pennington R., Tuttle B. M. The Effects of Information Presentation Format on Judgment and Decision Making: A Review of

the Information Systems Research. *Journal of Information Systems*, Vol. 24, No. 2, 2010, pp. 79 – 105.

[261] Kim C. , Wang K. , Zhang L. Readability of 10 – K Reports and Stock Price Crash Risk. *Contemporary Accounting Research*, No. 2, 2019, pp. 1184 – 1216.

[262] Kim J. W. , Lim J. H. , No W. G. The Effect of First Wave Mandatory XBRL Reporting across the Financial Information Environment. *Journal of Information Systems*, Vol. 26, No. 1, 2012, pp. 127 – 153.

[263] Kottemann J. E. , Davis F. D. , Remus W. E. Computer-assisted Decision Making: Performance, Beliefs, and the Illusion of Control. *Organizational Behavior and Human Decision Processes*, Vol. 57, No. 1, 1994, pp. 26 – 37.

[264] Kravet T. , Muslu V. B. Textual Risk Disclosures and Investors' Risk Perceptions. *Review of Accounting Studies*, Vol. 18, No. 4, 2013, pp. 1088 – 1122.

[265] Lawrence A. Individual investors and financial disclosure. *Journal of Accounting Economics*, Vol. 56, No. 12, 2013, pp. 130 – 147.

[266] Libby R. , Rennekamp K. M. Experienced Financial Managers' Views of the Relationships among Self – Serving Attribution Bias, Overconfidence, and the Issuance of Management Forecasts: A Replication. *Journal of Financial Reporting*, Vol. 1, No. 1, 2016, pp. 131 – 136.

[267] Loa K. , Ramosb F. , Rogoa R. Earnings Management and Annual Report Readability. *Journal of Accounting and Ecomomics*, Vol. 63, No. 1, 2017, pp. 1 – 25.

[268] Loughran T. , Mcdonald B. Regulation and Financial Disclosure: The Impact of Plain English. *Journal of Regulatory Economics*, Vol. 45, No. 1, 2014, pp. 94 – 113.

[269] Loughran T. , Mcdonald B. Textual Analysis in Accounting and Finance: A Survey. *Journal of Accounting Research*, Vol. 54, No. 4, 2016, pp. 1187 – 1230.

[270] Loughran T. , Mcdonald B. When Is a Liability Not a Liability?

Textual Analysis, Dictionaries, and 10 – Ks. Vol. 66, No. 1, 2011, pp. 35 – 65.

[271] MacGregor D. G. , Slovic P. , Dreman D. , etc. Imagery, Affect, and Financial Judgment. *The Journal of Psychology and Financial Markets*, Vol. 1, No. 2, 2010, pp. 104 – 110.

[272] Maia F. , Walied K. How Facebook Influences Non-professional Investors' Affective Reactions and Judgments The Effect of Disclosure Platform and News Valance. *Journal of Financial Reporting & Accounting*, Vol. 17, No. 1, 2019, pp. 80 – 103.

[273] Maines L. A. , McDaniel L. S. Effects of Comprehensive Income Characteristics on Non-professional Investors' Judgments: the Role of Financial-statement Presentation Format. *Accounting Review*, Vol. 75, No. 2, 2000, pp. 179 – 197.

[274] Marlys G. L. Discussion of Comprehensive Income Reporting and Analysts' Valuation Judgments. *Journal of Accounting Research*, Vol. 36, 1998, pp. 77 – 84.

[275] Marques A. Disclosure Strategies Among S&P 500 Firms: Evidence on the Disclosure of Non – GAAP Financial Measures and Financial Statements in Earnings Press Releases. *British Accounting Review*, Vol. 42, No. 2, 2010, pp. 119 – 131.

[276] Matsumoto A. S. , Fernandes J. , Ferreira I. , etc. Behavioral Finance: A Study of Affect Heuristic and Anchoring in Decision Making of Individual Investors. *Social Science Electronic Publishing*, 2013.

[277] Mayer R. E. , Sims V. K. For Whom Is a Picture Worth a Thousand Words? Extensions of a Dual-coding Theory of Multimedia Learning. *Journal of Educational Psychology*, Vol. 86, No. 3, 1994, pp. 389 – 401.

[278] Mayew W. J. , Sethuraman M. , Venkataehalam M. MD&A Disclosure and the Firm's Ability to Continue as a Going Concern. *The Accounting Review*, Vol. 90, No. 4, 2015, pp. 1621 – 1651.

[279] Menkhoff L. , Schmeling M. , Schmidt U. Overconfidence, Experience, and Professionalism: An Experimental Study. *Journal of Economic Behavior & Organization*, Vol. 86, No. 16123, 2013, pp. 92 – 101.

［280］ Merkley K. J. Narrative Disclosure and Earnings Performance：Evidence from R&D Disclosures. *Accounting Review*, Vol. 89, No. 2, 2014, pp. 725 – 757.

［281］ Muslu V. , Radhakrishnan S. , Subramanyam K. R. , etc. Forward-looking MD&A Disclosures and the Information Environment. *Management Science*, Vol. 61, No. 5, 2015, pp. 931 – 948.

［282］ Myers S. C. Corporate Financing and Investment Decisions When Firms Have Information that Investors do not Have. *Journal of Financial Economics*, Vol. 13, No. 2, 1984, pp. 187 – 221.

［283］ Nelson K. K, Pritchard A. C. Carrot or Stick? The Shift from Voluntary to Mandatory Disclosure of Risk Factors. *Journal of Empirical Legal Studies*, Vol. 13, No. 2, 2016, pp. 266 – 297.

［284］ Peng E. Y, Shon J. , tan C. XBRL and Accruals：Empirical Evidence from China. *Accounting Perspectives*, Vol. 10, No. 2, 2011, pp. 109 – 138.

［285］ Perdana A. The Impact of Data Information Quality of XBRL – based Financial Statements on Nonprofessional Investors' Decision Making, 2013.

［286］ Peytcheva M. , Wright A. M. , Majoor B. The Impact of Principles-based Versus Rules-based Accounting Standards on Auditors' Motivations and Evidence Demands. *Behavioral Research in Accounting*, Vol. 26, 2014, pp. 14.

［287］ Pietsch C. P. R. , Messier W. F. The Effects of Time Pressure on Belief Revision in Accounting：A Review of Relevant Literature in a Pressure Arousal Effort Performance Framework. *Social Science Electronic Publishing*, Vol. 29, No. 2, 2017.

［288］ Pinsker R. , Wheeler P. Nonprofessional Investors' Perceptions of the Efficiency and Effectiveness of XBRL – enabled Financial Statement Analysis and of Firms Providing XBRL – formatted Information. *International Journal of Disclosure and Governance*, Vol. 6, No. 3, 2009, pp. 241 – 261.

［289］ Pinsker R. Long Series of Information and Nonprofessional

Investor's Belief Revision. *Behavioral Research In Accounting*, Vol. 19, 2007, pp. 197 – 214.

[290] Pinsker R. Primacy or Recency? A Study of Order Effect When Nonprofessional Investors are Provided a Long Series of Disclosuers. *Behavioral Research in Accounting*, Vol. 23, No. 1, 2011, pp. 161 – 183.

[291] Poshakwale S. , Mandal A. Investor Behaviour and Herding Evidence from the National Stock Exchange in India. *Journal of Emerging Market Finance*, Vol. 13, No. 2, 2014, pp. 197 – 216.

[292] Pronk M. , Hodge F. D. , Elliott W. B. , etc. Are MBA Students a Good Proxy for Nonprofessional Investors. *Accounting Review*, Vol. 82, No. 1, 2007, pp. 139 – 168.

[293] Rennekamp K. Processing Fluency and Investors' Reactions to Disclosure Readability. *Journal of Accounting Research*, Vol. 50, No. 5, 2012, pp. 1319 – 1354.

[294] Riley T. J. , Semin G. R. , Yen A. C. Patterns of Language Use in Accounting Narratives and Their Impact on Investment – Related Judgments and Decisions. *Behavioral Research in Accounting*, Vol. 26, No. 1, 2014, pp. 59 – 84.

[295] Ronald J. D. , Robert E. R. , Terence J. P. The Impact of Order Effects on Non-professional Investors' Belief Revision When Presented a Long Series of Disclosures in an Experimental Market Setting. *Accounting Horizons*, Vol. 29, No. 2, 2015, pp. 313 – 326.

[296] Roscoe P. , Howorth C. Identification through Technical Analysis A Study of Charting and UK Non-professional Investors. *Accounting, Organizations and Society*, Vol. 34, No. 2, 2009, pp. 206 – 221.

[297] Schipper K. Principle – Based Accounting Standards. *Accounting Horizons*, Vol. 17, No. 1, 2003, pp. 61 – 72.

[298] Scott A. H. , Brooke E. W. , Rennekamp K. Disclosure Readability and the Sensitivity of Investors' Valuation Judgments to Outside Information. *Accounting Review*, Vol. 92, No. 4, 2016, pp. 1 – 25.

[299] Segal B. , Segal D. Are Managers Strategic in Reporting Non-earnings News? Evidence on Timing and News Bundling. *Review of Accounting*

Studies, Vol. 21, No. 4, 2016, pp. 1203 – 1244.

[300] Simon H. A. *Administrative Behavior: A Study of Decision——Making Processes in Administrative Organization.* New York: Free Press, 1945, pp. 116 – 154.

[301] Simon H. A. Information – Processing Models of Cognition. *Journal of the American Society for Information Science*, Vol. 32, No. 5, 1981, pp. 364 – 377.

[302] Skinner D. J. Why Firms Voluntarily Disclose Bad New. *Journal of Accounting Research*, Vol. 32, No. 1, 1994, pp. 38 – 60.

[303] Slovic P. , Finucane M. L. , Peters E. , et al. The affect heuristic. *European Journal of Operational Research*, Vol. 177, No. 3, 2007, pp. 1333 – 1352.

[304] Slovic P. , Lichtenstein S. Comparison of Bayesian and Regression Approaches to the Study of Information Processing in Judgment. *Organizational Behavior and Human Performance*, No. 6, 1971, pp. 649 – 744.

[305] Smith S. M. , Levin I. P. Need for Cognition and Choice Framing Effects. *Journal of Behavioral Decision Making*, No. 9, 1996.

[306] Speier C. The Influence of Information Presentation Formats on Complex Task Decision-making Performance. *International Journal of Human – Computer Studies*, Vol. 64, No. 11, 2006, pp. 1115 – 1131.

[307] Speier C. The Influence of Query Interface Design on Decision-making Performance. *MIS Quarterly*, Vol. 27, No. 3, 2003, pp. 397 – 423.

[308] Tan H. T. , Wang Y. E. , Zhou B. When the Use of Positive Language Backfires: The Joint Effect of Tone, Readability, and Investor Sophistication on Earnings Judgments. *Journal of Accounting Research*, Vol. 52, No. 1, 2014, pp. 273 – 302.

[309] Tan H. , Zhou B. , Wang E. Y. How does Readability Influence Investors' Judgments? Consistency of Benchmark Performance Matters. *Accounting Review*, Vol. 90, No. 1, 2015, pp. 371 – 393.

[310] Verrecchia R. E. Essays on Disclosure. *Journal of Accounting and Economics*, Vol. 32, No. 1 – 3, 2001, pp. 97 – 180.

[311] Vessey I. Cognitive Fit: Theory-based Analysis of the Graphs

265

Versus Tables Literature. *Decision Sciences*, Vol. 22, No. 2, 1991, pp. 219 – 240.

[312] Wood R. E. Task Complexity: Definition of the Construct. *Organizational Behavior and Human Decision Processes*, Vol. 37, No. 1, 1986, pp. 60 – 82.